中国特色社会主义政治经济学名家论丛（第二辑）

王立胜 主编

中国特色社会主义
政治经济学的重大现实价值

ZHONGGUO TESE SHEHUIZHUYI
ZHENGZHI JINGJIXUE DE ZHONGDA XIANSHI JIAZHI

邱海平 著

山东城市出版传媒集团·济南出版社

图书在版编目(CIP)数据

中国特色社会主义政治经济学的重大现实价值/邱海平著.
—济南：济南出版社，2019.1
（中国特色社会主义政治经济学名家论丛/王立胜主编.
第二辑）
ISBN 978－7－5488－3546－2

Ⅰ. ①中…　Ⅱ. ①邱…　Ⅲ. ①中国特色社会主义—社会主义政治经济学—研究　Ⅳ. ①F120.2

中国版本图书馆 CIP 数据核字(2019)第 025216 号

出 版 人　崔　刚
责任编辑　董傲囡　范玉峰
封面设计　侯文英

出版发行　济南出版社
地　　址　山东省济南市二环南路 1 号(250002)
编辑热线　0531－86131712
发行热线　0531－86131728　86922073　86131701
印　　刷　济南新科印务有限公司
版　　次　2019 年 1 月第 1 版
印　　次　2019 年 3 月第 1 次印刷
成品尺寸　170mm×240mm　16 开
印　　张　23
字　　数　305 千
定　　价　98.00 元

中国人民大学　邱海平

邱海平简介

邱海平，1962年3月出生于湖北省云梦县。现任中国人民大学经济学院教授、博士生导师、《教学与研究》杂志主编、中国人民大学《资本论》教学与研究中心主任、中国人民大学全国中国特色社会主义政治经济学研究中心副主任、中国人民大学习近平新时代中国特色社会主义思想研究院副院长、《政治经济学评论》杂志执行主编、教育部经济学教学指导委员会秘书长、北京市经济学总会秘书长、中国《资本论》研究会副秘书长、全国综合大学《资本论》研究会秘书长。

1981—1985年，中国人民大学政治经济学专业本科生。

1985—1988年，中国人民大学政治经济学专业硕士研究生。

1998年获中国人民大学经济学博士学位。

1988年起，任中国人民大学经济学院教师。

2004年起，任中国人民大学经济学院教授、博士生导师。

2006年美国麻省州立大学高级访问学者。

1994—2004年，兼任中国人民大学书报资料中心副总编辑。

主要研究方向：《资本论》与当代资本主义经济、社会主义经济理论、马克思主义经济思想史、中国经济改革问题。

2010年任中共中央马克思主义理论与建设工程专家组主要成员兼课题组秘书长。主持和参与多项国家级和省部级课题研究，先后参加英国、日本、俄罗斯等国家主办的国际学术研讨会。曾获国家教育部优秀教学成果奖、北京市优秀教学成果奖、北京市哲学社会科学优秀成果二等奖、中国人民大学优秀班主任、优秀党员和先进个人等奖励和荣誉。

著有《马克思主义政治经济学在当代中的新发展》《中小企业的政治经济学》《21世纪重读〈资本论〉》《当代资本主义经济的新发展》《马克思主义政治经济学原理》等著作和教材。在《人民日报》《光明日报》《红旗文稿》《马克思主义研究》《教学与研究》等报刊杂志发表论文一百多篇。

总 序

中国社会科学院 王立胜

习近平总书记在2016年哲学社会科学工作座谈会“5·17”讲话中指出：“这是一个需要理论而且一定能够产生理论的时代，这是一个需要思想而且一定能够产生思想的时代。我们不能辜负了这个时代。”[①]中国特色社会主义政治经济学就是习近平总书记结合时代要求倡导的重要学说，其主要使命就是以政治经济学总结中国经验、创建中国理论。他指出：“坚持和发展中国特色社会主义政治经济学，要以马克思主义政治经济学为指导，总结和提炼我国改革开放和社会主义现代化建设的伟大实践经验。”[②] 在2017年省部级主要领导干部“学习习近平总书记重要讲话精神，迎接党的十九大”专题研讨班“7·26”讲话中，习近平总书记提出当前的时代变迁是发展阶段的变化，指出“我国发展站到了新的历史起点上，中国特色社会主义进入了新的发展阶段”[③]，强调“时代是思想之母，实践是理论之源”[④]，要求总结实践经验，推进理论创新。在经济学领域，实现从实践到理论的提升，就是要贯彻习近平总书记在中央政治局第二十八次集体学习时提出的重要指示，“提炼和总

① 习近平：《在哲学社会科学工作座谈会上的讲话》，《人民日报》2016年5月19日。

② 新华社：《坚定信心增强定力 坚定不移推进供给侧结构性改革》，《人民日报》2016年7月9日。

③ ④新华社：《高举中国特色社会主义伟大旗帜 为决胜全面小康社会实现中国梦而奋斗》，《人民日报》2017年7月28日。

结我国经济发展实践的规律性成果，把实践经验上升为系统化的经济学说”①——这就是“坚持和发展中国特色社会主义政治经济学”的历史使命和时代要求。

当前中国特色社会主义政治经济学的提出和发展也是六十余年理论积淀的结果。1955年苏联政治经济学教科书中文版②在国内出版，当时于光远③、林子力和马家驹等④学者就开始着手探讨政治经济学的体系构建问题。从1958年到1961年，毛泽东四次提倡领导干部学习政治经济学⑤，建议中央各部门党组和各省（市、自治区）党委的第一书记组织读书小组读政治经济学。他与刘少奇、周恩来分别组织了读书小组。在组织读书小组在杭州读书期间，他在信中说“读的是经济学。我下决心要搞通这门学问”⑥。在毛泽东的倡导下，20世纪50年代中后期我国出现了第一次社会主义经济理论研究高潮——正是在这次研究高潮中，总结中国经验、构建中国版的社会主义经济理论体系被确定为中国政治经济学研究的方向和目标，并被一直坚持下来。这次研究高潮因“文革”而中断。“文革”结束后的80年代，在邓小平的倡导和亲自参与下，我国出现了第二次社会主义经济理论的研究高潮。很多学者在“文革”前积累的理论成果也在这一时期集中发表。在这次研究高潮中，我国确立了社会主义公有制与市场经济相结合的发展方向，形成了社会主义市场经济理论，为改革开放以来近40年的经济繁荣提供了理论支撑。当前在习近平总书记的倡导下，从2016年年初开始，我国出现了研究

① 新华社：《立足我国国情和我国发展实践　发展当代中国马克思主义政治经济学》，《人民日报》2015年11月25日。

② 苏联科学院经济研究所：《政治经济学教科书》（中译本），北京：人民出版社1955年版。

③ 仲津（于光远）：《政治经济学社会主义部分研究什么?》，《学习》1956年第8期；《最大限度地满足社会需要是政治经济学社会主义部分的一个中心问题》，《学习》1956年第11期。

④ 林子力、马家驹、戴钟珩、朱声绂：《对社会主义经济的分析从哪里着手?》，《经济研究》1957年第4期。

⑤ 戚义明：《“大跃进”后毛泽东四次提倡领导干部学政治经济学》，《党的文献》2008年第3期。

⑥《建国以来毛泽东文稿》第8册，北京：中央文献出版社1993年版，第637页。此次学习期间毛泽东读苏联政治经济学教科书的批注和谈话成为我国政治经济学研究的重要文献资料。

中国特色社会主义政治经济学的新高潮，形成了中国社会主义政治经济学的第三次研究高潮。经历了六十余年的理论积淀，在中国特色社会主义新的发展阶段，中国特色社会主义政治经济学的发展正逐步汇成一股理论潮流，伴随中国特色社会主义建设事业的蓬勃发展滚滚而来！

纵观六十余年积淀与三次研究高潮，中国特色社会主义政治经济学的发展既继往开来又任重道远。

一方面，所谓“继往开来”，是指中国社会主义经济建设事业的蓬勃发展为中国版社会主义政治经济学的形成开创了越来越成熟的现实条件。20 世纪 50 年代，毛泽东感叹“社会主义社会的历史，至今还不过四十多年，社会主义社会的发展还不成熟，离共产主义的高级阶段还很远。现在就要写出一本成熟的社会主义、共产主义政治经济学教科书，还受到社会实践的一定限制”①。80 年代，邓小平高度评价中共十二届三中全会《中共中央关于经济体制改革的决定》提出的“在公有制基础上有计划的商品经济”，认为是“写出了一个政治经济学的初稿，是马克思主义基本原理和中国社会主义实践相结合的政治经济学”②。当前，习近平总书记指出，“中国特色社会主义是全面发展的社会主义”③，“中国特色社会主义进入了新的发展阶段”④，要“提炼和总结我国经济发展实践的规律性成果，把实践经验上升为系统化的经济学说”⑤。从毛泽东认为写出成熟的教科书“受到社会实践的一定限制”，到邓小平认为“写出了一个政治经济学的初稿”，再到习近平提出“把实践经验上升为系统化的经济学说”，历代领导人关于理论发展现实条件的不同判断表

---

① 中华人民共和国国史学会：《毛泽东读社会主义政治经济学批注和谈话》（简本），内部资料，第 804 页。

②《邓小平文选》第 3 卷，北京：人民出版社 1993 年版，第 83 页。

③ 新华社：《准确把握和抓好我国发展战略重点　扎实把“十三五”发展蓝图变为现实》，《人民日报》2016 年 1 月 31 日。

④ 新华社：《高举中国特色社会主义伟大旗帜　为决胜全面小康社会实现中国梦而奋斗》，《人民日报》2017 年 7 月 28 日。

⑤ 新华社：《立足我国国情和我国发展实践　发展当代中国马克思主义政治经济学》，《人民日报》2015 年 11 月 25 日。

明，随着社会主义建设进入不同历史阶段，政治经济学理论发展的现实条件日益成熟，实践推动理论创新。正如习近平总书记所言："中国特色社会主义不断取得的重大成就，意味着近代以来久经磨难的中华民族实现了从站起来、富起来到强起来的历史性飞跃……意味着中国特色社会主义拓展了发展中国家走向现代化的途径，为解决人类问题贡献了中国智慧、提供了中国方案。"[①] 在实践的推动下，中国特色社会主义政治经济学在继往开来中不断发展。

另一方面，所谓"任重道远"，是指中国特色社会主义政治经济学从提出到成熟尚需经历曲折的探索过程。当前中国特色社会主义政治经济学的发展至少面临两个方面的艰难探索：第一，理论构建面临诸多悬而未解的学术难题。从20世纪50年代开始，国内围绕体系构建的"起点论""红线论"等问题就形成了诸多争论，同时，社会主义条件下"剩余价值规律"和"经济危机周期性"的适用性等一些原则性的问题未能获得解决，甚至在某些问题上的分歧出现了日益扩大的趋势。这在很大程度上限制了中国特色社会主义政治经济学的理论化水平，使政治经济学经典理论中的价值理论、分配理论、剩余价值理论和危机理论未能充分体现在中国社会主义政治经济学中，从而导致中国实践中涌现出的一系列具有中国特色的经济思想未能获得经典的理论化表述。破解这一难题，需要直面六十余年来形成的一系列争论，加速对政治经济学经典理论的创新应用，在中国特色社会主义经济思想理论化的道路上不断探索。第二，时代变革形成的新问题和新挑战倒逼理论探索。50年代中后期，既是中国社会主义政治经济学的第一次研究高潮，也是我国社会主义初级阶段的起始时期。当前中国社会主义经济建设在经历了六十余年的巨变后，迎来了中国特色社会主义新的发展阶段。中国特色社会主

---

① 新华社：《高举中国特色社会主义伟大旗帜　为决胜全面小康社会实现中国梦而奋斗》，《人民日报》2017年7月28日。

义政治经济学也需要适应新时期新阶段，加速理论创新。正如习近平总书记在“7·26”讲话中所强调的：“我们要在迅速变化的时代中赢得主动，要在新的伟大斗争中赢得胜利，就要在坚持马克思主义基本原理的基础上，以更宽广的视野、更长远的眼光来思考和把握国家未来发展面临的一系列重大战略问题，在理论上不断拓展新视野、做出新概括。”① 值得注意的是，实践中的新问题与历史累积的学术难题，都将理论探索指向中国特色社会主义政治经济学理论化水平的提升：在实践方面，要形成解释社会主义初级阶段不同时期的理论体系，为新时期的经济实践指明方向，必须提升理论高度；而提高理论高度就需要在理论方面破解体系构建面临的学术难题，创新政治经济学经典理论使之适应当前现实，从而实现中国特色社会主义经济建设经验的理论化重构。理论水平的提升必须遵循学术发展的客观规律，注定是一个任重道远的探索过程，要求政治经济学研究者群策群力、积极进取、砥砺前行。

编写出版《中国特色社会主义政治经济学名家论丛》就是为了响应习近平总书记推进理论创新的时代要求，服务中国特色社会主义政治经济学的发展。纵观中国社会主义政治经济学六十余年的发展历程不难发现：政治经济学学者承担着理论创新的历史使命，学术交流质量决定理论发展水平。当前中国政治经济学界存在着一支高水平的政治经济学理论队伍，他们既是六十余年理论积淀的承载者，也是当前理论创新的承担者。及时把握这些学者的研究动态，加快其理论成果的普及推广，不仅有助于推动政治经济学界的学术交流，也有助于扩大中国特色社会主义政治经济学的社会反响，同时为后来的研究提供一批记录当代学者理论发展印迹的历史文献。“名家论丛”选取的名家学者都亲历过20世纪80年代和当前两次研究高潮，部分学者甚至是三次理论高潮的亲历者。

① 新华社：《高举中国特色社会主义伟大旗帜　为决胜全面小康社会实现中国梦而奋斗》，《人民日报》2017年7月28日。

这些学者熟悉中国社会主义政治经济学的理论传承，知晓历次研究高潮中的学术焦点与理论分歧，也对中国特色社会主义经济建设经验具有深刻的理论洞察。在本次研究高潮中，他们的理论积淀和实践观察集中迸发，围绕中国经验的理论升华和中国特色社会主义政治经济学的体系构建集中著述，在中国特色社会主义政治经济学的发展中起到学术引领和理论中坚的作用，其研究成果值得高度关注和广泛推广。同时，从2015年年底习近平总书记提出“中国特色社会主义政治经济学”算起，当前这次研究高潮从形成到发展，尚不足两年，还处于起步阶段，需要学界同仁的共同参与、群策群力，使之形成更大的理论潮流。中国社会科学院经济研究所是我国重要的经济学研究机构，也是中国社会主义政治经济学六十余年发展历程和三次理论高潮的重要参与者。在20世纪50年代和80年代两次理论高潮中，经济研究所的张闻天、孙冶方、刘国光和董辅礽等老一辈学者是重要的学术领袖。在本轮研究高潮中，经济研究所高度重视、积极参与中国特色社会主义政治经济学的发展，决心依托现有资源平台积极服务学界同仁。策划出版《中国特色社会主义政治经济学名家论丛》的目的就在于服务学术创新，为当前的理论发展略尽绵薄之力，也是为笔者所承担的国家社科规划重大项目“中国特色社会主义政治经济学探索”积累资料。

同时，为了更加全面地展示中国特色社会主义政治经济学的理论发展动态，我们还将依据理论发展状况适时推出“青年论丛”和“专题论丛”，就青年学者的学术观点和重要专题的学术成果进行及时梳理与推广，以期及时反映理论发展全貌，推动学术交流，服务理论创新。当然，三个系列论丛的策划与出版，完全依托当前的理论发展潮流，仰赖专家学者对经济研究所工作的认可与鼎力支持。在此我们代表经济研究所和论丛编写团队，对政治经济学界同仁的支持表示衷心的感谢！同时也希望各位大家积极参与论丛的编写和出版，为我们推荐更多的高水平研究成果，提高论丛的编写质量。

目 录

上卷 中国特色社会主义政治经济学

中卷 马克思经济学研究

下卷 **中国经济改革问题**

上卷

中国特色社会主义政治经济学

中国特色社会主义政治经济学的理论属性[①]

构建作为“系统化的经济学说”的中国特色社会主义政治经济学理论体系，是当前以及未来一定历史时期内中国经济学界，尤其是政治经济学界面临的重大理论任务。构建中国特色社会主义政治经济学，需要科学理解和准确把握其理论属性。所谓中国特色社会主义政治经济学的理论属性，就是指它在理论上所具有的本质特征，这不仅涉及它与现有各种主要的政治经济学或经济学理论的关系，而且涉及“中国特色社会主义政治经济学”这个概念和学科是否能够成立这一重要问题。

一、“中国特色社会主义政治经济学”这个概念是否能够成立

关于中国特色社会主义政治经济学的理论属性，首先面临的一个重大问题是，“中国特色社会主义政治经济学”这个概念是否能够成立。虽然国内大多数马克思主义政治经济学学者可能认为这不是一个问题，但是，我们必须注意到，国内一些著名经济学者在这个问题上是持明确否定态度的。

例如，钱颖一教授认为：“越来越多的经济学家认识到，经济学的基本

① 本文受到中信改革发展研究基金会项目“中国特色社会主义政治经济学——国家治理现代化视角”（A170401）的资助。

原理和分析方法是无地域和国别区分的。'某国经济学'并不是一门独立学科，也不存在'西方经济学'与'东方经济学'或'美国经济学'与'中国经济学'的概念。"[①] 田国强教授提出了几乎完全相同的观点，他认为："现代经济学的基本分析框架和研究方法是无地域和国家界限的，并不存在独立于他国的经济分析框架和研究方法，现代经济学的某些基本原理、研究方法和分析框架可以用来研究任何经济环境和经济制度安排下的各种经济问题，研究特定地区在特定时间内的经济行为和现象。"[②]

在这些学者看来，当代西方经济学尤其是西方主流经济学是唯一科学的"现代经济学"；中国经济学界的主要任务，就是如何运用"现代经济学"分析中国问题，而不是徒劳地去制造出另外一套不同于"现代经济学"的什么经济学理论。根据这样的观点，连"中国特色社会主义政治经济学"这个概念都是不能成立的、荒谬的，更谈不上构建什么中国特色社会主义政治经济学理论体系了。那么，政治经济学或经济学真的没有国别性吗？当代西方主流经济学真的是唯一科学的"现代经济学"吗？中国经济学的主要任务真的只是运用西方经济学尤其是西方主流经济学来分析中国经济问题吗？"中国特色社会主义政治经济学"这个概念真的不能成立吗？对于这些问题，我们必须通过分析做出明确的回答。[③]

（一）关于政治经济学或经济学有没有国别性的问题

政治经济学或经济学作为一种社会科学，作为社会意识形态的一部分，总是具有鲜明的社会性、阶级性和历史性的，从而必然具有国别差异性。

---

① 钱颖一：《理解现代经济学》，《经济社会体制比较》2002 年第 2 期。

② 田国强：《现代经济学的基本分析框架与研究方法》，《经济研究》2005 年第 2 期。

③ 本来，政治经济学与经济学并没有本质的区别，经济学不过是政治经济学的一个简称。但是，自马歇尔以来，西方资产阶级经济学家更愿意使用"经济学"这个概念，以示其理论与古典政治经济学和马克思主义政治经济学的区别。这在一定意义上是有道理的，因为现代西方资产阶级经济学为了与马克思主义政治经济学相对抗，彻底抛弃了劳动价值论这个古典政治经济学的理论传统，并将物理学和数学方法引入经济学，力图把经济学发展成为一种"自然科学"。从这个角度来说，马克思主义经济学家也愿意将当代资产阶级政治经济学称为"经济学"。为了叙述的方便，本文并不严格区分政治经济学和经济学这两个用语。

对此，马克思主义经典作家有过深刻的论述。例如，马克思曾经指出：“政治经济学所研究的材料的特殊性质，把人们心中最激烈、最卑鄙、最恶劣的感情，把代表私人利益的复仇女神召唤到战场上来反对自由的科学研究。”① 这就是说，政治经济学或经济学在客观上总是代表一定阶级利益的。恩格斯明确指出：“人们在生产和交换时所处的条件，各个国家各不相同，而在每一个国家里，各个世代又各不相同。因此，政治经济学不可能对一切国家和一切历史时代都是一样的。从弓和箭，从石刀和仅仅是例外地出现的野蛮人的交换往来，到上千马力的蒸汽机，到机械织机、铁路和英格兰银行，有很大的一段距离。火地岛的居民没有达到进行大规模生产和世界贸易的程度，也没有达到出现票据投机或交易所破产的程度。谁要想把火地岛的政治经济学和现代英国的政治经济学置于同一规律之下，那么，除了最陈腐的老生常谈以外，他显然不能揭示出任何东西。因此，政治经济学本质上是一门历史的科学。”②

在强调政治经济学或经济学的历史性、社会性、阶级性和国别差异性的同时，马克思和恩格斯并没有完全否定它的一般性及其意义。恩格斯指出，政治经济学“所涉及的是历史性的即经常变化的材料；它首先研究生产和交换的每个个别发展阶段的特殊规律，而且只有在完成这种研究以后，它才能确立为数不多的、适用于生产一般和交换一般的、完全普遍的规律。同时，不言而喻，适用于一定的生产方式和交换形式的规律，对于具有这种生产方式和交换形式的一切历史时期也是适用的。例如，随着金属货币的采用，一系列适用于借金属货币进行交换的一切国家和历史时期的规律起作用了。”③ 马克思指出：“生产的一切时代有某些共同标志，共同规定。生产一般是一个抽象，但是只要它真正把共同点提出来，定下来，免得我

①《马克思恩格斯文集》第5卷，北京：人民出版社2009年版，第10页。

②《马克思恩格斯文集》第9卷，北京：人民出版社2009年版，第153页。

③《马克思恩格斯文集》第9卷，北京：人民出版社2009年版，第153—154页。

们重复，它就是一个合理的抽象。”①

但是，承认不同社会以及不同历史发展阶段的某些共性或一般性，并不意味着研究这种共性和一般性是政治经济学或经济学的主要任务。马克思指出：“一切生产阶段所共有的、被思维当作一般规定而确定下来的规定，是存在的，但是所谓一切生产的一般条件，不过是这些抽象要素，用这些要素不可能理解任何一个现实的历史的生产阶段。”② 马克思还深刻地揭露了资产阶级经济学的反历史性和虚伪性：“对生产一般适用的种种规定所以要抽出来，也正是为了不致因为有了统一（主体是人，客体是自然，这总是一样的，这里已经出现了统一）而忘记本质的差别。那些证明现存社会关系永存与和谐的现代经济学家的全部智慧，就在于忘记这种差别。”③“被斯密和李嘉图当作出发点的单个的孤立的猎人和渔夫，属于18世纪的缺乏想象力的虚构。”④

马克思和恩格斯的论述表明，必须辩证地看待政治经济学或经济学所具有的一般性和特殊性之间的关系。具体来说，一方面，我们必须承认政治经济学或经济学的理论内容对于社会经济发展一般规律的反映；但是另一方面，我们又必须承认政治经济学或经济学在本质上是一门历史的科学，从而必须承认它所具有的社会性、阶级性和国别性。因此，问题不在于承认不承认和研究不研究存在于不同社会和不同国家的那些具有一般性或共性的东西，而在于是否把一般性同特殊性和个别性相混同，并且用对于一般性或共性的研究代替对于特殊性和个别性的研究。因此，真正科学的政治经济学或经济学的主要任务并不是研究和揭示不同社会条件下的经济运动的共同规律，也不是把某种已有的理论当作放之四海而皆准的绝对真理加以运用，而是应该从特定的社会历史条件出发，首先立足于研究和揭示

①《马克思恩格斯文集》第8卷，北京：人民出版社2009年版，第9页。

②《马克思恩格斯文集》第8卷，北京：人民出版社2009年版，第12页。

③《马克思恩格斯文集》第8卷，北京：人民出版社2009年版，第9页。

④《马克思恩格斯文集》第8卷，北京：人民出版社2009年版，第5页。

不同社会条件下的经济发展的特殊规律，只有在这个基础之上才能进一步总结出具有一般性的经济发展规律。在这样的研究过程中，所有已有的理论都只能作为一种参考和借鉴，而不能作为一种“标准”。只有这样，政治经济学或经济学才能得到发展和创新，也只有这样，政治经济学或经济学的研究才能真正起到推动社会实践发展的作用。

从理论上来说，政治经济学或经济学的历史性、社会性、阶级性和国别性，根源于其研究对象的特殊性。众所周知，作为社会科学的政治经济学或经济学自产生以来，其研究对象总是存在于一定国家的社会经济之中的。自原始社会解体以来，人类的实践活动除了经济活动之外，还有政治活动、社会活动、文化活动等，人类的这些活动不仅互相联系、互相影响，而且受到一定的国家形态、历史发展和文化传统的重大影响。这就决定了作为一种社会科学和社会意识形态的政治经济学或经济学，从根本上来说不可能像自然科学那样完全可以用数学来表达[①]，完全不受研究者的立场和社会价值观以及方法论的影响[②]。另外，如果说政治经济学或经济学同样也要揭示那些通行于一切社会的“一般的普遍规律”，那就必须以对于全部人类经济活动的研究为前提，但这在客观上是不可能的。从这个角度来说，任何政治经济学或经济学理论都存在一定的“假说”性质，而不可能是放之四海而皆准的永恒的真理。事实上，当代西方经济学并不是基于对全部人类经济史以及世界经济的研究而总结出来的理论，而是主要反映了发达资本主义国家的经济发展经验。所以，把本来反映着一定社会形态、一定国家形态、一定阶级利益和国家利益的政治经济学或经济学宣布为人类永恒的“普世真理”，不仅是一些资产阶级经济学家的幻想和虚构，而且也是他们用以欺骗世界人民的一贯伎俩。

---

① 对于政治经济学或经济学来说，数学永远只是表达和运用理论的工具。由于经济关系的高度复杂性，追求政治经济学或经济学的完全数学化是一个根本的方向性错误。

② 事实上，即使是自然科学家，他们对于世界及自然运动规律的认识，也要受到一定的世界观和方法论的影响，在这个方面，爱因斯坦与玻尔的理论分歧是一个最典型的例证。

（二）关于如何科学认识和对待当代西方经济学的问题

根据马克思主义的基本理论，社会存在决定社会意识，占统治地位的阶级的意识形态总是一定社会占统治地位的意识形态。政治经济学或经济学作为一种社会科学，在本质上是社会意识形态的重要组成部分，因此，一定社会的政治经济学或经济学，从本质上来说总是更多地反映着该社会占统治地位的阶级的利益和诉求。在阶级社会中，从来不存在能够反映和代表所有不同阶级利益和诉求的政治经济学或经济学。如上所述，即使有人宣布自己的经济学是“普世真理”，也无法改变这一客观事实。显然，由于当代西方发达国家仍然是资产阶级占统治地位的资本主义国家，因而，产生于这些国家的当代西方经济学尤其是西方主流经济学从本质上来说就是当代资产阶级经济学。所以，如何科学认识和对待当代西方经济学，尤其是西方主流经济学的问题，在本质上就是如何科学认识和对待当代西方资产阶级经济学的问题。不从这样一个高度出发，不从这样一个本质层面出发，就不可能科学地认识和对待当代西方经济学。

在如何科学认识和对待当代资产阶级经济学这个问题上，我们仍然需要向马克思学习。众所周知，资产阶级古典政治经济学是马克思批判继承的对象和马克思主义政治经济学的重要理论来源。对于资产阶级古典政治经济学，马克思采取的是一种科学公正的态度，一方面，马克思充分肯定了资产阶级古典政治经济学家在理论上的巨大贡献和历史地位，并且在理论上继承了他们所提出来的许多范畴，如价值、使用价值、交换价值、固定资本、流动资本等；另一方面，马克思又充分揭示了资产阶级古典政治经济学在方法论、理论逻辑和范畴含义等多方面存在的错误和局限性，不仅创立了具体劳动、抽象劳动、价值实体、社会必要劳动时间、剩余价值、不变资本、可变资本、生产价格、绝对地租等一系列政治经济学新范畴，而且即使是从资产阶级古典政治经济学那里继承下来的旧范畴和概念，也重新赋予其科学的含义。正是在既继承又批判资产阶级古典政治经济学的基础之上，马克思才创立了全新的无产阶级政治经济学理论体系。

不仅如此，马克思还运用历史唯物主义方法论并根据资本主义发展的客观实际，对资产阶级古典政治经济学和庸俗政治经济学做了重要的理论区分，他明确地指出："我所说的古典政治经济学，是指从威廉·配第以来的一切这样的经济学，这种经济学与庸俗经济学相反，研究了资产阶级生产关系的内部联系。而庸俗经济学只是在表面的联系内兜圈子，它为了对可以说是最粗浅的现象做出似是而非的解释，为了适应资产阶级的日常需要，一再反复咀嚼科学的经济学早就提供的材料。在其他方面，庸俗经济学则只限于把资产阶级生产当事人关于他们自己的最美好世界的陈腐而自负的看法加以系统化，赋以学究气味，并且宣布为永恒的真理。"①

从西方资产阶级政治经济学的实际发展历史来看，19 世纪 30 年代是一个重要的分水岭。在这个年代发生的两个方面的重要事实影响了资产阶级政治经济学的发展：一是一批空想共产主义和空想社会主义者直接利用大卫·李嘉图的劳动价值理论提出了共产主义和社会主义的政治主张，并由此推动了那个年代英国、法国和德国工人运动的发展；二是围绕李嘉图政治经济学理论发生的大论争，直接导致了李嘉图理论体系的解体。在此之后，不仅 1848 年马克思和恩格斯发表了《共产党宣言》，标志着马克思主义的创立，而且 1867 年马克思发表了《资本论》第一卷，标志着马克思主义政治经济学的诞生。在这样的背景下，如何在理论上对抗马克思主义及马克思主义政治经济学的巨大影响力，就成为资产阶级经济学家必须解决的核心理论任务。于是，19 世纪 70 年代发生了所谓"边际革命"，资产阶级经济学家力图用效用价值论替代"危险的"劳动价值论。1890 年，英国经济学家阿尔弗雷德·马歇尔发表了《经济学原理》，他所创立的"新古典经济学"在一段时间内是英美国家的主流经济学。1929—1933 年"大萧条"的爆发，宣布了新古典经济学的失效，并催发了凯恩斯主义经济学，即宏

①《马克思恩格斯文集》第 5 卷，第 99 页。

观经济学的产生，且一直到20世纪70年代初成为英美国家的主流经济学。20世纪70年代，发达国家又持续陷入“滞胀”的泥潭，从而也宣布了凯恩斯主义经济学的失灵。于是，西方经济学出现了一个新的轮回，即以新古典经济学为基础和核心的新自由主义经济学成为英美发达国家的主流经济学。但是，2008年国际金融危机的爆发，又宣布了新自由主义经济学的破产。

所谓当代西方主流经济学，主要是指仍然在西方国家大学经济学教科书和学术期刊中占据着统治地位的新古典经济学和凯恩斯主义经济学。发达资本主义国家一再爆发的周期性经济危机和普遍存在的财富占有与收入分配两极分化、世界经济发展的不平衡以及全球生态危机等各种客观事实充分表明，西方经济学，尤其是西方主流经济学并不是什么科学的经济学，更不是什么“普世真理”。2008年以来发达国家的经济表现进一步证明，面对资本主义制度的固有矛盾及其在当代的进一步发展，西方主流经济学除了继续在政府与市场的关系问题上进行改良主义的争吵之外，不可能提出能够真正解决问题的根本良策和方案。当代西方经济学虽然利用数学披上了科学的形式主义外衣，但这并没有也不可能改变其庸俗经济学的本质。因此，继续崇拜和迷信早已被实践证明并非科学的当代西方经济学，尤其是西方主流经济学是完全没有根据的。

当然，这并不意味着我们可以完全无视和全盘否定当代西方经济学包括西方主流经济学对我们所具有的一定参考价值和借鉴意义。在看到当代西方经济学整体上的庸俗性质的同时，还必须充分了解和认识其中具有一定科学价值的部分内容和可以借鉴的成分。比如，虽然其“经济人假设”带有虚构的成分，但能够启发我们必须关注对于个体理性的深入研究和理解，从而推进对于经济主体的行为及其形成的经济关系和整体结果的认识；再如，虽然其“均衡价格理论”并不科学，但能够启发我们必须更加关注对供求关系以及商品的使用价值对于商品价格的影响的研究；又如，虽然其大量使用数学和计量方法有形式主义之嫌，但能够启发我们必须更加关注研究各种经济运行变量之间的数量关系等。总之，我们必须充分认识到，当代西方经济学立足于发达资本主义市场经济实践所提出来的许多具体概念和理论，经过科学改造之后是能够为我所用的。我们既要反对全盘照抄照搬和盲目迷信当代西方经济学，也要反对全盘否定当代西方经济学对于我们所具有的一定借鉴和参考价值。那种把当代西方经济学，尤其是西方主流经济学理解为唯一科学的“现代经济学”，并据此反对中国人需要创建自己的政治经济学或经济学理论体系的观点是根本站不住脚的。

二、构建中国特色社会主义政治经济学的可行性和必要性

我们不仅要科学理解构建中国特色社会主义政治经济学的可能性和合理性，同时，还必须充分认识构建中国特色社会主义政治经济学的可行性和必要性。否则，仅有可能性和合理性而无可行性和必要性，也是无法构建中国特色社会主义政治经济学理论体系的。

马克思主义经济学理论以及全部经济学理论发展史都表明，经济理论与经济实践之间存在着辩证关系。一方面，一定的经济实践为经济理论的产生提供事实依据和基础，从根本上来说，经济理论的具体形态和成熟程度，是由客观的经济实践的成熟程度和特点决定的；另一方面，一定的经济理论又会对经济实践的发展发挥巨大的能动作用。因此，考虑构建中国特色社会主义政治经济学的必要性和可行性问题，从根本上来说就是如何认识中国特色社会主义经济发展实践和理论的成熟程度问题。

在一些人看来，我们现在还不具备构建“成熟的社会主义政治经济学”的客观条件，理由是：即使从1956年社会主义改造完成算起到现在，中国社会主义经济建设也仅仅经历了60余年的发展时间；更有人把1978年的改革开放算作“中国特色社会主义”经济发展实践的起点；按照这种观点，

中国特色社会主义经济实践就更是只有短短的近40年时间。相比而言，西方资本主义起源于14—16世纪，形成于17—18世纪，成熟于19—20世纪，而资产阶级古典政治经济学产生于17世纪中叶。也就是说，资产阶级古典政治经济学是在资本主义经济实践经历了200多年之后才产生的。另外，苏联在建立社会主义制度70年之后解体了，从而更加说明了社会主义制度的不成熟性和不稳定性。

上述观点并不是完全没有根据和道理，但是，承认这一点并不等于必然得出我们完全没有条件从而无须构建中国特色社会主义政治经济学的结论。我们必须在思想认识上区分“构建中国特色社会主义政治经济学”与“构建成熟的中国特色社会主义政治经济学”这两个不同的概念，即使承认现在还没有“充分条件”去构建“成熟的中国特色社会主义政治经济学”，也并不等于说没有“基本条件”去构建中国特色社会主义政治经济学的基本理论。

任何政治经济学或经济学理论，都有一个从产生到形成和不断完善的过程。事实上，自从有了社会主义经济实践以来，关于社会主义政治经济学的理论研究和探讨从来就没有停止过。例如，列宁在《论粮食税》《新经济政策和政治教育委员会的任务》《论合作社》等著述中，从实践的角度出发探索了有关社会主义经济的许多重大理论问题；斯大林不仅写了《苏联社会主义经济问题》这部理论著作，而且在他的领导和主持下，苏联学者编写了世界上第一部《社会主义政治经济学》教科书。

从我国社会主义经济实践和理论发展的角度来看，早在20世纪50年代，毛泽东就高度重视社会主义政治经济学的理论建设问题。他在认真研读了苏联《社会主义政治经济学》教科书后深刻地指出：“写出一本社会主义、共产主义政治经济学教科书，现在来说，还是一件困难的事情。有英国这样一个资本主义发展成熟的典型，马克思才能写出《资本论》，社会主义社会的历史，至今还不过40多年，社会主义社会发展还不成熟，离共产主义的高级阶段还很远。现在就要写出一本成熟的社会主义、共产主义政治经济学教科书，还受到社会实践的一定限制。”“看来，这本书没有系统，还没有形成体系，这也是有客观原因的，因为社会主义经济本身还没有成熟，还在发展中，一种意识形态成为系统，总是在事物运动的后面。因为思想、认识是物质运动的反映。”[①] 毛泽东还从中国国情和实际出发，发表了《论十大关系》这一重要的中国特色社会主义政治经济学理论著作。

30 年之后的 1984 年，党的十二届三中全会通过了《中共中央关于经济体制改革的决定》，邓小平在会上发言指出：“这个决定，是马克思主义的基本原理和中国社会主义实践相结合的政治经济学。我有这么一个评价，但是要到五年之后才能够讲这个话，证明它正确。”[②] 在随后召开的中央顾问委员会第三次全体会议上，邓小平说：“比如《关于经济体制改革的决定》，前天中央委员会通过这个决定的时候我讲了几句话，我说我的印象是写出了一个政治经济学的初稿，是马克思主义基本原理和中国社会主义实践相结合的政治经济学，我是这么个评价。”[③] 邓小平不仅第一个明确地提出了“中国特色社会主义”这一概念，而且围绕中国特色社会主义政治经济学提出了关于社会主义本质、社会主义基本经济制度、社会主义改革开放、社会主义初级阶段、社会主义市场经济等一系列重要理论。

2014 年以来，习近平围绕政治经济学、马克思主义政治经济学和中国特色社会主义政治经济学连续发表了一系列重要观点。2014 年 7 月 8 日，习近平在主持经济形势专家座谈会上提出“各级党委和政府要学好用好政治经济学”[④]。2015 年 11 月 23 日，习近平在主持中央政治局集体学习时强

---

①《毛泽东读社会主义政治经济学批注和谈话》，中华人民共和国国史学会印，1997 年，第 803—804、152—153 页。

② 中共中央文献研究室编：《邓小平年谱（1975—1997）》上，中央文献出版社 2004 年版，第 296—297 页。

③《邓小平文选》第 3 卷，北京：人民出版社 1993 年版，第 83 页。

④《习近平主持召开经济形势专家座谈会强调：更好认识和遵循经济发展规律，推动我国经济持续健康发展》，《人民日报》2014 年 7 月 9 日。

调："要立足我国国情和我国发展实践，揭示新特点新规律，提炼和总结我国经济发展实践的规律性成果，把实践经验上升为系统化的经济学说，不断开拓当代中国马克思主义政治经济学新境界。"① 2016 年 7 月 8 日，习近平在主持经济形势专家座谈会上指出："坚持和发展中国特色社会主义政治经济学，要以马克思主义政治经济学为指导，总结和提炼我国改革开放和社会主义现代化建设的伟大实践经验，同时借鉴西方经济学的有益成分。"②

习近平不仅第一次明确提出了"中国特色社会主义政治经济学"这一重要概念和范畴，而且全面总结了中国特色社会主义政治经济学的主要内容。他指出："我们党历来重视对马克思主义政治经济学的学习、研究、运用，在新民主主义时期创造性地提出了新民主主义经济纲领，在探索社会主义建设道路过程中对发展我国经济提出了独创性的观点，如提出社会主义社会的基本矛盾理论，提出统筹兼顾、注意综合平衡，以农业为基础、工业为主导、农轻重协调发展等重要观点。这些都是我们党对马克思主义政治经济学的创造性发展。""党的十一届三中全会以来，我们党把马克思主义政治经济学基本原理同改革开放新的实践结合起来，不断丰富和发展马克思主义政治经济学，形成了当代中国马克思主义政治经济学的许多重要理论成果，比如，关于社会主义本质的理论，关于社会主义初级阶段基本经济制度的理论，关于树立和落实创新、协调、绿色、开放、共享的发展理念的理论，关于发展社会主义市场经济、使市场在资源配置中起决定性作用和更好发挥政府作用的理论，关于我国经济发展进入新常态的理论，关于推动新型工业化、信息化、城镇化、农业现代化相互协调的理论，关于用好国际国内两个市场、两种资源的理论，关于促进社会公平正义、逐步实现全体人民共同富裕的理论等等。这些理论成果，是适应当代中国国

---

①《习近平在中共中央政治局第二十八次集体学习时强调：立足我国国情和我国发展实践，发展当代中国马克思主义政治经济学》，《人民日报》2015 年 11 月 25 日。

②《习近平主持召开经济形势专家座谈会强调：坚定信心增强定力，坚定不移推进供给侧结构性改革》，《人民日报》2016 年 7 月 9 日。

情和时代特点的政治经济学，不仅有力指导了我国经济发展实践，而且开拓了马克思主义政治经济学新境界。”①

从一定意义上可以说，从毛泽东到邓小平、江泽民、胡锦涛再到习近平，代表着我国社会主义经济发展道路和中国特色社会主义政治经济学的三个历史阶段。其中毛泽东时代是中国特色社会主义经济发展道路和中国特色社会主义政治经济学的起始阶段，邓小平、江泽民、胡锦涛时代是中国特色社会主义经济发展道路和中国特色社会主义政治经济学基本理论的形成和发展阶段，习近平时代则是中国特色社会主义经济发展道路的进一步巩固完善和中国特色社会主义政治经济学理论体系构建的历史阶段。因此，理解构建中国特色社会主义政治经济学理论体系的可行性问题，需要从我国社会主义经济发展和理论发展的全部历史过程出发，从而必须充分认识这一过程中的不同历史阶段的内在统一性和有机联系，充分认识中国特色社会主义道路所具有的独特性、创造性及其取得的伟大成就，从而充分认识中国特色社会主义经济发展为中国特色社会主义政治经济学理论体系的构建所提供的丰富实践经验和事实依据。把改革开放前后两个历史时期割裂开来并借此认为中国特色社会主义发展实践的时间太短，否认中国特色社会主义道路的独特历史地位和伟大的创造性，用现实中依然存在的矛盾和问题来否定中国特色社会主义道路的伟大历史成就、强大的生命力及其光明的发展前景，等等；并根据这些理由来否定构建中国特色社会主义政治经济学的可行性，不仅是片面的，而且也是错误的。

同时，我们还要充分认识构建中国特色社会主义政治经济学理论体系，对于促进中国特色社会主义经济实践的进一步健康发展、实现中华民族伟大复兴的中国梦所具有的极为重要的意义。其中最关键的是，必须从历史发展的角度出发，全面认识当前中国的发展态势及其在世界上的崭新地位，

① 《习近平在中共中央政治局第二十八次集体学习时强调：立足我国国情和我国发展实践，发展当代中国马克思主义政治经济学》，《人民日报》2015年11月25日。

从而深刻认识中国特色社会主义政治经济学的创建对于巩固中国特色社会主义制度和道路所具有的重大战略意义。

经过新中国成立以来近70年，尤其是改革开放以来近40年的建设，中国不仅在经济总量上稳居世界第二，人均国民总收入接近中等偏上收入国家平均水平，而且在尖端科技、教育发展、产业制造能力、完整的国民经济体系、国家治理体系和治理能力、消灭贫困、制度建设等各个方面都越来越接近世界先进水平。同时，自2008年国际金融危机爆发以来，发达国家深陷长时间的经济不景气，前景很不乐观。从一定意义上来说，世界和中国都处在一个全新的历史阶段和重大的历史转折期。在这个重大的历史时期，能否实现理论创新，构建适合中国国情的政治经济学理论体系，将决定中国是否能够最终发展成为引领世界的先进国家。对于任何一个大国而言，没有理论和文化在世界上的引领地位，要成为真正的世界强国是根本不可能的。

从新中国成立以来我国经济学的发展历史过程及现状中，我们同样可以清楚地认识到构建中国特色社会主义政治经济学的必要性。2008年之前，我国经济学的发展大体经历了两个主要阶段：20世纪50年代至70年代末为第一个阶段，在这个阶段，我国经济学主要受苏联的政治经济学的影响；20世纪70年代末至2008年为第二个阶段，在这个阶段，我国经济学首先仍然是以苏联的政治经济学为主，但同时开始介绍和引进“西方经济学”以及东欧社会主义国家的政治经济学，然后是20世纪90年代中期以后，马克思主义政治经济学和“西方经济学”在我国经济学教育中同时并存，但是“西方经济学”在事实上逐步取得了经济学教育和学术研究的“主流”话语权地位。2008年之后尤其是党的十八大以来，由于世界形势以及中国在世界上的地位已经发生了重大变化，我国经济学开始进入第三个新的发展阶段。

自近代以来，中华民族开始“睁开眼睛看世界”，并且虚心向先进的文明学习。五四运动之后，首先是向西方发达国家学习；新中国成立之后，主要是向苏联学习；改革开放之后，再次向西方发达国家学习。在这样的学习过程中，一方面中华民族得到了发展，但另一方面又在某种程度上使部分中国人产生了崇洋媚外的自卑心理。特别是自20世纪90年代以来，由于中国确定了建设社会主义市场经济的改革目标和进一步扩大对外开放的政策，为了更多地借鉴西方发达国家的某些经验，中国开始大量引进当代西方经济学。由于西方经济学本身所固有的意识形态性，加上以美国为代表的发达国家有意识地对中国大量输出他们的经济学，以及近代以来形成的民族自卑心理再加上东欧剧变和苏联解体，在许多中国人身上挥之不去，导致一些人对中国所取得的巨大成就视而不见，对中国在发展中存在的问题的解决不是寄希望于进一步坚持和发展马克思主义和中国特色社会主义，而是寄希望于西方主流经济学。于是，产生了西方主流经济学在中国的许多高等院校成为事实上的“主流经济学”的不正常现象。

自2008年发达资本主义国家爆发金融危机以来，世界经济政治形势正在发生深刻的变化。一方面，世界经济的不景气给中国经济造成了一些负面影响，但是，中国经济仍然保持了中高速增长，从横向比较来看，中国仍然是经济发展最好的国家之一；另一方面，中国原有的经济增长和发展模式在取得巨大成就的同时也产生了许多问题，有些问题甚至还比较严重，如财富占有和收入分配差距过大、生态环境和资源遭到严重破坏、经济发展的质量不高，等等。国际国内诸多因素和条件的叠加，使中国经济发展进入“新常态”。正是由于客观形势具有一定的复杂性和不确定性，于是，关于中国发展道路和模式以及发展前途的问题，再度引起了人们的关注和热议。我们必须看到，由于长期以来西方主流经济学在中国的无批判性的传播，以及马克思主义政治经济学的被淡化、边缘化，使得许多青年学生，甚至一些党政领导干部对马克思主义和社会主义都产生了怀疑甚至否定。理论认识和思想上的错误与堕落，是一些领导干部在行为上腐败的重要根源。

由此可见，在新的历史条件下，党举什么样的旗，走什么样的路，如何树立制度自信、道路自信、理论自信和文化自信，仍然是决定中国前途和命运的重大问题。在这个重要的历史关头，如何构建适合中国国情的社会科学理论尤其是中国特色社会主义政治经济学，并运用于科学地分析和认识当前国内外经济形势及其发展规律和趋势，是实现我们党所确定的“两个一百年”奋斗目标和中华民族伟大复兴的重要前提，也是习近平提出创建中国特色社会主义政治经济学这一重要理论任务的现实背景。

近代以来的世界经济和经济学发展史表明，一个国家在世界经济学界的地位是由这个国家在世界经济中的地位决定的。同时，一个国家经济学的创新又是推动这个国家成为世界经济强国的重要因素。亚当·斯密与19世纪英国的关系、弗里德里希·李斯特与德国崛起的关系、经济学美国学派与20世纪美国的关系，无不说明了这一点。从英国、德国、美国等国家的历史经验中，我们得到的结论是，一个国家如果没有经济学的主动创新和创建，而是教条主义地照搬国外已有的理论，就不可能有经济政策的创新与经济的崛起和赶超。因此，不应该因为，中国还不是世界上最强大的国家，就认为中国既无条件也无必要创建具有中国特色的政治经济学。相反，世界史的经验证明，一个国家在社会科学理论尤其是经济学理论上如果不能在世界上取得引领地位，它就永远不可能成为真正的世界强国。

从根本上来说，理论与实践的矛盾是产生理论创新的根本动力。从当下时代的特点与已有经济学理论的关系来看，当前的世界经济形势和中国经济发展大势对已有的两大主要流派的经济学理论提出了严峻挑战。一方面，西方主流经济学不仅无法完整地解释中国道路和模式，而且也无法为金融危机之后的西方发达国家走出经济低迷状态提供新的真知灼见，除了在凯恩斯主义和新自由主义之间摇摆外，很难再有什么真正的理论创见。历史经验表明，无论是凯恩斯主义、新自由主义或者是它们的混合，都无法从根本上解决资本主义所固有的内在矛盾以及由此而产生的周期性金融和经济危机，当然更不能解决世界发展的不平衡以及生态危机等难题。另一方面，传统的社会主义政治经济学理论也存在一些严重缺陷，例如，不能较好地解释为什么中国必然实行以公有制为主体以及公有制与多种所有制并存发展的经济制度，也不能较好地解释社会主义公有制与市场经济之间的关系。总之，中国发展实践急需构建新的政治经济学，即中国特色社会主义政治经济学理论体系。

三、 中国特色社会主义政治经济学的理论属性问题

由于中国特色社会主义政治经济学仍然处在探索和构建的过程中，因此，对于中国特色社会主义政治经济学的理论属性问题存在着不同的理解。这个问题主要涉及中国特色社会主义政治经济学与已有的政治经济学或经济学，特别是与社会主义政治经济学的关系。目前学术界形成的原则性共识是，构建中国特色社会主义政治经济学必须坚持以马克思主义政治经济学为指导，同时批判性地吸收当代西方经济学的有益成分以及继承和发扬中国优秀传统文化。应该说，这个认识是完全正确的，但它更多表达的是构建中国特色社会主义政治经济学的方法论原则，而不是对中国特色社会主义政治经济学理论属性的明确规定和直接回答。

众所周知，在我国已往的“马克思主义政治经济学”这个概念和学科中，是包括社会主义政治经济学的，人们称之为“社会主义经济理论”“社会主义政治经济学”“社会主义经济学”，或者是“政治经济学（社会主义部分）”，等等。因此，在许多学者看来，中国特色社会主义政治经济学就是“中国特色的”社会主义政治经济学。在这样的理解中，“社会主义政治经济学”是既有的、确定的，中国经济学界的任务仍然是如何将已有的“社会主义政治经济学”与中国经济发展实践相结合，以体现出更加鲜明的

“中国特色”。我们认为，这样的理解是不够的。

根据历史唯物主义的方法论，理解中国特色社会主义政治经济学的理论属性，必须从中国特色社会主义发展道路的实践特性出发。从社会主义经济实践和“社会主义政治经济学”的历史发展来看，大体上可以划分为两大历史阶段，即“苏联范式”阶段和“中国范式”阶段。20 世纪 50 年代至 80 年代是“苏联范式”阶段。在实践上，以苏联为代表，在世界各社会主义国家普遍实行计划经济体制；与之相适应，在理论上，以 20 世纪 50 年代苏联编写的《社会主义政治经济学》教科书为标志，这一范式在世界各社会主义国家得到普遍推广和流行。“苏联范式”的社会主义政治经济学的主要特点是，以所有制作为社会主义与资本主义的划分标准，并且以此为基础和核心，全面说明社会主义生产关系的本质特征和主要特点，论证社会主义经济制度的优越性。几十年的实践表明，传统计划经济体制虽然有其一定的历史必然性和合理性，但是这种体制存在诸多弊端，特别是在与发达资本主义的竞争中，这些弊端就表现得更加突出，而“苏联范式”的社会主义政治经济学对于解决这些弊端无能为力。20 世纪 90 年代初苏联的解体和东欧国家的剧变，虽然是由极为复杂的多种因素导致的，但是应该承认，这与“苏联范式”的社会主义政治经济学存在的各种严重的理论局限性是有很大关系的。

如前所述，早在 20 世纪 50 年代，毛泽东就开始探索社会主义政治经济学的理论构建问题，并且对苏联《社会主义政治经济学》教科书存在的主要问题进行了批评，对落后条件下究竟如何建设社会主义的问题进行了艰苦的实践探索和理论探索，但是从总体上来说，仍然未能够突破经典马克思主义关于社会主义的规范性认识和规定。正是在总结国内外社会主义经济建设经验和教训的基础上，中国自 20 世纪 70 年代末开始改革开放，勇敢地走上了重新探索社会主义发展道路的伟大征程。经过近 40 年的发展和探索，中国已经形成了一种既不同于传统社会主义，也不同于西方资本主义的全新发展道路、基本经济制度和体制。概括起来说，中国特色社会主义具有一系列独特的创新之处和实践属性，其中主要有：①在坚持党的领导的前提下，主动开展改革开放，同时拒绝西方议会民主政治制度，从而保证了国家和社会在稳定中改革和发展；②在坚持国有经济和集体经济为主体的同时，积极发展非公有制经济，从而既坚持了社会主义经济制度的根本原则，又最大限度地调动了各方面的积极性；③在坚持国家和政府对于社会经济的统一领导和宏观管理的同时，大力发展市场经济，从而使社会主义制度和市场经济两个方面的优越性都得到发挥；④在坚持独立自主原则的同时，积极扩大对外开放，勇敢地参与并引领世界经济，从而既充分利用了发达国家的各方面经验和资源，又避免了世界经济发展的不稳定对于国家经济的过度冲击；⑤在改革发展过程中，依据条件的变化，动态地处理经济效率与社会公平的关系，从而既保持了国民经济的持续高速增长，同时又使社会公平状况不断得到改善和提高；等等。

中国特色社会主义道路的形成和发展，已经在理论上突破了西方经济学的解释范围和能力，也突破了马克思、恩格斯关于社会主义的理论设想以及传统社会主义政治经济学对于社会主义经济的理解。因此，以中国特色社会主义经济实践为基础和依据的中国特色社会主义政治经济学，在理论属性上就不可能是西方经济学的变种，也不可能是马克思、恩格斯的社会主义理论设想的简单改版，更不可能是《资本论》的理论的改头换面和传统社会主义政治经济学的修修补补，而必然是一种全新的政治经济学，或者说是一种新的“社会主义政治经济学范式”，即不同于“苏联范式”的“中国范式”。这是社会主义政治经济学发展的新的历史阶段，即“中国范式”阶段。明确地树立和确定这种“范式意识”，对于构建中国特色社会主义政治经济学理论体系具有重大意义。

从创立新的“社会主义政治经济学范式”的高度出发理解中国特色社会主义政治经济学的理论属性，需要正确认识中国特色社会主义政治经济学与已有的政治经济学或经济学理论，尤其是与传统社会主义政治经济学的关系，只有正确地理解了这一点，才能真正明确中国特色社会主义政治经济学的发展方向和理论创新的重点。

如前所述，资产阶级经济学家往往认为经济学研究的就是具有一般性的那些经济问题和规律，从而总是标榜自己的经济学具有“普世性”。从一定意义上来说，一些马克思主义经济学家对于政治经济学或经济学的理解也存在同样的问题。差别在于，资产阶级经济学家不仅否定了国别差异，而且也否定了不同性质的社会形态之间的差异；一些马克思主义经济学家虽然深刻地理解不同性质的社会形态之间的根本差异，但是，同时也忽略了国别差异及其对于政治经济学或经济学理论的重大影响。对于一些马克思主义经济学家来说，要建立一种完全以一个国家的经济活动为对象的“政治经济学”，似乎同样是不可思议的。在一些马克思主义经济学家心目中，只存在“资本主义政治经济学”或“社会主义政治经济学”这样的概念，不存在“中国政治经济学”这样的概念。[①]

然而，我们恰恰需要把“中国特色社会主义政治经济学”理解为“中国政治经济学”，即专门研究中国历史发展规律，尤其是中国特色社会主义发展规律的政治经济学。只有这样，我们才能彻底从传统社会主义政治经济学的思维定式中解脱出来，也只有这样，才能使中国特色社会主义政治经济学成为独树一帜的新的政治经济学或经济学范式。

中国特色社会主义政治经济学与传统社会主义政治经济学的重大区别首先表现在两个方面：

第一，研究对象不同。中国特色社会主义政治经济学的研究对象与传统社会主义政治经济学的研究对象既有共同点，又有明显的区别。共同点

① 王亚南先生最早在《中国经济原论》一书中明确提出了“中国经济学”这一概念，并进行了深入探讨。20世纪90年代，中国经济学家再次提出“中国经济学”这个概念，但这个概念不过是“中国的经济学研究和发展”的一个简称。参见于光远、董辅礽主编：《中国经济学向何处去》，经济科学出版社1997年版。

在于，二者都是研究社会主义的，套用《资本论》关于研究对象的表述，二者都是研究社会主义生产方式以及与之相适应的生产关系和交换关系的；或者套用一般教科书的表述，二者都是研究社会主义生产关系及其运动规律的。区别在于，中国特色社会主义政治经济学研究的并不是一般意义上的“社会主义”，而是“中国特色社会主义”，具体来说是中国特色社会主义生产方式以及与之相适应的生产关系和交换关系，或者说是中国特色社会主义生产关系及其运动规律。

第二，方法论不同。中国特色社会主义政治经济学一方面坚持以马克思主义的社会主义理论为指导，另一方面又更加突出社会主义的实践性、创造性和民族性，贯彻的是一切从实际出发的彻底的唯物主义方法论和坚持理论指导性与实践创造性并重的思想方法，体现着从特殊性上升到普遍性以及普遍性和特殊性辩证统一的逻辑。而传统社会主义政治经济学则更多地贯彻的是一种从理论到实践的思想方法，也就是始终把马克思、恩格斯关于社会主义的设想理解为社会主义的终极标准，更多地体现着将理论运用于现实的逻辑。传统社会主义政治经济学更多地采用一种规范的思维方法，更多地侧重说明社会主义“应该如何”，而中国特色社会主义政治经济学则需要更多地分析现实的社会主义究竟如何巩固和发展，以及发展的形式、道路和规律是什么等问题。从这些方面来看，中国特色社会主义的形成和“中国特色社会主义政治经济学”的提出，是社会主义实践和理论的巨大创新。

习近平指出：“强调民族性并不是要排斥其他国家的学术研究成果，而是要在比较、对照、批判、吸收、升华的基础上，使民族性更加符合当代中国和当今世界的发展要求，越是民族的越是世界的。解决好民族性问题，就有更强能力去解决世界性问题；把中国实践总结好，就有更强能力为解决世界性问题提供思路和办法。这是由特殊性到普遍性的发展规律。”① 这

① 习近平：《在哲学社会科学工作座谈会上的讲话》，《人民日报》2016年5月19日。

就非常深刻地揭示了现实社会主义的发展规律之一，即“由特殊性到普遍性的发展规律”。毫无疑问，这是对于社会主义以及政治经济学或经济学在方法论和认识论上的一个巨大突破，为构建和发展中国特色社会主义政治经济学指明了方向。

中国特色社会主义的进一步巩固和发展，在客观上要求我们在坚持以马克思主义政治经济学的一般理论为指导的同时，既不能照抄照搬马克思主义政治经济学和传统社会主义政治经济学，也不能照抄照搬西方经济学尤其是西方主流经济学。我们需要创建一种既不同于传统社会主义政治经济学也不同于西方经济学的新的政治经济学理论。否则，如果仅仅把它理解为具有中国特色的传统社会主义政治经济学，那么，它就不可能是具有原创性的新的政治经济学理论体系。当然，这样的理解，绝不排斥中国特色社会主义政治经济学对于马克思主义以及马克思主义政治经济学的进一步坚持和发展，对于传统社会主义政治经济学的科学理论部分的继承和进一步发展，也不排除其对于当代西方经济学的有益成分和中国优秀传统文化的借鉴和吸收。

论中国政治经济学的创新及逻辑起点

自改革开放以来，中国政治经济学界一直在探索创新与发展政治经济学的问题，并且取得了一些富有启发性的研究成果。从研究对象、理论内容、体系结构和理论观点等方面来看，中国政治经济学已经突破了计划经济时代的传统政治经济学。

但是，中国政治经济学仍然面临以下三个问题：第一，中国的政治经济学理论仍然存在脱离实际的问题，远远不能适应我国现实经济社会发展的需要；第二，中国的政治经济学与西方主流经济学相对而言仍然处于一种弱势地位；第三，即使在拥护马克思主义经济学的学者队伍中，在许多基本理论问题上也存在着不同的看法，甚至完全相反的看法。① 从以上问题看，中国政治经济学的创新仍然没有完成，仍然需要进行艰苦的探索和创造。只有这样，才能重新确立政治经济学理论在中国经济社会发展中应有的地位和作用。②

---

① 政治经济学理论界围绕马克思经济学基本理论所展开的讨论或争论，一方面表明了理论研究的活跃与生气，但另一方面也是产生许多理论与思想混乱的原因。现在，对于许多人来说，连什么是马克思主义经济学也都成为问题了。这大概是一切理论从一种范式过渡到另一种范式过程中的普遍现象。破中有立，但毕竟破并不等于立。

② 我们还必须注意到一个非常重要的事实：改革开放以前，政治经济学理论贯彻在中国所有应用经济学中；而现在，政治经济学理论已经完全被各种应用经济学所摈弃，政治经济学日益陷入一种自言自语的孤立状态。这正是政治经济学处于危机状况的另一个重要表征。一定意义上来说，政治经济学作为理论经济学，如果不能被各种应用经济学所应用，它也就失去了理论经济学应有的基础和指导作用。

一、 创新政治经济学必须以正确认识西方主流经济学为前提

20世纪90年代以来，西方主流经济学开始在中国经济学界逐步占据强势地位。在一些信仰西方主流经济学的人看来，马克思主义经济学即政治经济学已经完全过时，西方主流经济学作为现代经济学是唯一科学的经济学。中国经济学界的任务，就是研究如何在中国应用西方主流经济学，凡是现实不符合这套理论的地方，就要去改革，让现实符合这个理论，只要这样做了，中国也就必然会像美国、欧洲国家一样，成为世界上发达的、先进的国家。再进一步的观点就是，中国的改革，最终就是走上一条美国式的发展道路，在经济上，全面私有化，在政治上，实行三权分立、多党轮流执政。这显然是错误的。

假如事情真的如此，那么，政治经济学的创新与发展也就失去了必要性，甚至连政治经济学本身存在的合理性也失去了根基。所以，中国政治经济学的创新与发展必须以正确理解和评价西方主流经济学与中国现实发展的关系为前提。

我们认为，从总体上来说，中国30多年来的改革开放是西方主流经济学解释不了的。主要依据在于，中国改革开放以来，既没有全盘私有化，也没有实行政治上的西方民主化，但是，即使我们承认中国经济存在着各种问题甚至有些是比较严重的问题，仍然应该看到，相对而言，30多年来中国的经济发展是同时期全世界最快的①。这是我们讨论中国经济学的建设与发展的基本前提，也是我们思考创建中国经济学问题的基本出发点。

我们认为中国30多年来的经济发展与西方主流经济学理论存在着巨大矛盾，表明西方主流经济学并不适合中国社会经济的发展。但是，这并不

---

① 国内外学者多以“北京共识”或“中国模式”的概念来表达对中国30多年改革开放成就与经验的充分肯定。

意味着我们要全盘否定西方经济学在中国的传播对于中国改革开放和经济发展的某些推动作用，也不意味着我们在创新政治经济学的时候，可以完全拒绝学习和借鉴西方主流经济学的某些工具和方法。但是，中国的历史经验表明，从根本上来说，照搬任何外国理论，包括照搬马克思主义理论和照搬西方主流经济学的做法都是行不通的，甚至是误国误民的。

二、 中国现有的政治经济学在方法论上的主要缺陷

改革开放30多年来，尽管我们在包括经济学理论在内的哲学社会科学和马克思主义理论研究方面取得了重大成果和进步，但仍有一些过去一直存在的和现实中新出现的问题没有得到深入的研究并给予有说服力的回答。诸如：中国为什么要实行以生产资料公有制为基础的社会主义经济制度？中国为什么在发达国家都没有实行社会主义的前提下实行社会主义？中国为什么要在生产力仍然相对落后的条件下实行社会主义？中国为什么在苏联都解体了，东欧国家都剧变了的条件下仍然要实行中国特色的社会主义？为什么中国这样一种发展道路是成功的？等等。

从一定程度上来说，这些问题也是当前人们普遍感到困惑的问题。特别是在西方主流经济学的影响与冲击下，在我国现实经济与社会存在诸多矛盾与问题的背景下，这些问题更是成为全民意识层面的问题，急需中国的经济学家予以回答。

然而，中国现有的政治经济学却没有很好地回答，甚至根本没有从理论上回答上述这些问题。现有各种版本的政治经济学教科书，依据生产资料所有制是全部生产关系的基础这样一个理论观点，社会主义部分基本上都是先讲社会主义经济制度（即生产关系）的建立，然后按照改革开放以来中央文件所论及的经济内容进行分述。不仅没有严谨的内在逻辑，而且上述最重要的问题被省略掉了。正像恩格斯曾经批评过古典经济学以私有

制为前提却没有对它进行说明一样，中国的政治经济学也是以社会主义公有制为前提，却没有对它进行一个理论的解释。

人们之所以没有能够从正面回答上述重大理论问题，是因为存在着另一个理论上和逻辑上的漏洞与尴尬，即一方面运用唯物史观强调生产力标准，用以解释中国为什么要改革开放，为什么要实行市场经济体制，为什么要发展非公有制经济，为什么只能实行初级阶段的社会主义而不能实行高级阶段的或完全的社会主义；另一方面，却不能彻底贯彻同一个生产力标准来解释中国为什么要实行公有制和社会主义。在解释中国为什么要走社会主义道路的时候，就从生产力标准这个理论大逃亡了，逃到哪儿去了呢？逃到近代史去了①，或者根本就逃避了。

这就是中国政治经济学理论的基本现状。马克思说，理论只有彻底，才能掌握群众。中国现有的政治经济学在逻辑上不彻底，自然也就失去了说服力或掌握力。

当然，这样的问题对于信仰西方主流经济学的人来说，本来就不是问题，因而，也就不可能做出正确的理论解答。

实际上，生产力标准理论与中国现实的矛盾并不是现在才存在的。具体来说，历史唯物主义的基本理论一开始就同中国现代以来的全部历史相矛盾。所有熟悉马克思主义理论的人都知道：马克思的历史唯物主义理论和全部经济学理论表明，社会主义，只能以发达的资本主义和高度发达的物质生产力为前提。马克思在《〈政治经济学批判〉序言》明确地指出："无论哪一个社会形态，在它们所能容纳的全部生产力发挥出来以前，是决不会灭亡的；而新的更高的生产关系，在它存在的物质条件在旧社会的胎

---

① 例如，张海鹏《近代中国历史发展选择了社会主义道路》，文中说：60年前，中国为什么要走上社会主义道路？我认为，这是近代中国历史发展的结果，是历史的选择。(《中国社会科学报》2009年12月10日）这样的说法也是中国现行各种版本的社会主义政治经济学教科书的通行说法。

胞里成熟以前，是决不会出现的。"[①] 新中国在1956年那个时候的生产力状况，可以肯定地说是并没有达到在全国范围建立社会主义公有制的水平的。假如我们从发展的角度来看这个问题，把资本主义与社会主义联系起来考虑，那么，在中国为什么要实行公有制和社会主义就更加成为问题了。试想，连生产力水平比我们发达多了的欧美国家都没有实行社会主义，为什么一个生产力水平落后的国家要实行社会主义？显然简单地照搬或直接套用历史唯物主义的"生产力—生产关系—上层建筑"这个范式，并不能从理论上科学地解释中国现代以来的历史，特别是30多年来改革开放和经济发展的现实。

三、 从方法论的创新开始，重新构建中国政治经济学的理论范式和逻辑起点

中国政治经济学在方法论上的根本缺陷，是在强调坚持马克思主义的指导这样一个正确命题下，仍然未能彻底摆脱教条主义的束缚。这是导致理论与现实发生矛盾的根本原因。

只要我们坚持一切从实际出发的唯物主义方法论，就会清楚地看到，中国近代以来特别是现代历史的演变，与历史唯物主义理论上讲的生产力决定生产关系、经济基础决定上层建筑的理论范式至少在直接意义上是冲突的。新中国成立以来，不是在发达的生产力基础上建立社会主义生产关系和相应的上层建筑；相反，它是通过政治革命先建立起一定的上层建筑（即新民主主义性质的国家），然后再去建立社会主义的生产关系（即生产资料公有制，国有制和集体所有制），并以这种独特的路径去发展中国的社会生产力。中国现代社会的发展与演进，具有一种完全不同于马克思的历史唯物主义范式的发展逻辑。

---

① 马克思：《〈政治经济学批判〉序言》，《马克思恩格斯选集》（第2卷），北京：人民出版社1972年版，第83页。

这里提出的问题，自然涉及一个重要的理论或认识上的问题，即究竟如何看待和认识马克思的历史唯物主义理论及其与现代中国社会发展的关系?[①] 我们说中国现代社会的发展逻辑与历史唯物主义的“生产力—生产关系—上层建筑”这样的理论范式不一致，是否必然陷入这样一个两难困境：要么是说中国现代社会的发展否定了历史唯物主义，要么是说中国现代社会的发展根本就是违背了社会发展的一般规律?

我认为，并不存在这样的两难选择。

首先，必须科学地认识马克思的历史唯物主义理论本身及其与人类社会历史发展的关系，为此就必须清楚地认识到这样两点：

第一，历史唯物主义理论本身包含着不同的理论要素。具体来说，它强调了生产力在人类历史发展中的决定作用，从而揭示了社会发展规律的客观性；这个理论还用“生产力—生产关系—上层建筑—意识形态”这个范式描述了社会发展的一般机制或机理；根据不同生产关系的性质和区别，这个理论把人类社会历史从最一般意义上划分为依次递进的五种形态，即原始社会、奴隶社会、封建社会、资本主义社会和共产主义社会；这个理论还认为历史发展的客观规律性与人类的主观创造性是有机统一的；人类社会历史的发展表现为个人行为和集体行动的共同结果[②]。我们认为，对于这些不同的理论要素，应该可以有不同的认识。具体来说，物质生产力的发展对于人类社会发展的最终决定作用，这是历史唯物主义理论中最具有硬核性质的内容，从而具有一般即最普遍的适用性和终极性的解释力。而这个理论中，“生产力—生产关系—上层建筑—意识形态”范式和社会发展

---

① 关于历史唯物主义与中国历史的关系，早在中国史学界关于中国究竟有没有奴隶社会的争论中就呈现出不同的理论倾向。在这个争论中，一些理论家之所以坚持奴隶制说，一个重要的动机在于使中国的历史发展与马克思的五种社会形态理论相一致，从而间接地说明中国社会主义的合规律性。不仅因为本人无力评论古代史性质的争论，同时，为了使问题简化，本文将同一个性质的问题，限定在新中国成立以来的时间范围之内。

② 学术界对于历史唯物主义理论的内容有不同的概括，参见林岗，张宇：《马克思主义经济学的五个方法论命题》，载《马克思主义与制度分析》，北京：经济科学出版社 2001 年版，第 3—34 页。

五形态论则并不一定具有一般性。例如，从世界范围来看，有的国家或民族在某种特殊条件下，可能正是因为并不直接遵循“生产力—生产关系—上层建筑—意识形态”这个范式，从而也并不完全依次经历全部五个社会发展阶段，而是有可能跨越卡夫丁峡谷或其他什么峡谷。因此，坚持历史唯物主义中最具有一般性的硬核部分，并不意味着必须照搬这个理论中并不具有一般性的其他内容。换句话说，承认具体国家或民族的一定具体历史发展路径与历史唯物主义理论存在一定的区别，并不意味着对历史唯物主义的根本否定；相反，正是体现了唯物史观中的辩证法原则。人类社会发展的极为丰富的历史本身表明，我们必须坚持唯物主义与辩证法的统一，否则，我们根本无法正确认识人类发展的丰富性和多样性。

第二，从历史唯物主义理论的形成来看，它具有两个来源。一方面，它是马克思在批判各种旧的社会理论和历史理论，特别是批判黑格尔的法哲学理论的基础上创立起来的；另一方面，它主要是从西欧国家的历史中总结出来的，特别是其中的“生产力—生产关系—上层建筑—意识形态”范式更是直接从西欧国家封建社会到资本主义社会的发展史概括出来的，而不是基于世界历史而总结出来的。这正是马克思晚年不惜一再延迟《资本论》第二、三卷的整理和出版，而致力于人类学和历史学研究的重要原因。另外，无论人们对于马克思的亚细亚生产方式理论有何认识上的分歧，但有一点却应该是共同的，即马克思对于亚细亚生产方式的研究本身表明，马克思不仅认识到了人类社会发展的一般性，同时也认识到了世界不同民族发展的多样性。因而，历史唯物主义中具有特殊性的理论内容，需要通过世界史、民族史和人类学的研究来加以丰富和发展，这并不是对于历史唯物主义的否定，而恰好是对这个理论的最科学的运用。

根据上述分析，我们可以进一步看到，中国政治经济学之所以存在前述方法论上的缺陷，一个重要原因，就在于没有能够将历史唯物主义理论中的不同内容做出科学的区分，将坚持历史唯物主义方法论这个本来正确的原则，误解成为照搬这个理论中的所有内容。这正是导致理论与现实发生矛盾的具体的理论认识上的根源。

其次，所谓坚持历史唯物主义，不仅要坚持历史唯物主义中的理论硬核，更重要的是必须坚持历史唯物主义中的唯物主义和辩证法这两个精神硬核。而历史唯物主义的精神硬核，正在于社会存在决定社会意识，而不是相反；正在于坚持一切从实际出发，而不是相反，一切从理论出发，甚至从教条出发。

因而，中国政治经济学的创新与发展，必须以对历史唯物主义理论的科学认识为前提，必须突破照搬历史唯物主义的传统分析范式和方法，必须坚持从近代以来的世界体系及其对中国社会发展轨迹的影响的分析，作为创建中国政治经济学理论的出发点，必须通过创立一个新的历史发展理论和分析框架才能对中国这一独特的发展道路加以解释①。

至少是鸦片战争以来，中国社会已经深受世界资本主义体系的影响，已经开始融入世界历史，并成为世界体系的一个不可分割的部分，从此，中国社会的演进不再是一个独立和孤立的过程。在一个全球化的世界中，对于任何一个民族而言，在社会与世界之间，国家就是必然的桥梁与中介。在理论上，也就不能简单地用历史唯物主义中“生产力—生产关系—上层建筑”这个分析范式，仅仅从中国社会内部的社会生产力出发，去解释中国的生产关系和上层建筑，而是应该把近代以来的世界历史给予中国社会发展所形成的外部约束与中国社会自身的历史条件结合起来。这样一来，国家也就必然成为中国政治经济学的逻辑起点。

提出这一观点的现实客观依据是，中国现代历史以新中国成立为起点，而且中国现有的全部经济制度，一开始就是以现代国家的形成为前提的。直到今天，中国社会的所有现象离开了国家，几乎都无法得到合理的解释。

① 在这方面，毛泽东创立的新民主主义论已经为我们提供了一个典范和理论发展的起点。而列宁的帝国主义理论正是我们运用马克思主义理论的一般原理解释中国现代发展史所不可缺少的理论中介。

可以说，国家的影响无所不在。即使是现在实行市场经济体制，承认了市场机制在配置资源方面的基础作用，这一点也没有根本的改变。正像马克思认为资本是资本主义所有经济范畴中的普照的光一样，国家在中国也是一种普照的光，它应该成为中国政治经济学的核心范畴。而中国现代国家的建立，根本无法照搬“生产力—生产关系—上层建筑”这个理论范式加以解释。因为中国现代的国家形态，并不是简单地由经济基础决定的；相反，正是建立了国家，才去建立那个经济基础。中国的公有制，不是源于发达的社会生产力，而是源于国家发展的需要。在中国，社会主义不仅是一种目标，更是一种手段。国家领导人曾经不止一次地、非常朴素地指出过这一道理：社会主义可以集中力量办大事。最近的例子是，2008 年中国南方冰冻灾害、汶川大地震和北京奥运会，这几件大事都充分展现了初级阶段社会主义的国家所具有的强大而突出的作用。当代中国以及整个现代中国的社会主义，其特色正在于它天然地与国家紧密地联系在一起。

提出上述观点的理论依据是，我们必须坚持逻辑与历史相统一的方法论原则。恩格斯曾经指出过，历史从哪里开始，思想进程就应该从哪里开始。既然中国现代社会以国家的形成为起点，并且在整个现代中国社会中起着支配作用，那么在理论上，当然就应该以国家作为逻辑上的起点范畴。也许在一些人看来，国家是政治学的研究对象而不是政治经济学的研究对象。其实这完全是一种误解。马克思的资本论以及他的六册计划都表明，国家或上层建筑本来就是马克思的政治经济学研究内容的一部分。只不过由于以上已经指出过的原因，马克思将国家排在资本、雇佣劳动和土地所有权之后了。以上的论证表明，我们完全可以改变一下马克思的六册计划中的范畴顺序，把国家作为中国特色社会主义政治经济学的起点范畴，以全球化为背景和前提，对现代中国的国家性质、结构与职能，国家与生产资料所有制及其结构的关系，国家与物质生产力的发展的关系等展开全面的研究，创建一个新的国家理论，进而对中国的所有制结构、市场、企业、劳动、土地所有权、对外经济关系等等现象和范畴进行科学的研究与说明。

再次，把国家作为中国政治经济学的起点范畴，也是对于政治经济学研究对象认识上的重大突破，从而极大地扩展了中国政治经济学的研究范围与内容。由于缺乏对于马克思的政治经济学理论的全面了解和正确认识，长期以来，人们只看到并总是片面强调了生产关系在政治经济学研究中的重要地位，却又忽视了对于物质生产力的发展以及上层建筑和意识形态对于生产关系的巨大作用的研究。正像新古典经济学在理论上存在“企业暗箱”这一重大缺陷一样，中国政治经济学在理论上也存在一个“国家暗箱”。离开了对于国家的研究，中国的政治经济学也就必然陷入新古典经济学同样的命运与悲剧，即它仅仅只是一种黑板经济学，仅仅只是一种意识形态在理论上的表现，而失去了对于现实生活发挥积极作用的功能。我们相信，一旦把国家引入中国政治经济学的研究，中国政治经济学将展示出全新的活力、广阔的发展前景以及对于现实的巨大作用。

最后，在社会主义政治经济学的逻辑起点或起点范畴这个问题上，虽然我国经济学界有许多人曾经分别提出了以劳动、自主劳动、联合劳动、商品生产、市场经济、生产力、生产资料公有制、社会分工等等不同范畴作为逻辑起点的各种观点，并进行了理论体系创建方面的尝试，但是，结果表明，都是不成功或者是不太成功的。这些主张要么是仍然局限于传统政治经济学的研究对象和研究内容，只不过是进行了新的排列与组合，要么是虽然根据改革与发展的现实增加了诸如经济体制、资源配置、体制转型、经济运行、经济发展等内容，但是，在理论上又缺乏逻辑性，不能令人满意。而所有这些尝试在方法论上的共同点在于，都没有能够抓住国家才是中国现代社会的普照的光这个纲和这个客观的事实，从而在理论上不能合乎逻辑地对中国社会发展中的各个具体范畴及其关系进行符合实际的科学说明，进而也必然不能形成中国政治经济学的普遍的共识。

综上所述，为了实现政治经济学的创新，我们必须真正坚持一切从实际出发的原则，以资本主义的全球化或全球化的资本主义体系为背景，重新构建新的国家及其发展的理论。在此基础上，展开对中国特有的经济发展道路和经济关系的全面研究与解释，进而创立一个全新的政治经济学理论范式和体系。毫无疑问，在这样一种研究中，经济学必然与政治学、历史学、哲学等人文社会科学联姻，从而必将催生真正意义上的政治经济学的全面复兴。

中国特色社会主义政治经济学的重大现实价值

2014年以来，习近平总书记在多个重要场合阐述中国特色社会主义政治经济学的重要性。为何“政治经济学”尤其是“中国特色社会主义政治经济学”在现阶段会引起广泛关注呢？

一、中国特色社会主义政治经济学的形成

从理论与实践的关系上来说，一切经济学理论既是实践经验的总结与升华，反过来又会对经济实践产生反作用。因此，对于任何一个国家来说，运用什么样的经济学理论作为制定经济制度和经济政策的指导思想和依据，就显得尤为重要。历史的经验表明，在发展经济的过程中，经济理论选择的正确与否，直接关系到一个国家经济和社会发展的成败。例如，19世纪40年代至20世纪初的德国产生了以弗里德里希·李斯特、阿道夫·瓦格纳、布伦塔诺等为代表的政治经济学历史学派，提出了与英法古典政治经济学相对立的理论观点和政策主张，从而为德国经济的兴起发挥了巨大的推动作用。20世纪90年代初，苏联照搬美国推销的新自由主义经济学，实行“休克疗法”，结果导致了国家的解体和严重的经济衰退。同样是20世纪80年代及以后，一些拉美国家如巴西、阿根廷等，一些亚洲国家如印度尼西亚、泰国等，长期奉行新自由主义经济政策，虽然在一定时期取得了

较快的经济增长，但最终导致这些国家落入“中等收入陷阱”。

从我国的实践来看，我们党把马克思列宁主义理论创造性地运用于中国实践，形成了中国特色的马克思主义理论、中国特色的革命道路和社会主义建设道路，在毛泽东思想领导下，先是取得新民主主义革命胜利，成立了新中国，通过三大改造，完成了社会主义革命，开始了伟大的社会主义经济建设实践。从1956年社会主义改造完成以后，我们党一直在艰苦探索建设社会主义的道路，并取得了巨大的成就。但是，由于社会主义建设是一个前无古人的全新事业，所以，我们在较长一段时间内借鉴了苏联的社会主义建设经验，在理论上深受马克思关于社会主义和共产主义设想的影响，形成了高度集中的计划经济体制。几十年的实践表明，这样的一种经济制度和体制并不能最大限度地发展生产力和提高人民物质生活水平，必须进行改革。

面对传统的社会主义计划经济体制，不同的国家选择了不同的发展道路，并产生了完全不同的发展结果。在此方面，中国与苏联和原东欧社会主义国家形成了鲜明的对照。在西方发达国家的影响下，苏联和东欧国家通过激进式改革，彻底放弃了社会主义，走上了资本主义发展道路。这些国家20多年以来的发展事实证明，这条道路并不成功。与这些国家不同，中国选择的是渐进式的改革。而且坚持以马克思列宁主义为指导，坚持社会主义的基本原则和方向，创造性地形成了中国特色社会主义市场经济理论。30多年的改革开放，使中国经济获得了持续的高速增长，并一跃成为世界第二大经济体，可以说创造了人类经济发展的奇迹。在改革开放和发展的过程中，我们党不仅积累了丰富的实践经验，而且也积累了丰富的理论认识。在这些理论成果中，中国特色社会主义政治经济学方面的内容占据着核心的地位。

纵观中国现代革命史和社会主义建设史可以看出，我们党是一个富有创造精神的党。我们党在长期的革命和建设实践中，并没有受到教条主义的马克思主义政治经济学和西方主流经济学的束缚，勇敢地走出了一条中国特色新民主主义革命以及社会主义革命和建设道路，并且创造性地提出了一系列不同于传统政治经济学和西方主流经济学的新观点，其中包括：在新民主主义时期创造性地提出了新民主主义经济纲领。在探索社会主义建设道路过程中对发展我国经济提出了独创性的观点，如提出社会主义社会的基本矛盾理论，提出统筹兼顾、注意综合平衡，以农业为基础、工业为主导、农轻重协调发展等重要观点。改革开放以来形成的关于社会主义本质的理论，关于社会主义初级阶段基本经济制度的理论，关于树立和落实创新、协调、绿色、开放、共享的发展理念的理论，关于发展社会主义市场经济、使市场在资源配置中起决定性作用和更好发挥政府作用的理论，关于我国经济发展进入新常态的理论，关于推动新型工业化、信息化、城镇化、农业现代化相互协调的理论，关于用好国际国内两个市场、两种资源的理论，关于促进社会公平正义、逐步实现全体人民共同富裕的理论，等等。这些都是我们党对马克思主义政治经济学的创造性发展。这些理论成果，构成了中国特色社会主义政治经济学的基本内容，不仅有力地指导了我国经济发展实践，而且开拓了马克思主义政治经济学新境界。

正如政治经济学是整个马克思主义理论体系的核心组成部分一样，中国特色社会主义政治经济学在当代中国的马克思主义理论体系中也占据着核心地位。毫无疑问，中国特色社会主义政治经济学是经典马克思主义政治经济学的继承和发展，因而，马克思主义政治经济学以及中国特色社会主义政治经济学才是当代中国的主流经济学。

二、 中国特色社会主义面临的挑战

20 世纪 90 年代以来，由于我国选择了建设社会主义市场经济的改革目标和进一步扩大对外开放的政策，为了借鉴西方发达国家的某些经验，我国开始引进当代西方经济学。本来，我们引进西方经济学的目的，只是为了更好地借鉴西方发达国家经济发展的某些经验，并不是要全盘照抄西方经济学。然而，由于西方经济学本身所固有的意识形态性，以及我国的实践已经在事实上超越经典马克思主义关于社会主义的设想，于是，一些人对我国所取得的巨大成就视而不见，对于我国发展中存在的问题的解决不是寄希望于进一步坚持和发展马克思主义和中国特色社会主义，而是寄希望于西方主流经济学。于是，产生了西方主流经济学在许多高等院校成为事实上的主流经济学的怪现象。

自2008年金融危机以来，世界经济政治形势正在发生深刻的变化。一方面，世界经济的不景气给我国经济造成了一些负面影响，但是，我国经济仍然保持了中高速增长，从横向比较来看，我国仍然是经济发展最好的国家之一。另一方面，我国原有的经济增长和发展模式在取得巨大成就的同时也产生了一些问题。国际国内因素和条件的叠加，使我国经济发展进入“新常态”。由于客观形势具有一定的复杂性，关于中国发展道路和模式及其发展前途的问题，再度引起了人们的关注和热议。必须看到，长期以来西方主流经济学在我国传播，与此同时，马克思主义政治经济学被淡化、被边缘化，结果不仅许多青年学生，甚至少数领导干部对于马克思主义和社会主义都产生了怀疑。

由此可见，在新的历史条件下，党举什么样的旗，走什么样的路，仍然是决定我国前途和命运的大问题。这正是习近平总书记高度重视和反复强调马克思主义政治经济学和中国特色社会主义政治经济学的重要原因。

三、 坚持和建设中国特色社会主义政治经济学的重大现实价值

党中央反复强调和阐述政治经济学的重要性，不仅表达了党中央坚持马克思主义和社会主义的坚定信念和决心，也是对全盘照抄西方经济学的

观点和做法的否定，还是对我国经济学界，尤其是政治经济学界的学者提出的殷切期望。正如习近平总书记指出的："要立足我国国情和我国发展实践，揭示新特点新规律，提炼和总结我国经济发展实践的规律性成果，把实践经验上升为系统化的经济学说，不断开拓当代中国马克思主义政治经济学新境界。"在我国经济社会发展的新的重大历史关头，究竟是继续坚持走已经被实践证明是正确的中国特色社会主义道路，还是走资本主义道路或民主社会主义道路，甚至是倒退到计划经济体制的轨道上去，仍然是摆在党和全国人民面前的重大课题。在这个重大问题上，党中央鲜明地高举当代中国马克思主义、当代中国马克思主义政治经济学和中国特色社会主义政治经济学的旗帜，向全世界、全党和全国人民宣示了坚定地走中国特色社会主义道路的坚定立场和信念。毫无疑问，这对于统一全党和全社会的认识，抵制错误理论和思想的侵蚀，都是极为重要的。

综上可见，习近平总书记所讲的"各级党委和政府要学好用好政治经济学"，首先是指马克思主义政治经济学，而不是其他的什么政治经济学或经济学。同时，必须高度重视我们党在长期实践中所形成的中国特色社会主义政治经济学理论的重大现实意义。因此，各级党委和政府不仅要学好用好马克思主义政治经济学，更要学好用好中国特色社会主义政治经济学，自觉抵制新自由主义、民主社会主义等各种错误思潮的侵蚀和干扰。只有这样，我国的改革开放才能继续沿着中国特色社会主义道路不断取得新的胜利。

中国政治经济学研究的主要缺陷与出路

政治经济学在中国高等教育和学术上的地位已经严重下降，甚至是过度下降，中国的政治经济学已经被严重边缘化，并且仍然处在进一步被边缘化之中。这样的局面如果不能得到根本的扭转，不仅政治经济学本身不能得到健康发展，而且对中国社会主义现代化事业也会产生严重的负面影响。

一、　中国政治经济学研究存在的主要缺陷

产生中国政治经济学的危机的原因是多方面的，既有客观原因，又有主观原因，既有外部原因，也有内部原因。大体说来，我们可以把整个世界的发展、中国社会的转型、政治经济学本身的学科性质、西方经济学的竞争与泛滥等理解为产生这一结果的客观原因，[①] 而把中国政治经济学的研究本身存在的缺陷或问题理解为产生这种结果的主观原因。

从一定意义上来说，随着整个世界的发展和中国社会的转型，政治经济学在中国被淡化甚至被边缘化，具有一定的客观必然性。这是因为，其一，由于政治经济学本身具有抽象性和批判性，在社会主义市场经济环境

① 2005 年，著名经济学家刘国光教授已经全面地分析了我国经济学教学与研究中存在的问题。实事求是地说，刘国光教授更多的是从政治经济学的教学与研究的外部原因来看待政治经济学被边缘化现象的。参见刘国光：《经济学教学和研究中的一些问题》，载《经济研究》2005 年第 10 期。

下，政治经济学越来越与作为个体的学生具有距离感。对于学生来说，政治经济学更多的只是解决“思想认识”问题和意识形态问题，而没有给他们提供分析现实经济问题的具体工具和方法。对许多学生来说，政治经济学更像是政治或哲学，而不是经济学。其二，由于中国也实行市场经济体制，在许多经济现象上比过去计划经济时代更加接近于西方发达国家，而西方主流经济学理论正是发达国家经济实践与经验的总结，那么自然地，在许多人看来，我们中国人就更加需要学习与运用西方主流经济学。正是基于这两个基本原因，无论是高校教师还是学生，越来越多的人远离了政治经济学，而皈依了西方主流经济学。其三，苏联的解体、东欧的剧变，被许多人解读为社会主义的失败、马克思主义的失败。作为马克思主义理论体系一部分的政治经济学，其科学性也自然受到人们的怀疑。其四，西方主流经济学在中国的传播和泛滥，在主观和客观上起到了边缘化政治经济学的作用。其五，一些高校经济学学院或经济学系以及学术杂志，在主观上存在着一定的片面认识和有意排挤政治经济学的某些错误做法。

上述各种客观原因是导致政治经济学在中国被边缘化的主要原因。同时，我们也应该看到，中国政治经济学研究本身存在的内在缺陷进一步加剧了自身被边缘化的格局。从总体上来说，中国的政治经济学研究存在着两大主要缺陷和问题。

第一，中国的政治经济学研究与教学，在方法论上仍然受到教条主义和本本主义的严重束缚，历史唯物主义的根本方法并没有得到充分的贯彻。

无论是从历史起源还是从现实需要来说，政治经济学都是一种“经世致用”的、并且具有历史性的学科。这样一种学科性质，要求政治经济学的研究必须紧跟历史与现实的发展，能够满足时代与社会发展的需要。亚当·斯密的《国富论》、马克思的《资本论》、列宁的《帝国主义论》、凯恩斯的《通论》等等这些经济学的经典名著，无一不是因为具有强烈鲜明的时代特征而被载入经济学发展史和人类发展史。然而，中国的政治经济学家们虽然在口头上、文字上广为宣传历史唯物主义的方法，但是，在研究与教学中，在整个学科的建设与发展上，却并没有很好地贯彻这一唯一科学的研究方法，仍然被教条主义所支配和束缚。

大量的事实表明，时代的发展已经要求我们必须提供一种有别于马克思经济学的新的政治经济学，但是，在中国，这样一种历史的声音和客观要求仍然没有引起中国政治经济学学术界的足够重视。从我国改革开放30多年来的实践来看，中国学术界的政治经济学研究对于中国经济改革与发展的贡献也是不能令人满意的。在中国改革开放的一些重大关头，中国的政治经济学理论和政策研究往往总是比实践的发展慢半拍，在关于市场经济、国有企业的改革、发展私营经济等问题上都是如此。政治经济学在中国改革开放的发展过程中并没有始终一贯地、充分地发挥出理论和政策上的指导作用，中国政治经济学的发展远远赶不上实践的发展步伐。①

随着世界形势和中国改革开放的发展，由于被教条主义和本本主义所束缚，中国的政治经济学家们越来越被马克思主义经济学本身所困惑。对于中国的政治经济学家们来说，究竟“什么是马克思主义经济学”？“马克思主义经济学的核心究竟是什么”？究竟什么叫“发展和创新马克思主义经济学”？这些都始终是说不清楚和达不成共识的问题。例如，部分地否定了马克思的理论而又坚持了马克思的大多数理论，这是算否定了马克思主义还是算发展了马克思主义呢？否定了劳动价值论而坚持剩余价值理论，这是否定了马克思主义还是发展了马克思主义？到底什么叫坚持了马克思主义呢？坚持马克思主义与否定或发展马克思的某个具体理论究竟是一种什么关系？坚持马克思主义是否意味着必须坚持马克思的所有理论呢？等等。对于这些重大的基本理论问题，中国的政治经济学家们没有达成一个清晰

① 我们必须承认，中国的政治经济学研究在改革开放的最初提出和开启方面是做出过巨大的历史贡献的，只是在后来的发展中逐步落后于实践的需要。真正实事求是地、科学地总结30多年来中国政治经济学的理论研究与改革开放实践的关系，是实现中国政治经济学创新与发展的重要前提和途径。

的共识，许多人不仅在潜意识里，而且在实际上是持一种教条主义态度的，虽然从来没有人公然说不要创新与发展马克思经济学，但是对于究竟怎么样才叫发展了马克思主义经济学，却缺乏一个大体一致的认识。于是就形成了大量的、政治经济学范围内的、自言自语式的、低效率甚至无效率的所谓“理论争鸣”。[①] 另外，对于中国的政治经济学家来说，研究经济学的最终目的究竟是“坚持和发展马克思主义经济学”，还是揭示客观的社会经济运动规律？也是一个看似清楚实则模糊、说起来清楚做起来不是那么回事的问题。

中国政治经济学研究上的教条主义和本本主义的产生，是有许多原因的。首先是缘于政治经济学家们在心理上存在着创新与发展的障碍。就心理层面来说，由于政治经济学在中国不仅是一个理论学科，而且也是意识形态的一部分，因而，学者们始终很难对学术问题与政治倾向问题做出明确的区分，这是妨碍中国的政治经济学家们在理论上大胆创新与发展的深刻原因之一。例如，在如何认识中国的国有经济和国有企业的问题上，对于许多坚持马克思主义的中国经济学家来说，他们对于国有经济或国有企业的态度，不是源于对于国有经济和国有企业的系统的实证研究，而是从“坚持社会主义”的政治立场和“社会主义必须以公有制为基础”这一理论命题中推论出来的。虽然从政治立场上来看是完全正确的，但是，由于没有深入研究国有经济和国有企业中存在的矛盾与问题，从而对于国有经济和国有企业的改革与发展也就不可能提供切实可行的理论研究成果。然而，就国家发展的需要来说，作为经济学家，仅仅在原则上支持坚持国有经济和国有企业的主导地位是远远不够的，是不能令党和政府满意的。

产生中国政治经济学研究上的教条主义的另一个方面的重要原因，是

---

① 必须指出，中国政治经济学理论界围绕马克思经济学基本理论所展开的讨论或争论，一方面显示了理论研究的活跃与生气，但另一方面也是产生许多理论与思想混乱的直接原因之一。中国的政治经济学界需要向“主流经济学家”们学习，即对于许多基本的原理性的理论，不再公开争论，而更多的是运用。中国的政治经济学家们必须具有高度自觉的学科意识，加强内部团结与互相尊重，彻底摈弃相互攻讦式的所谓“商榷”。

人们对于马克思主义本身还缺乏应有的、足够的科学态度与认识。在中国政治经济学理论研究中，虽然“发展与创新”的口号不绝于耳，但是，在实际上，人们对于马克思主义基本理论与中国现实发展的关系的认识，仍然存在着许多“盲点”，从而使许多理论与现实的巨大矛盾被搁置。例如，在关于如何理解历史唯物主义理论与中国现代经济社会发展的关系上就存在这样的问题。众所周知：马克思的历史唯物主义理论和全部经济学理论表明，社会主义只能以发达的资本主义和高度发达的物质生产力为前提。然而，中国并没有经历一个资本主义发展阶段，那么，为什么中国要搞社会主义？显然，“简单地照搬”或“直接套用”历史唯物主义的“生产力—生产关系—上层建筑”这个“范式”，并不能从理论上科学地回答这个问题，并不能科学地解释中国现代以来的历史，特别是31年来改革开放和经济发展的现实。这样一个理论上的重大“疑难问题”，中国现有的政治经济学（无论是“官方的”还是“学界的”）却都没有很好地予以回答，甚至根本没有回答。正像马克思曾经批评过古典经济学以私有制为前提却没有对它进行说明一样，中国的政治经济学也是以社会主义公有制为前提，却没有对它进行一个理论的解释。要解决这一理论难题，唯一的出路在于重新科学认识历史唯物主义理论本身，并以此为基础，重新确立中国政治经济学的研究范式和逻辑结构。①

首先，教条主义和本本主义是阻碍中国政治经济学创新与发展最大病因和障碍。不彻底解除教条主义和本本主义的束缚，历史唯物主义的方法论就无法得到实际的贯彻与运用，中国的政治经济学就不可能有真正意义上的科学创新，也就不能跟上时代的步伐，从而也就无法“掌握”学习政治经济学的学生，也就必然被淡化和边缘化。

其次，由于受到教条主义和本本主义的束缚，中国的政治经济学研究与教学存在的另一个主要缺陷和弊端是，缺乏科学精神与不规范。“不规

① 参见邱海平：《论中国政治经济学的创新与逻辑起点》，《教学与研究》2010年第3期。

范”产生了“无发展”，而“无发展”又进一步加剧了“不规范”。

任何一门学科，只有把它作为科学来对待，并按科学规范来研究，才能不断取得进步与发展，无论是自然科学还是人文社会科学都是如此。这里说的“科学规范”，就是指必须严格按科学的精神来研究，必须充分尊重前人和他人的研究成果，必须遵从本学科的“发展轨迹”来设定自己的研究课题，从而使整个学科的发展具有明确的“发展线路”与“标志”。

就经济学来说，西方主流经济学之所以在短短不到30年的时间就确立了在中国教育与学术上的主流地位，与西方主流经济学具有科学规范的形式是分不开的。相反，中国政治经济学被边缘化，与政治经济学研究的不规范或缺乏规范也是分不开的。撇开理论上的实质不说，西方经济学从古典学派到当代主流经济学，存在着一条明显的发展线路和轨迹，并具有一些明显的理论发展上的“路标”。之所以如此，与西方经济学家们具有一定的科学精神，并注重科学研究的规范性是分不开的。发展到现在，无论是在西方的学术期刊上发表论文，还是西方学者们撰写论文，提供一个“文献综述”都成为必不可少的部分与论文展开的前提。而中国政治经济学研究的不规范最明显的表现，是缺乏自觉的尊重知识产权的意识，拒绝承认乃至不尊重他人和前人的科学劳动，一切都从“引经据典”开始。这种研究上的失范，导致的结果是：几十年过去了，中国的政治经济学研究在许多方面仍然存在着大量的重复劳动与无效劳动，并使许多真正的重大问题被忽略了，进而使中国的政治经济学出现了几十年“有增长而发展不足”的严重后果。在一个快速发展的时代，一个缺乏明确的发展线路与方向的学科，怎么可能不断吸引青年人加入其中呢？不能不说，长期以来存在的研究上的无规范和无序，是导致中国政治经济学后继乏人的重要原因之一。从思想和理论发展的角度看，如果说西方经济学的发展呈现出一条明显的向上的直线，那么，中国学术上的政治经济学理论研究却缺乏一个清晰的发展轨迹和方向。因而，对于任何一个有志于从事经济学理论研究的后来人来说，当他面对一个有着明确的发展轨迹的西方主流经济学和另一个缺乏明确的发展线路的政治经济学时，他将会做出何种选择，结果也就不言而喻了。

毫无疑问，不彻底改变研究上的不规范或缺乏规范，中国的政治经济学研究也不可能取得应有的进步与发展。

二、中国政治经济学的前途与出路

认识中国政治经济学的现状和分析研究与教学上存在的主要缺陷，不是自杀式的自我否定，相反，是为了探索与寻求中国政治经济学的出路与发展方向，使政治经济学获得新生。也只有正确估计中国政治经济学研究面临的形势与自身的地位与状况，实事求是地、准确地找出中国政治经济学研究存在的主要缺陷与问题，才能寻找出中国政治经济学的出路和发展方向。

关于政治经济学的前途问题，有相当一部分人存在着悲观失望的看法与态度。从历史发展的角度来看，这种看法与态度是短视的，是不可取的。这是因为从根本上来说，西方主流经济学理论也并不全都是真正科学的理论。当西方经济学在中国越来越普及之后，终究会有越来越多的人认识到它伪科学的一面。到那个时候，将会发生一种新的逆转，正像人们曾经对政治经济学的态度发生的转变那样。现在许多年轻学生之所以对西方主流经济学趋之若鹜，在很大程度上是由于西方经济学的数学化形式便于学生掌握和应对各种考试。另外，作为意识形态的一部分，西方经济学在中国也不可能成为官方认可的主流经济学。无论如何，西方主流经济学与中国主流的意识形态之间是存在根本矛盾与冲突的。

另外，我们还必须看到，近30年来，我国政治经济学界也在不断地进行着各种理论上的探索，力图实现政治经济学的创新与发展，[①] 并且也取得

① 参见于光远、董辅礽主编：《中国经济学向何处去》，北京：经济科学出版社1997年版。

了一些富有启发性的研究成果。从研究对象、理论内容、体系结构和理论观点等各方面来看，中国政治经济学已经突破了计划经济时代的传统政治经济学“范式”。特别是进入 21 世纪以来，中国政治经济学界的创新与发展意识尤为强烈与突出，并进行了更积极的各种理论上的探索。例如，在政治经济学教材建设上，推出了具有一定新意的版本，如程恩富教授主编的《现代政治经济学》[①]、蒋学模教授主编的新版《政治经济学教材》[②]、卫兴华、张宇教授撰著的《社会主义经济理论》[③]、逄锦聚等主编的《政治经济学》第四版[④]、荣兆梓教授主编的《政治经济学新编教程》[⑤] 等。越来越多的人试图通过突破关于政治经济学研究对象的传统理解来扩展政治经济学的研究范围和内容。[⑥] 还有学者试图通过借鉴西方经济学的范式来重建马克思主义经济学的逻辑构架。[⑦] 也有学者明确提出了马克思主义经济学的“创造性转化”的命题和任务，并试图通过引进演化经济学的发展成果来补充马克思主义经济学。[⑧] 另有一些学者希望通过数学化的方法使政治经济学“现代化”[⑨] 等等。所有这些理论上的探索正是最终实现政治经济学的真正变革的一种准备和前奏。因此，我们在看到中国的政治经济学处在危机之中这一事实的同时，也应该看到中国政治经济学的创新与发展的另一个方面的事实。虽然我们可以强调政治经济学的自我危机意识，但是，对于政治经济学的悲观绝望是完全没有必要的。当然，我们还必须进行更大胆的创新，使政治经济学重获新生。

撇开那些深层次的外部客观因素不说，仅就中国政治经济学自身的研

---

① 程恩富主编：《现代政治经济学》，上海：上海财经大学出版社 2000 年版。

② 蒋学模主编：《政治经济学教材》，上海：上海人民出版社 2005 年版。

③ 卫兴华、张宇：《社会主义经济理论》，北京：高等教育出版社 2007 年版。

④ 逄锦聚等主编：《政治经济学》，北京：高等教育出版社 2009 年版。

⑤ 荣兆梓主编：《政治经济学新编教程》，合肥：安徽人民出版社 2008 年版。

⑥ 吴易风：《论经济学或政治经济学的研究对象》，《中国社会科学》1997 年第 3 期。

⑦ 程恩富：《现代马克思主义政治经济学的四大理论假设》，《中国社会科学》2007 年第 1 期。

⑧ 孟捷：《马克思主义经济学的创造性转化》，北京：经济科学出版社 2001 年版。

⑨ 张忠任：《数理政治经济学》，北京：经济科学出版社 2006 年版。

究与建设来看，如上所论，最根本的出路，就在于彻底摈弃教条主义和本本主义的束缚和不规范或缺乏规范的研究模式。

就克服教条主义和本本主义而言，最重要的是，必须恢复对“马克思主义”和“马克思主义经济学”本身的科学态度。恩格斯曾经说过，马克思的整个世界观不是教条，而是方法，是进一步研究的出发点和方法。马克思自己说过，他不是一个马克思主义者。虽然这是马克思的一种谦逊，但是，也深刻地反映出马克思对于一切理论，包括自己的理论、真正科学的态度。今天，中国的政治经济学研究，尤其需要这种科学的态度与方法。

唯物主义和辩证法是马克思主义的根本世界观和方法。唯物主义要求我们研究一切问题必须从实际和实践出发，而不是从本本出发，从现有的理论出发。马克思自己说过，辩证法是批判的，是革命的。在世界与国内形势已经发生了巨大变化的情况下，在面临西方主流经济学的巨大冲击与“围剿”的情势下，如果不能彻底摈弃教条主义和本本主义的束缚，不能真正坚持一切从实际和实践出发的唯物主义原则，不能用辩证法的原则来对待马克思主义和马克思主义经济学本身，如果仍然把马克思主义经济学的所有理论本身当成不再需要证明的绝对真理，那么，要实现中国政治经济学的突变与新生几乎是不可能的。

历史的经验值得汲取。中国当代政治经济学所面临的形势，与当年以大卫·李嘉图代表的资产阶级古典经济学所面临的形势何其相似。当年大卫·李嘉图的那些弟子们，面对托马斯·罗伯特·马尔萨斯等人的诘难，虽然出于维护大卫·李嘉图理论的主观动机和目的，但是，由于大卫·李嘉图理论本身存在着矛盾与缺陷，结果，在回答那些诘难的时候，大卫·李嘉图的理论被弟子们解释得面目全非。后来，由于发生了“边际革命”，资产阶级经济学才获得了“新生”。今天，中国的政治经济学家们面对实践以及西方主流经济学的诘难时，难道不是也存在类似的尴尬与局面吗？难道我们不应该认真吸取资产阶级经济学发展史上的这一重大经验与教训吗？难道我们不需要来一场对于马克思主义经济学理论本身认识上的飞跃吗？难道我们不需要来一场政治经济学研究范式上的革命吗？可以预言，如果我们对于马克思主义经济学本身仍然抱着一种教条主义和本本主义的心理与态度，要实现中国政治经济学的“涅槃”，要实现所谓创新与发展马克思主义经济学，可能根本就是一句空话。当然，对于马克思主义以及马克思主义经济学的自我批判与反思，绝不等于毫无根据地随意地全盘否定，即便有个别这样的别有用心的企图，那也是没有意义的。马克思主义理论中那些有生命力的内容本身，并不是由哪个理论家来判定的，它们存在于现实的历史发展之中。毫无疑问，一切科学只有通过发展才能证明自身的价值，马克思主义政治经济学尤其需要通过创新、发展甚至革命，才能得到坚持。不管口头上喊多少次、文字上强调多少次“坚持”，也不能保证马克思主义经济学就真的被坚持了，事实已经再好不过地说明了这一点。就克服教条主义与本本主义来说，中国学界的马克思主义经济学家们，真的需要向伟大的中国实践家们学习，需要向中国社会的发展本身学习，真正需要“直面”当代世界与中国实践，而不是被那些抽象的概念、范畴和教条所束缚。

中国的政治经济学研究急需回归科学的轨道，急需确立规范的研究范式，大力提倡尊重知识产权，突破“六经注我、我注六经”的研究套路，大力开展各种重大现实经济问题的实证研究，深入展开各种属于“应用经济学”研究的那些课题的研究，自觉地将研究的触角更多地伸向实践，主动地伸向各种“应用经济学”。从政治经济学与其他相关学科发展的关系来看，中国政治经济学的研究严重地滞后于应用经济学的快速发展，结果产生了政治经济学日益自我孤立的现象。作为一种基础理论学科，当政治经济学理论日益脱离应用经济学的发展和需要时，它自身存在与发展的空间自然也就日益萎缩了。在当代中国，应用经济学的各个分支学科已经几乎不见政治经济学理论的影子，这也是中国政治经济学被严重边缘化的另一个重要的表征。[①] 这种状况急需得到改变。

政治经济学回归科学的轨道，要求我们必须具有科学的精神与气质，必须把政治经济学当作科学来对待和要求；要求我们正确处理好作为科学的政治经济学与意识形态之间的关系。影响中国政治经济学的健康发展与创新的一个重要原因在于，中国的政治经济学者们都是“自觉的”“天然的”马克思主义者，而马克思主义是党的指导思想，因而，中国的政治经济学家们对于意识形态就怀有一种天然的、神圣的敬意，并心甘情愿地充当了意识形态与政策的“传话筒”，而不敢越雷池一步。然而，这样的态度以及无批判性的政治经济学，并没有获得应有的尊重。相反，却被人民大众和广大学生在无声无息中抛弃。正像任何人只有自我尊重才能获得他人尊重一样，政治经济学如果不能保持科学上的独立性，也就不可能被社会所尊重和接受。从根本上来说，人民大众和广大学生需要的是科学和真理，而不是教条与教训。

回归科学，要求作为社会科学的政治经济学必须“直面”现实，而不是一再重复前人的理论。中国政治经济学的教科书，即使是资本主义部分，也没有能够像马克思的《资本论》那样，在阐述理论的同时还提供大量的实证材料，而仅仅只是各种概念与范畴的堆砌。之所以如此，说到底，是中国的政治经济学家们没有像马克思当年那样，在大力研究政治经济学的理论材料的同时，全面收集与研究现实的各种经济材料。作为社会科学的政治经济学，它的研究对象是现实的经济运动本身，而不是各种经济学著作。作为一门科学的政治经济学，正像其他科学的研究一样，已有的所有理论和文献，都是研究客观对象的一种工具与借鉴而已。可是，长期以来，中国的政治经济学家们把主要的精力更多地用来研究各种文献本身，而对现实中的各种客观问题的实证研究则显得过于薄弱。显然，这样的学术状

---

① 参见程恩富、王朝科：《用发展的马克思主义政治经济学引领应用经济学创新》，《教学与研究》2010 年第 2 期。

况与新的客观形势是严重不相适应的。如果我们把中国政治经济学的研究文献与西方主流经济学的文献进行一个数量上的比较，那么，可以明显地看出，前者主要在讨论各种抽象的理论问题，存在大量“六经注我、我注六经”式的研究，而后者则主要在进行各种现实问题的实证研究。缺乏对各种重大现实经济问题的着力研究，这恐怕是产生中国政治经济学缺乏真正的理论创新的另一个重要原因。中国的政治经济学教育也存在同样的问题。这样的状况必须得到根本的改变。

回归实践，就要求政治经济学不能自绝于“应用经济学”。一方面我们应该看到，由于学科分工，理论经济学成为经济学下的一级学科，而政治经济学又成为理论经济学下的二级学科，这样的学科分工与分类有其合理性，但是，另一方面我们又必须看到，政治经济学的研究本身绝不能受制于学科本身的分工及其划分。虽然我们不赞成“经济学帝国主义”，但是，如果政治经济学把自己的研究对象和范围就固定在“生产关系”这样一个层面上，那么，除了把自己悬在了半空中，也不可能有别的结果。本来，属于当前学科分类名称中的各种应用经济学都是从政治经济学中衍生和划分出去的，但是，中国的政治经济学家却自愿放弃研究这些应用经济学所涉及的现实经济内容。显然，这不能怪罪那些应用经济学以及学科分类本身，而只能怪罪我们的政治经济学家对政治经济学过于狭隘的甚至是错误的理解。虽然政治经济学不必重复应用经济学，但是，毫无疑问，如果政治经济学像现在这样，很少研究那些“应用经济”方面的问题，那么，政治经济学被边缘化的局面就不可能得到改变。事实表明，“应用经济”属于理论经济学的“城池”，政治经济学自觉放弃了对于“城池”的占领和保护，而任由西方主流经济学在其中驰骋，谁胜谁负就是不言而喻的事情了。因而，中国的政治经济学必须大力开展“应用经济”研究。否则，皮之不存，毛将焉附?

中国的政治经济学研究和教育必须实现规范化，必须革除每篇讨论基本理论问题的文章都从解释经典作家的原著开始的旧习，强调尊重马克思、恩格斯、列宁之后的马克思主义经济学研究成果，在这些新的研究成果的基础上确立新的“问题”。不仅政治经济学专业的教师在撰写论文的时候必须做到这一点，而且中国政治经济学专业的研究生的培养也必须贯彻这一原则。只有这样，才能使中国政治经济学的研究与教学走出“原地踏步”的怪圈。另外，中国的政治经济学家必须进一步加强对于政治经济学发展史的研究与教学，必须清楚地描绘出全世界范围的政治经济学发展的轨迹，从而为中国政治经济学的进一步发展提供“最近的基础”并廓清进一步发展的方向。①

① 参见程恩富主编：《马克思主义经济思想史》（五卷），上海：东方出版中心2006年版。

对新时代中国经济学定位的思考

党的十九大报告提出了一个非常重大的命题和判断，即“中国特色社会主义进入了新时代”。新时代中国特色社会主义包含着极为丰富的内容，可从不同角度去理解。随着中国特色社会主义进入一个新时代，中国经济学的创新与发展也即将进入一个新时代。党的十八大以来我国经济社会发展取得的辉煌成就让我们备受鼓舞，党的十九大关于“中国特色社会主义进入了新时代”的论断为我们指明了方向。作为学者，一方面应对中国特色社会主义的发展、党和国家事业的发展充满信心；另一方面，还要认真研究问题，在中国特色社会主义进一步发展、民族复兴的关键时期，做出应有的贡献。这是一个分工的社会，有些实践问题需要依靠政府制定各个方面的战略政策去解决。但同时，理论建设，尤其是经济学的创新与发展则是学者的本职，而且理论在实践发展中可能会起到越来越重要的作用。

从 2015 年习近平总书记提出“中国特色社会主义政治经济学”这个十分重要的范畴以来，政治经济学界围绕中国特色社会主义政治经济学理论体系和话语体系建设召开了很多次学术研讨会，发表了大量文章，出版了一些专著与教材，取得了较大成效。但到现在，还有很多问题需要深入研究和思考。如，现在都在讲中国特色社会主义政治经济学，还有新时代中国特色社会主义政治经济学，那么就要回答什么是中国特色社会主义政治经济学？中国特色社会主义政治经济学的内容是什么？现在学界已有一些相关专著，那么哪本书是中国特色社会主义政治经济学的标准著作？因此，现在提出“中国特色社会主义政治经济学”这样一个概念，就需要首先明确这一理论的定位。

从经济学教学的角度看，现在存在三个理论体系：一是马克思主义政治经济学原理，以《资本论》为核心，也就是经典马克思主义政治经济学；二是当代西方主流经济学，包括微观经济学、宏观经济学等，这是另一个理论范式和理论体系；三是中国特色社会主义政治经济学。毫无疑问，中国特色社会主义政治经济学是社会主义的政治经济学。社会主义政治经济学由来已久。首先是马恩经典著作中对未来社会进行了设想，但并未形成一个系统的理论体系；十月社会主义革命胜利后，基于苏联社会主义实践，产生了列宁最早在《论粮食税》等有关著作中关于社会主义经济建设的理论思想；相对系统的社会主义政治经济学理论体系的出现，应该说还是20世纪50年代斯大林主持领导下的苏联《政治经济学教科书》，而且在很长时间里对所有社会主义国家的政治经济学理论研究产生极为深远的影响；再接下来就是我国改革开放以后中国社会主义政治经济学的不断发展，其名称有社会主义政治经济学、社会主义经济理论、政治经济学（社会主义部分）等多种提法，现在更多地叫“中国特色社会主义政治经济学”。因此，中国特色社会主义政治经济学从根本属性上看：第一，它是当代中国的马克思主义政治经济学；第二，它是关于社会主义的政治经济学。这两点是毫无疑问的。但“中国特色社会主义政治经济学”这个范畴还有着极为重要的独特性。

要理解中国特色社会主义政治经济学的重要独特性，需要对经济学进行一个历史回顾，对经济学的本质进行实事求是的分析。简单地说，长期以来，无论是马克思主义政治经济学家，还是西方经济学家，都一致认为经济学研究的是普遍规律。如，认为马克思的经济学理论揭示了资本主义发展的一般规律和普遍规律，社会主义政治经济学研究社会主义的普遍规律，西方主流经济学也是如此，甚至西方经济学家还将其理论及由此推出的结论看作是普世的。实际上，经济学、政治经济学作为哲学社会科学的一部分，是非常重要的一部分，其基本特点就是它是一个历史科学。这就意味着在不同的历史条件下，理论会不一样。也意味着在不同的国家，理论也会不一样。事实上，虽说经济学一直有通用教材，但对经济学理论本身发展而言，在不同的时代，各个国家产生的经济学说有时会存在很大区别。如，英国有古典经济学，法国也有古典经济学，但两者的区别较大。再如，19 世纪德国的历史学派与英国的自由贸易理论区别也很大，而到 20 世纪初美国又产生了美国学派。可见，从经济学的实际发展看，一方面要追求揭示一般规律的一般理论；另一方面，就经济学的本质特征而言，它是历史的，必然是在一定的国家历史背景下形成的。因此，应将中国特色社会主义政治经济学理解为就是关于中国特色社会主义的政治经济学，而不是原来的社会主义政治经济学，然后体现出一些“中国特色”。这应当是中国特色社会主义政治经济学的定位和理论属性。而这一定位意味着我们要建立的或者说构建的中国特色社会主义政治经济学，一定是一个新的理论体系，不是《资本论》的改写，也不是原来的以苏联范式为基础的传统社会主义政治经济学的修修补补，当然更不是西方主流经济学的照搬照抄，而是一个新的范式。为什么说它是一个新的范式？是因为中国特色社会主义政治经济学的根本任务就是要说明中国特色社会主义的规律性，这也是中国特色社会主义政治经济学最重大的任务。

政治经济学界的任务不是代替党和政府直接对实践中的个别问题发表意见，更重要的任务要放在中国特色社会主义政治经济学理论体系的构建上。从世界经验看，德国的崛起、美国的崛起都以富有其国家特色的经济学的创建为前提，而这也正是我们所讲的理论自信、文化自信。道路自信当然很重要，但缺乏了理论自信和文化自信，所谓道路自信、制度自信也无法实现。从这个意义上说，整个中国经济学界，不仅仅是政治经济学界，都应该意识到，我们处在一个重大的历史时期，那就是随着中国的崛起，随着中国特色社会主义进入新时代，中国经济学或者叫中国特色社会主义政治经济学，或者叫经济学中国学派的崛起，在这当中将会承担非常重要的历史责任。因为如果没有一个独立的、能够满足国家需要的经济学理论体系，我们的思维将永远陷入要么《资本论》的框架，要么斯大林的框架，要么是西方主流经济学的框架，而这都不太适应当前和未来中国发展的需要。所以综合现在世界经济形势、世界格局的新变化，包括中国特色社会主义的新发展，我国经济学界需要有强烈的创新意识。也就是说，中国的学者、中国的经济学同仁应全力以赴地进行理论创新，去构建体现中国历史和现实特色的新的经济学理论体系。

经济学理论的创新发展与经济实践的创新发展是相辅相成的关系。如果没有理论创新，那么我们的思维、思维方法始终会陷入原来的、现有的、传统的经济学理论模式中，理论在实践的创新发展中所能发挥的作用将非常有限。事实上，特别是改革开放以来，中国经济学研究和发展没有很好地适应经济发展实践。党的十九大以后，将迎来建设社会主义现代化强国的未来非常光明也是非常关键的30年，怎样立足于当代世界的格局、形势及中国发展的需要，努力创建能够服务于和助推中国特色社会主义发展与民族复兴的新的经济学理论体系，即中国特色社会主义政治经济学，这是学者的一份责任。作为具有相对独立学术体系、理论体系的中国特色社会主义政治经济学目前仍处在努力构建过程中，所以经济学界同仁们需要共同努力，通过学术研究，以理论体系建设为党和国家事业的发展做出应有的贡献。

《资本论》与中国特色社会主义政治经济学

序　论

自2015年11月习近平总书记提出“中国特色社会主义政治经济学”这一范畴以来，我国经济学界，特别是政治经济学界掀起了一个讨论和研究中国特色社会主义政治经济学理论体系构建问题的学术热潮，取得了许多新的理论进展。① 在如何理解什么是中国特色社会主义政治经济学这个问题上，我们必须避免一些简单化的看法。例如，把中国特色社会主义理论体系的形成等同于中国特色社会主义政治经济学理论体系的形成；把中国特色社会主义经济实践经验和中央文件精神直接理解为中国特色社会主义政治经济学理论本身；把中国特色社会主义政治经济学理论体系理解为对改革开放以来中央文件的系统解读；等等。

习近平总书记明确指出：“要立足我国国情和我国发展实践，揭示新特点新规律，提炼和总结我国经济发展实践的规律性成果，把实践经验上升为系统化的经济学说，不断开拓当代中国马克思主义政治经济学新境界。”如果以习近平总书记提出的“系统化的经济学说”作为标准来衡量目前已

---

① 例如，张占斌、周跃辉著述的《中国特色社会主义政治经济学》，于建荣、何芹、汤一用著述的《中国特色社会主义政治经济学》，张宇著述的《中国特色社会主义政治经济学》，李旭章主编的《中国特色社会主义政治经济学研究》，洪银兴著述的《中国特色社会主义政治经济学理论体系构建》，王立胜、裴长洪主编的《中国特色社会主义政治经济学探索》，中国人民大学出版社出版的《中国特色社会主义政治经济学十五讲》，等等。

经出版的有关或直接名为中国特色社会主义政治经济学的专著和教材，那么我们应该实事求是地承认，中国特色社会主义政治经济学的理论体系仍然处在进一步构建和不断完善的过程之中，而不是说这个任务已经完成了。习近平总书记不仅明确提出了我国经济学努力的方向，而且提出了构建中国特色社会主义政治经济学的方法论原则，即以马克思主义政治经济学为指导，总结和提炼我国改革开放和社会主义现代化建设的伟大实践经验，同时借鉴和吸收西方经济学的有益成分以及我国优秀传统文化。①

众所周知，《资本论》是马克思主义政治经济学的经典著作，因此，“以马克思主义政治经济学为指导”，其中一个十分重要而且不可或缺的方面，就是必须认真研究《资本论》对于构建中国特色社会主义政治经济学的具体意义和价值。更进一步说，中国特色社会主义政治经济学不仅必须坚持以《资本论》中所贯彻和运用的马克思主义世界观和方法论为指导，而且必须体现出对于《资本论》的逻辑和具体理论的继承和发展。只有这样，中国特色社会主义政治经济学才能真正成为当代中国的马克思主义政治经济学。把马克思主义政治经济学对于中国特色社会主义政治经济学的指导意义，理解为只具有方法论的意义是远远不够的。

事实上，我国改革开放以前的社会主义政治经济学理论，多以《共产党宣言》《哥达纲领批判》《反杜林论》以及《资本论》等马克思、恩格斯经典著作中关于未来社会主义（共产主义）的理论设想为主要依据，同时受到苏联的社会主义政治经济学理论体系的深刻影响，而对《资本论》的理论、逻辑和方法的继承和发展则体现得非常不充分。改革开放以来，我国社会主义政治经济学理论比较充分地反映了中国特色社会主义经济实践和政策内容，虽然在理论内容上已大不同于社会主义政治经济学的“苏联

① 马克思主义政治经济学、西方经济学和中国优秀传统文化都是中国特色社会主义政治经济学的理论资源，但是，马克思主义政治经济学仍然是中国特色社会主义政治经济学的理仑基础和主要来源，因此，本文的讨论不涉及如何利用西方经济学的有用成分和中国优秀传统文化的问题。

范式”，但是，就目前已经出版的中国特色社会主义政治经济学专著和教材等成果来看，一方面还存在着“苏联范式”的明显痕迹，另一方面仍然未能充分体现出对于《资本论》的理论、方法和逻辑的继承和发展。[①] 这正是中国特色社会主义政治经济学还很不成熟的重要原因和表现。

我们必须承认，马克思和恩格斯关于共产主义和社会主义的基本理论一方面是社会主义实践的理论基础和指导，但是另一方面，马克思和恩格斯关于未来社会的理论观点并没有成为一个系统化的经济学说，而只是关于共产主义和社会主义的一些原则性论述。从经济学理论的体系性和成熟性角度来看，毫无疑问，《资本论》在马克思主义政治经济学中才是最具代表性的。因此，要把中国特色社会主义政治经济学构建为系统化的经济学说，既要坚持以马克思和恩格斯关于社会主义和共产主义的基本理论为指导，更需要深入研究《资本论》对于构建和完善中国特色社会主义政治经济学的具体意义和价值究竟是什么这样一个基本理论问题。从这个基本认识出发，围绕《资本论》与中国特色社会主义政治经济学的关系问题，下面讨论以下六个方面的问题。

一、《资本论》与中国特色社会主义经济的基本关系

众所周知，《资本论》不仅是马克思主义政治经济学的经典著作，也是全部马克思主义理论的百科全书。《资本论》深刻地揭示了资本主义经济运动规律，揭示了资本主义生产方式和经济制度的历史合理性和局限性，揭示了资本主义最终必将被社会主义所取代的历史必然性和发展趋势，从而为社会主义革命和建设奠定了科学的理论基础。因此，《资本论》为包括中

① 这一点主要体现在理论体系上仍然以所有制为出发点。根据马克思关于所有制、生产方式、生产关系的有关论述可以看出，从所有制出发理解生产关系和构建理论体系并不是一种正确的方法。参见《马克思恩格斯文集》第 1 卷，北京：人民出版社 2009 年版，第 638 页。

国特色社会主义在内的一切社会主义实践提供了科学的理论基础，这一点几乎可以说是全世界马克思主义者的基本共识。

但是，在《资本论》对于分析社会主义经济的适用性这个问题上，人们的认识又是不一致的。其中一些人认为，由于《资本论》是研究资本主义经济及其运动规律的，而社会主义经济是完全不同于资本主义经济的，甚至是完全对立的，中国特色社会主义经济也不同于资本主义经济，因此，《资本论》的理论完全不适用于分析社会主义经济及其运动规律，也不适用于分析中国特色社会主义经济及其运动规律。我们认为这种观点是不能成立的。对此，我们可以从多个角度来加以说明。

第一，从马克思主义哲学的角度来看。马克思主义唯物辩证法认为，任何事物都是一般性、特殊性和个别性的有机统一体，换句话说，是一个具有多重属性的统一体。一般性反映着事物的普遍统一性和本体性，个别性反映着事物的个体差异性，而特殊性则是一般性与个别性的辩证统一，相对于一般性而言它具有个别性，相对于个别性而言它又具有一般性。就社会经济来说，它同样是一般性、特殊性和个别性的有机统一体。因此，研究和认识社会经济，不仅要认识它的个别性和特殊性，同时也要研究和认识它的一般性。诚然，马克思和恩格斯批判了资产阶级经济学家往往用社会经济的一般性代替或冒充社会经济的特殊性的错误和虚伪性，深刻地揭示了政治经济学的历史性，[①] 但是，这并不意味着他们否定了社会经济的一般性和特殊性及其在政治经济学中的重要地位。例如马克思明确指出："生产的一切时代有某些共同标志，共同规定。生产一般是一个抽象，但是只要它真正把共同点提出来，定下来，免得我们重复，它就是一个合理的抽象。不过，这个一般，或者说，经过比较而抽出来的共同点，本身就是有许多组成部分的、分为不同规定的东西。其中有些属于一切时代，另一

① 参见：《马克思恩格斯文集》第 8 卷，北京：人民出版社 2009 年版，第 11 页；《马克思恩格斯文集》第 9 卷，北京：人民出版社 2009 年版，第 153—158 页。

些是几个时代共有的。”① 因此，把资本主义经济与中国特色社会主义经济看作是毫无共同点，并据此认为《资本论》完全不适用于分析中国特色社会主义经济运动及其规律，在方法论上就是片面的、形而上学的，不符合实际的。

第二，从《资本论》的理论内容来看。《资本论》以剩余价值理论为核心，侧重揭示了资本主义生产关系的本质及其与社会生产力和资产阶级上层建筑的关系，从而主要揭示了资本主义社会经济运动规律。同时，由于资本主义社会经济运动不仅表现为社会化大生产的发展过程，而且表现为商品生产和商品交换，即市场经济的发展过程，因此，《资本论》不仅揭示了资本主义特有的社会经济运动规律，而且还揭示了社会化大生产和市场经济的一般运动规律，其中包括社会总劳动按比例分配的规律、分工协作规律、价值规律等等。《资本论》不仅是关于资本的经典之作，而且也是关于社会化大生产和市场经济的经典之作。因此，《资本论》的理论对于分析一切社会化大生产和市场经济的运动规律都具有重要的指导意义和参考价值。因此，认为《资本论》只是揭示了资本主义社会的特殊运动规律从而完全不适合于用来分析其他社会经济运动，是完全不能成立的。②

第三，从中国特色社会主义经济的实际特点来看。中国特色社会主义经济的主要特点体现在四个层次和四个方面：①它同样以社会化大生产为基础；②它同样是以商品生产和商品交换为基础的市场经济；③它实行的是以公有制为主体多种经济形式共同发展的基本经济制度以及以按劳分配为主，多种分配方式并存的分配制度；④它以中国共产党领导的政治制度为基础和前提。显然，研究和认识中国特色社会主义经济及其运动规律，首先必须研究和认识中国特色社会主义基本经济制度和政治制度，但是，

①《马克思恩格斯文集》第 8 卷，北京：人民出版社 2009 年版，第 9 页。

② 马克思在《〈政治经济学批判〉导言》中指出：“人体解剖对于猴体解剖是一把钥匙”，这就说明了《资本论》的理论对于分析前资本主义社会经济所具有的重要意义。

还必须研究和认识现代社会化大生产和市场经济的一般规律。就后一个方面来说，如上所述，《资本论》关于社会化大生产和市场经济的有关理论无疑是我们必须运用和借鉴的重要理论来源。不仅如此，由于中国特色社会主义经济包含大量的非公有制经济，即使是公有制经济特别是国有经济，也大都采取了资本的组织方式和动作方式，因此，通过创造性的转换，将《资本论》中关于资本运动一般规律的理论用于转换分析中国特色社会主义经济运动，是中国特色社会主义政治经济学的重大理论任务和发展方向。

第四，从《资本论》的方法论及其适用性来看。众所周知，历史唯物主义是马克思主义的历史观、社会观和方法论，它在《资本论》中得到了全面的贯彻运用和有力的证明。列宁曾指出：“自从《资本论》问世以来，唯物主义历史观已经不是假设，而是科学地证明了的原理。”[①] 研究和认识中国特色社会主义经济及其运动规律，必须以历史唯物主义方法论为指导。同时，由于《资本论》通过劳动价值理论特别是其中的劳动二重性理论，将历史唯物主义的基本原理转化成为政治经济学理论和方法，并在其他各个具体理论中得到了全面的贯彻和运用，因此，研究和认识中国特色社会主义经济及其运动规律，更加需要继承和运用《资本论》的政治经济学理论和方法。

综上所述，那种认为《资本论》是研究资本主义经济的从而完全不适用于分析中国特色社会主义经济的观点是不能成立的，是根本错误的。当然，这并不意味着我们可以照搬照抄《资本论》，也不意味着我们只需要继承、运用和发展《资本论》的理论。究竟如何科学地、创造性地运用《资本论》的理论和方法分析中国特色社会主义经济及其运动规律，从而体现出中国特色社会主义政治经济学对于马克思主义政治经济学的继承和发展的关系，才是真正需要进一步深入研究的问题所在。事实上，改革开放以来，我国政治经济学界一直在进行这方面的努力，并产生了大量的学术成

①《列宁专题文集·论辩证唯物主义和历史唯物主义》，北京：人民出版社2009年版，第163页。

果，不仅推进了中国特色社会主义政治经济学的理论发展，而且为中国特色社会主义经济实践提供了有力的理论支持。[①] 当然，在许多基本理论问题上，还有待进一步深入研究。

二、《资本论》与中国特色社会主义政治经济学的研究目的

明确认识中国特色社会主义政治经济学的研究目的，对于如何构建中国特色社会主义政治经济学具有十分重要的意义。无论是从整个经济理论发展史的角度，还是从社会主义经济理论发展史的角度来看，一定的研究目的的确立，是影响理论形态的首要因素。

例如，资产阶级重商主义经济学为了说明商业资本主义的合理性，提出了货币就是财富的观点，并以此为出发点提出了如何通过保护主义政策尽可能多地实现贸易顺差的主张。资产阶级古典政治经济学为了说明产业资本主义的合理性，提出了劳动价值理论，并以此为出发点提出了如何通过自由竞争实现国民财富增进的政策主张。马克思为了说明资本主义生产方式或经济制度的历史必然性及局限性，在发展和创新劳动价值理论的基础上提出了剩余价值理论，全面论证了资本主义生产方式最终必然为共产主义生产方式所取代的历史趋势和最终结论，从而为无产阶级革命奠定了理论基础。19 世纪 70—90 年代，为了对抗和取代马克思的政治经济学理论，为了论证自由竞争资本主义的合理性和优越性，资产阶级经济学家提出了边际效用理论和新古典经济学理论。20 世纪 30 年代，为了论证资产阶级国家政府对于经济生活进行宏观干预的必要性和合理性，凯恩斯创立了宏观经济学。斯大林为了说明社会主义制度的优越性，提出了社会主义所

① 认真研究改革开放以来我国政治经济学的发展史，总结其中的重大理论成果和进展，是构建中国特色社会主义政治经济学的必修课。漠视和忽略中国政治经济学界在中国特色社会主义政治经济学理论创建中的学术贡献，对于推进中国特色社会主义政治经济学的理论建设是十分不利的。

有制理论，并在此基础上提出了社会主义基本经济规律、有计划按比例发展规律等理论。

由此可见，经济学的理论形态一方面是由客观的历史条件决定的，另一方面又是由一定的研究目的决定的。虽然几乎所有的经济学家都声称在科学的意义上提出相关经济学理论，但事实上，经济学理论无不打上时代的、社会的和阶级的烙印，无不是为一定历史条件下的社会的现实需要服务的。当然，在这一点上，马克思与资产阶级经济学家的区别在于，他公开承认他的政治经济学理论是为无产阶级革命和全人类的彻底解放服务的，而大部分资产阶级经济学家却总是愿意把自己打扮成像自然科学家一样的那种科学家，然而在事实上和本质上，他们的经济学理论总是为资本主义和资产阶级服务的。从这个意义上来说，大部分资产阶级经济学家及其经济学理论都具有一定的伪善性，都具有一种科学的伪装。这就是马克思之所以把 1830 年之后的资产阶级经济学称之为“庸俗经济学”的根本原因。事实上，自 1890 年以来，当代西方资产阶级经济学在本质上仍然属于马克思所说的庸俗经济学，仍然是为资本主义和资产阶级进行理论辩护和政策服务的经济学。当然，这并不意味着庸俗经济学中完全没有任何科学的成分和可供借鉴的价值。当年马克思对于同样属于庸俗经济学家之列的许多资产阶级经济学家就曾经在理论分析的基础上进行过部分的肯定，对于当代西方资产阶级经济学家和经济学理论，我们仍然需要像马克思那样，必须进行科学的分析与借鉴。

除了认识到马克思政治经济学理论的研究目的与资产阶级经济学研究目的在本质上的差别之外，还必须认识属于同一个阶级性质的各种经济学理论在具体的研究目的上的差别及其对理论形态的影响。就《资本论》的研究目的和中国特色社会主义政治经济学的研究目的来说，毫无疑问，它们在本质上是一致的，即都是为无产阶级和劳动人民服务的经济学。但是，我们还必须认识到马克思当年的理论任务与我们现在的理论任务的历史性差别。

关于《资本论》的研究目的，马克思在《资本论》第一卷序言中明确指出："本书的最终目的就是揭示现代社会的经济运动规律。"我们认为，必须进一步区分《资本论》作为一部著作的研究目的与马克思主义理论本身的根本目的。众所周知，马克思创立马克思主义理论以及研究政治经济学和写作《资本论》，其根本目的就是揭示人类社会特别是资本主义社会的运动规律，从而论证无产阶级革命的必然性并为工人革命提供理论基础。那么，中国特色社会主义政治经济学面临的根本任务是什么呢？或者说中国特色社会主义政治经济学的研究目的是什么呢？这是我们首先必须弄清楚的问题。

马克思主义基本原理告诉我们，一定的社会意识形态总是由一定的社会存在决定的，并对社会存在本身的发展具有重要的能动作用。所谓社会意识形态，主要是指各种社会理论，其中最重要的是经济理论、政治理论、法学理论、哲学理论等。中国特色社会主义政治经济学作为一种社会科学理论和意识形态，其理论形态是由中国特色社会主义本身的客观性质和特点决定的，同时，中国特色社会主义政治经济学的根本任务就在于为中国特色社会主义经济及其发展提供理论依据和政策服务。

如果这样的理解是正确的，那么我们就可以清楚地看到中国特色社会主义政治经济学与《资本论》在研究目的上的辩证关系。一方面，作为一种社会科学理论，中国特色社会主义政治经济学的研究目的就是揭示中国特色社会主义社会经济运动规律，显然，在揭示经济运动规律这一点上，中国特色社会主义政治经济学与《资本论》是完全一致的；但是另一方面，中国特色社会主义政治经济学与《资本论》面临的任务又存在着重大的差别，具体来说，《资本论》的任务是为无产阶级革命提供理论基础，而中国特色社会主义政治经济学的任务是为中国特色社会主义经济建设和发展提供理论支持和政策服务。

另外，众所周知，马克思在《资本论》中虽然考察的是发展到他那个时代的资本主义生产方式或经济制度，但是在事实上马克思是把当时的资本主义生产方式或经济制度理解为一种成熟的资本主义生产方式或经济制度的。（现在看来，什么是成熟的资本主义，是一个值得研究的问题。是否应该承认，马克思时代的资本主义与今天的资本主义相比，仍然是不成熟的或者具有不成熟性。）事实上，晚年的恩格斯也检讨过19世纪40年代马克思和他对于革命形势估计得过于乐观。[①] 然而，今天的中国特色社会主义，仍然是初级阶段的社会主义，而不是成熟的或发达的社会主义。这就决定了中国特色社会主义的某些社会经济运动规律有可能表现得不是十分充分，换句话说，中国特色社会主义社会经济运动的某些方面的规律性可能不是十分明显。从根本上来说，客观实践发展的成熟程度决定了理论本身的成熟程度。假如我们承认这一点，那么就不能要求中国特色社会主义政治经济学完全像《资本论》那样，只是揭示社会经济运动规律，而是必须在探索中国特色社会主义社会经济运动规律的基础之上，更加着眼于分析中国特色社会主义经济的现实运动状况及其存在的矛盾和问题。另一方面，改革仍然是推动中国特色社会主义经济发展的重要途径，因此，中国特色社会主义政治经济学还必须深入研究中国特色社会主义经济改革问题，进而提出关于社会主义经济改革的系统理论和建设性对策主张。

综上所述，我们可以把中国特色社会主义政治经济学的研究目的概括为：揭示中国特色社会主义社会经济发展规律，分析中国特色社会主义经济运动状况及其存在的问题，提出中国特色社会主义改革的建设性对策主张。必须把这三个方面统一起来，只有这样，中国特色社会主义政治经济学才能体现出科学性、现实性与建设性的有机统一；只有这样，才能有利于更好地构建中国特色社会主义政治经济学理论体系，也才能更好地符合中国特色社会主义实践发展的需要。

---

① 参见《马克思恩格斯文集》第4卷，北京：人民出版社2009年版，第538—541页。

三、《资本论》与中国特色社会主义政治经济学的研究对象

马克思在《资本论》第一卷序言中明确指出："我要在本书研究的，是资本主义生产方式以及与它相适应的生产关系和交换关系。"可以说，整个《资本论》三大理论卷的理论体系正是围绕资本主义生产方式以及与它相适应的生产关系和交换关系来构建和布局的，其中第一卷研究资本的生产过程，第二卷研究资本的流通过程，第三卷研究资本主义生产的总过程，即生产、流通与分配相统一的过程。由此可见，研究对象规定了理论体系及其内容。进一步说，马克思之所以把《资本论》的研究对象确定为资本主义生产方式以及与它相适应的生产关系和交换关系，《资本论》的理论体系之所以是这样的而不是别样的，完全是由马克思设定的研究目的和理论任务以及运用的方法论所决定的。我们要构建中国特色社会主义政治经济学理论体系，必须进一步明确中国特色社会主义政治经济学的研究对象。

对于《资本论》以及政治经济学的研究对象问题，我国政治经济学界一直存在着不同的理解和争论，争论的焦点在于如何理解生产方式以及要不要把生产力理解为研究对象等方面。这里我们先不涉及这些理论争鸣，而是对中国特色社会主义政治经济学的研究对象问题进行一些理论探讨。

对"中国特色社会主义政治经济学"可以有两种不同的解读，一种是"中国特色的社会主义政治经济学"，一种是"中国特色社会主义的政治经济学"。在前一种解读中，强调的是社会主义政治经济学的"中国特色"；在后一种解读中，"中国特色社会主义"被理解或界定为政治经济学的研究对象。前一种解读是目前学术界比较常见的观点，而后一种解读则是比较少见的一种观点。这两种解读的差异是明显的，但无论是哪一种解读，都是值得认真研究的。

众所周知，在以往的"马克思主义政治经济学"这个概念和学科中，

是包括关于社会主义的政治经济学理论的。过去人们往往把这部分理论叫作“社会主义经济理论”“社会主义政治经济学”“社会主义经济学”或者是“政治经济学（社会主义部分）”等。毫无疑问，把“中国特色社会主义政治经济学”理解为“中国特色社会主义的政治经济学”，它在本质上仍然是一种关于社会主义的政治经济学理论，从这个角度来说，它与一般意义上的社会主义政治经济学在理论属性上是具有一致性的。但是，我们认为，仅仅这样理解是远远不够的，是不到位和不充分的。我们在承认中国特色社会主义政治经济学与一般意义上的社会主义政治经济学的相同或相通之处的同时，更应该充分认识它们的重大差别。

从研究对象的角度来看，中国特色社会主义政治经济学的研究对象与一般意义上的社会主义政治经济学的研究对象既有共同点，又有明显的差别。共同点在于，二者都是研究社会主义的，套用《资本论》关于研究对象的表述，那就是二者都是研究社会主义生产方式以及与之相适应的生产关系和交换关系的，或者套用一般教科书的表述，二者都是研究社会主义生产关系及其运动规律的。但是，它们在研究对象上的差别应该是一目了然的，即中国特色社会主义政治经济学研究的并不是一般意义上的“社会主义”，而是“中国特色社会主义”，具体来说是中国特色社会主义生产方式以及与之相适应的生产关系和交换关系，或者说是中国特色社会主义生产关系及其运动规律。

以上两种解读都存在需要深入研究的问题，具体来说：

“中国特色的社会主义政治经济学”这种解读面临的问题是，经济学理论可以有国别特色吗？关于这一点，人们的观点并不是完全一致的。例如，在许多迷信西方主流经济学的人看来，正像世界上只有一种物理学一样，世界上也只能有一种经济学，而这个经济学就是当代西方主流经济学，并且它是世界上唯一科学的经济学，所谓“中国经济学”或“中国特色社会主义政治经济学”是根本不可能存在的。我们认为，这种观点是不能成立的。原因在于社会科学毕竟不同于自然科学，把社会科学等同于自然科学并认为只存在一种社会科学理论，是不符合社会科学实际的。事实上，经济学理论从来就不是只有一种，而是存在着各种不同的理论和流派，例如，马克思主义经济学与西方主流经济学就不同，新古典经济学与凯恩斯经济学也存在明显的差别。因此，没有任何理由认为世界上只能有一种经济学。显然，只有承认社会科学理论多元化的必然性，只有承认创建一种不同于现有各种经济学理论的新的经济学理论的可能性，我们才能进一步讨论创建中国特色社会主义政治经济学的问题。从这个角度来说，“中国特色的社会主义政治经济学”这一解读也是说得通的。但是，这种解读存在的另一个问题是，它仍然是传统的社会主义政治经济学的一种线性发展和延伸，而未能充分反映出“中国特色社会主义政治经济学”所具有的巨大理论创新含义和价值。

“中国特色社会主义的政治经济学”这种解读面临的问题是，一个特定的国家的生产方式和生产关系有没有自己特定的发展规律。它能否构成政治经济学的研究对象。也就是说，以一个特定国家的生产方式或生产关系为研究对象而形成的理论能否称之为学科意义上的政治经济学呢？“中国特色社会主义的政治经济学”究竟是揭示中国特色社会主义的特殊发展规律还是揭示社会主义的一般发展规律？进一步说，中国特色社会主义与一般意义上的社会主义究竟是一种什么关系呢？这些问题都值得深入研究和讨论。

初看起来，“中国特色社会主义的政治经济学”这一概念，如同“英国资本主义的政治经济学”这一概念一样，是不太合乎经济学理论常规的。从一定意义上来说，自政治经济学作为一门学科产生以来，几乎从没有将某一特定国家的经济作为这门学科的研究对象。按照政治经济学理论界通行的理解，政治经济学是以一定的社会经济形态作为研究对象的，而不是以某一特定国家的经济运动作为研究对象。

那么，马克思是如何研究“资本主义生产方式以及和它相适应的生产关系和交换关系的呢”？关于这个问题，首先，如果我们不了解马克思的研究方法和方法论以及他研究政治经济学和创作《资本论》的实际过程，可能会产生理解上的困难。马克思在前引那句话的后面紧接着指出：“到现在为止，这种生产方式的典型地点是英国。因此，我在理论阐述上主要用英国作为例证。”[①] 在《资本论》第一卷英文版序言中恩格斯指出：“这个人的全部理论是他毕生研究英国的经济史和经济状况的结果。”[②] 表面上看，马克思的说法与恩格斯的说法是不一致的。马克思把英国只是作为一种“例证”，这就说明马克思不仅仅只是研究了英国，他的理论也不仅仅来源于对英国实践的考察和总结。恩格斯强调了马克思对英国的集中研究在形成《资本论》的理论中的首要地位，但是这并不意味着恩格斯不知道或者否定了马克思对其他国家情况的研究。事实上，马克思生前所做的研究恩格斯是非常了解的，而且1883年马克思去世之后不久，恩格斯就开始整理马克思的遗稿，从而对马克思的研究工作有了更加全面和具体的了解。从马克思发表的文献、遗留下来的笔记和手稿以及收集的资料来看，马克思研究的范围十分广泛，不仅包括法国、德国、美国和俄国，而且还包括印度、中国等国家。当然，在研究现实经济材料的同时，马克思又是通过对资产阶级古典政治经济学的批判和继承来创立自己的政治经济学理论的。

其次，这里还涉及马克思的方法和《资本论》的理论属性问题。马克思明确地将研究方法和叙述方法区别开来，他指出：“当然，在形式上，叙述方法必须与研究方法不同。研究必须充分地占有材料，分析它的各种发展形式，探寻这些形式的内在联系，只有这项工作完成以后，现实的运动才能适当地叙述出来。这点一旦做到，材料的生命一旦在观念上反映出来，

①《马克思恩格斯文集》第5卷，北京：人民出版社2009年版，第8页。

②《马克思恩格斯文集》第5卷，北京：人民出版社2009年版，第35页。

呈现在我们面前的就好像是一个先验的结构了。"① 这就是说,《资本论》所表现出来的理论体系是一个叙述体系和逻辑体系,而不是历史体系,它是马克思长期研究之后的结果。《资本论》的理论体系本身是一个范畴和理论按照辩证逻辑展开的过程,而不是马克思的研究过程。

最后,这里实际上还涉及"国家"与"社会经济形态"这两个范畴之间的关系以及政治经济学或经济学的研究方法问题。长期以来,人们普遍地认为,经济学或政治经济学作为一门理论学科,主要是研究社会经济运动规律的,而不是研究国别经济的。从一定意义上来说,这样的理解并没有错。但是,在这样一种理解中,如果把国别经济研究与对于社会经济规律的研究割裂开来,则是错误的。这是因为"社会经济形态"是一种客观存在,但更多的是通过理论抽象所得到的"范畴"。我们只有通过对大量的国别经济的研究,才能得到关于一定社会经济形态运动规律的认识。因此,从来不存在脱离开以一定国家的经济运动作为直接考察对象而得到的政治经济学理论。换句话说,政治经济学或经济学总是通过对具体国家的经济状况研究,进而得到关于一定社会经济形态的一般理论。这一点对于政治经济学的研究来说具有普遍的极为重要的方法论意义,也是存在于全部经济学理论史中的客观事实。恩格斯曾经明确地指出:"政治经济学不可能对一切国家和一切历史时代都是一样的。"② 恩格斯深刻地指明了政治经济学或经济学的历史性和国别性,这对于构建中国特色社会主义政治经济学具有重要的方法论指导意义。

马克思研究经济和政治经济学以及创作《资本论》的经验告诉我们,必须区分研究过程上的"对象"与叙述过程中的"对象"。具体来说,研究过程中的对象是各种不同国家的经济状况,而叙述过程中的对象则是一定社会形态的经济运动及其规律。从人类认识发展规律的角度来说,没有对

①《马克思恩格斯文集》第 5 卷,北京:人民出版社 2009 年版,第 22 页。

②《马克思恩格斯文集》第 9 卷,北京:人民出版社 2009 年版,第 153 页。

具体的个别和特殊的认识，也就不可能达到对于抽象的一般认识，没有对具体国家的经济运动的研究，也就不可能得到关于一定社会形态的经济运动规律的认识。当然，政治经济学不同于国民经济学。在政治经济学的研究过程中，虽然面对的是具体国家的材料，但是，揭示一定社会形态的经济运动规律是它的出发点和目标，不能用国别经济研究代替了政治经济学的理论研究。事实上，对于国别经济的研究如果没有政治经济学理论的指导，也不能称其为国民经济学，而只是国别经济史。因此，政治经济学与国别经济研究是一种辩证关系。

上述讨论对于深刻理解中国特色社会主义政治经济学研究对象问题具有十分重要的意义。众所周知，由于受到“苏联范式”的深刻影响，长期以来人们对于“社会主义政治经济学”研究对象的理解是“社会主义生产关系及其发展规律”或者是“社会主义生产方式以及与它相适应的生产关系和交换关系”。是否可以按照这样的理解，继续把中国特色社会主义政治经济学的研究对象理解为“社会主义生产关系及其发展规律”呢？我们认为，这样的理解起码是不充分的，甚至是不正确的。

从实践上来说，由于中国特色社会主义已经与以“苏联模式”为代表的传统社会主义具有了巨大的差别，因此，在理论上，我们就不应该仍然沿用“苏联范式”来理解中国特色社会主义政治经济学及其研究对象。我们认为，“中国特色社会主义政治经济学”这个概念和范畴的独特之处，就在于第一次明确地将“中国特色社会主义”确定为一门学科，即社会主义政治经济学的直接研究对象，相对于传统认识来说，这是一个重大的理论认识上的突破。只有这样理解，才能体现出对于马克思的政治经济学研究方法的继承，即通过对一定具体国家经济过程的研究，进而揭示一定社会经济形态的运动规律。

这里实际上涉及另一个重大理论问题，即如何科学认识社会主义及其发展规律问题。众所周知，传统社会主义政治经济学起源于马克思、恩格斯关于未来社会的基本设想，并在实践中得到一定的发展。由于现实社会主义起源于不发达国家，而不是起源于发达资本主义国家，并且表现为一个一个国家的现象，而不是一种超越国家的现象，因此，现实社会主义一开始就面临着究竟如何对待具体的实践同马克思、恩格斯关于未来社会的基本设想的关系问题。到目前为止，人们总是把现实社会主义理解为马克思、恩格斯关于未来社会的设想在实践中的运用，也正因为如此，在现实社会主义实践的很长一段历史时期内，实行单一的公有制和计划经济体制、取消商品生产等。从列宁到斯大林，再到毛泽东，虽然他们都对落后条件下究竟如何建设社会主义的问题进行了艰苦的探索，但是在理论上，从总体上来看，他们都没有能够突破马克思、恩格斯关于社会主义的规范性认识和规定。我们认为，必须科学理解马克思、恩格斯关于未来社会的设想与社会主义实践的辩证关系：一方面，必须坚持以马克思主义理论以及马克思、恩格斯关于未来社会的设想为指导，否则，如果背离了马克思主义的社会主义基本理论，就不存在科学意义上的社会主义；但是另一方面，我们必须认识到，社会主义实践已经充分表明，从落后国家建设社会主义的现实可行性和可能性的角度来看，完全囿于马克思、恩格斯关于未来社会的设想，把建设社会主义的具体方式和过程同社会主义的目标混为一谈，是不正确的。

正是在总结国内外社会主义实践经验和教训的基础上，邓小平开辟了建设中国特色社会主义的全新发展道路，在这个过程中，我党形成并不断完善了关于中国特色社会主义的许多政治经济学重要理论观点，并有力地推进了中国特色社会主义经济实践的发展。由此可见，中国特色社会主义政治经济学从根本上来说是对中国特色社会主义经济建设实践的理论概括。假如我们承认中国社会主义经济发展道路不仅具有中国特色，而且与马克思、恩格斯关于未来社会的设想相比具有很大的差别，那么，我们就不应该把中国特色社会主义政治经济学的研究对象仅仅理解为一般意义上的社会主义生产关系及其发展规律，而是应该理解为“中国特色社会主义生产关系及其发展规律”。

中国特色社会主义政治经济学与一般意义上的社会主义政治经济学更为重大的差别在于，它们体现着对于马克思、恩格斯关于未来社会的设想以及社会主义本身的不同理解和方法论态度。具体来说，中国特色社会主义政治经济学一方面坚持以马克思主义理论为指导，但另一方面又更加突出了社会主义的实践性、创造性和民族性，体现和贯彻的是一种一切从实际出发的唯物主义方法论以及理论指导性与实践创造性并重的思想方法，体现着从特殊性上升到普遍性以及一般性和特殊性相统一的辩证法。传统社会主义政治经济学则更多地贯彻的是一种从理论到实践的思想方法，更多地体现着将理论运用于现实的逻辑，更多地采用的是一种规范的思维方法，更多地侧重说明社会主义“应该如何”；而中国特色社会主义政治经济学则需要更多地分析现实社会主义究竟如何巩固和发展，发展的必然形式和道路是什么等等问题。

习近平总书记指出：“强调民族性并不是要排斥其他国家的学术研究成果，而是要在比较、对照、批判、吸收、升华的基础上，使民族性更加符合当代中国和当今世界的发展要求，越是民族的越是世界的。解决好民族性问题，就有更强能力去解决世界性问题；把中国实践总结好，就有更强能力为解决世界性问题提供思路和办法。这是由特殊性到普遍性的发展规律。”[①] 习近平总书记非常深刻地揭示了“由特殊性到普遍性”的现实社会主义的发展规律。

中国特色社会主义的进一步发展，要求我们既不能照搬照抄马克思主义政治经济学，更不能照搬照抄西方经济学，尤其是西方主流经济学理论。因此，我们需要创建一种既不同于一般意义上的社会主义政治经济学，也不同于西方经济学的新的政治经济学理论。只有把中国特色社会主义政治

① 习近平：《在哲学社会科学工作座谈会上的讲话》，《人民日报》2016年5月19日。

经济学理解为中国特色社会主义的政治经济学，才能够满足这样一种需要。当然，这样的理解，决不排斥对于马克思主义理论的进一步坚持和运用，更不排斥对于一般意义上的社会主义政治经济学的继承和发展，也不排除对于西方经济学中的有用成分和中国传统文化优秀部分的借鉴和吸收。

综上所述，只有把“中国特色社会主义”理解为“中国特色社会主义政治经济学”的直接研究对象，把中国特色社会主义政治经济学理解为“中国特色社会主义的政治经济学”，才能充分认识中国特色社会主义政治经济学的鲜明理论特性和巨大的理论创新价值，也只有从这样一个认识出发，我们才能真正创建出既不同于传统社会主义政治经济学也不同于西方经济学的全新的“系统化的经济学说”。“中国特色社会主义政治经济学”最重要的思想和方法论原则是：一方面它坚持以马克思主义理论为指导，但决不照搬马克思主义社会主义理论，另一方面它坚持一切从实际出发的思想方法和原则来理解什么是社会主义以及如何建设社会主义的问题。

如前所述，由于中国特色社会主义政治经济学的研究目的或者面临的理论任务和需要解决的问题具有三个方面的内容，因此，我们在确定中国特色社会主义政治经济学的核心对象的同时，还必须进一步扩展对于中国特色社会主义政治经济学研究对象的认识。中国特色社会主义政治经济学不仅要研究中国特色社会主义生产方式及其与之相适应的生产关系和交换关系，而且还要分析社会主义经济运行及其存在的矛盾与问题，而这种分析必须以历史唯物主义的基本理论为指导，也就是说必须深入研究我国生产力与生产关系、经济基础与上层建筑之间的关系及其矛盾运动，这就是中国特色社会主义政治经济学的第一层扩展研究对象。除此之外，由于中国特色社会主义整体制度仍然处在建设和发展之中，改革仍然是完善中国特色社会主义经济政治制度和促进经济发展的主要方式，因而，中国特色社会主义政治经济学还必须研究国家经济发展和改革政策，只有这样才能为中国经济改革和政策制定提供直接的建设性主张和建议。

总之，中国特色社会主义政治经济学的三重研究目的，决定了中国特色社会主义政治经济学在研究对象上同样必须体现科学性（经济规律）、实践性（经济运行）和建设性（经济战略与政策）的有机统一。从中国特色社会主义政治经济学面临的多重研究目的和理论任务出发，扩宽对于中国特色社会主义政治经济学研究对象的理解，这是中国特色社会主义政治经济学创新性的重要表现，也是进一步构建中国特色社会主义政治经济学理论体系的理论出发点。

四、《资本论》与中国特色社会主义政治经济学的方法与方法论

关于《资本论》对于中国特色社会主义政治经济学的指导意义，人们首先强调的是在方法论上的指导意义。毫无疑问，这是完全正确的。但是，如何将《资本论》的方法和方法论具体地贯彻和体现到中国特色社会主义政治经济学的研究过程与叙述过程之中，仍然是一个有待进一步研究的问题。而要做到这一点，前提是必须对《资本论》的方法和方法论有一个全面的正确的理解。关于《资本论》的方法和方法论，马克思和恩格斯在许多文献中都有一些论述，具有十分丰富的内容，而人们对于马克思和恩格斯的论述还存在着一些不同的认识，因此，对马克思和恩格斯关于方法和方法论的有关论述仍然需要做进一步的认真研究和正确解读。

（一）关于“抽象力”

马克思在《资本论》第一卷第一版《序言》中说：“分析经济形式，既不能用显微镜，也不能用化学试剂。二者都不必须用抽象力代替。而对资产阶级社会说来，劳动产品的商品形式，或者商品的价值形式，就是经济的细胞形式。在浅薄的人看来，分析这种形式好像是斤斤于一些琐事。这的确是琐事，但这是显微解剖学所要做的那些琐事……物理学家是在自然

过程表现得最确实、最少受干扰的地方观察自然过程的，或者，如有可能，是在保证过程以其纯粹形态进行的条件下从事实验的。”①

马克思的这段论述将作为一门社会科学的政治经济学的研究与自然科学的研究相比较，一方面揭示了它们之间的共同点，另一方面又强调了政治经济学研究的特殊性。首先，一切科学，无论是自然科学（以自然为对象）还是社会科学（以社会为对象），都是为了揭示事物的运动规律。其次，无论是自然还是社会，由于它们本身从来都不是天然的“纯而又纯的”，而是诸多不同性质的成分的混合体，因而，为了发现和揭示特定的规律，就必须对作为整体的自然或社会进行“分解”。于是，不仅自然科学和社会科学分成了各种门类，而且即使是某一门学科在进行研究的时候，还必须对所要研究的对象进行“提纯”。自然科学家是通过实验的方法来实现这一点，也就是通过特定的手段（科学实验手段和工具，例如“显微镜”或“化学试剂”等），“人为地制造一个理想的研究环境和条件”。然后，反复进行试验和观察，直到发现那些自然规律。社会科学的研究也一样，也需要对研究的对象进行“提纯”，并且需要“人为地制造一个理想的研究环境和条件”。但是，由于社会科学研究的是每天都活动着的社会本身，因而，也就不能通过任何物质的手段在实际上对研究的对象去进行“提纯”，当然更不可能在实际上将社会放进一个“理想的研究环境”之中。所以马克思说，必须“用抽象力来代替”。换句话说，人类对于社会自身的研究，依靠的是由于人类文明的发展而产生的抽象思维能力。具体来说，虽然社会科学研究者不能在实际上去分离社会的不同部分，但是，根据对社会的观察和已有的理论思想成果，仍然可以在“思维”，即人的头脑中通过“假设”来实现这一点。

这就是说，作为科学研究，自然科学与社会科学有着相同的要求，但是，实现这一要求的途径或手段却存在着根本的差异，这一差异，正是使

①《马克思恩格斯文集》第5卷，《资本论》第1卷，北京：人民出版社2009年版，第8页。

自然科学与社会科学具有很不相同的特点的根本原因。一切社会科学的共同之点是：相对于自然科学而言，它总是会更多地受到研究者的世界观、方法论、价值观等主观因素的影响。这正是人们往往把人文社会科学叫作“软科学”的原因。当然，人类的任何行为都会受到世界观和价值观的影响，因而，自然科学家在进行科学研究的过程中同样会受到世界观和价值观的影响，例如正是由于世界观和方法论的不同，爱因斯坦与玻尔对于世界的本质和运动规律的认识是存在差异的。

以上论述表明，把“抽象力”或者“抽象法”当作政治经济学或《资本论》特有的“方法”是完全不正确的。应该说，“抽象力”是一切科学家必须具备的思维能力，“抽象法”也是一切科学必然使用的方法。在这一点上，一些学者的理解是不正确的，而苏联的《资本论》研究专家卢森贝早就正确地指出过“抽象法”的普遍性及其限度。[1]

在经济学研究中，一方面必须进行抽象，也就是必须通过“假设”将研究对象中的“杂质”或者“次要因素的影响”舍弃掉，同时，又要将研究的核心对象抽取出来；另一方面，究竟“舍象”什么，“抽取”什么，却不是一目了然的事情。在这一点，没有一个“公认的标准”，而且实际上受到研究者的立场、方法和观点的重大影响。例如，对于马克思而言，由于商品是客观上的资本主义财富的“元素形式”，因此，在理论上，“商品”就是资本主义的“经济细胞”。为了弄清整个资本主义经济体系的内部结构及其运动规律，也就必须首先从对商品的分析开始。于是，“商品”成为《资本论》的第一个范畴，并且也是最具抽象性的范畴。

然而，对于资产阶级经济学来说，虽然也都运用了抽象法或抽象力，但却得出了完全不同的结论。资产阶级经济学家从来都认为他们面对的不是一种特殊的经济形态，而是具有普遍性的、自然的、永恒的社会制度，因而，在理论上，他们不仅总是愿意从最抽象的那些“假设”开始（例如

---

① 卢森贝：《〈资本论〉注释》第1册，北京：生活·读书·新知三联书店，1963年版，第35—36页。

从“鲁滨孙的孤岛”开始)，而且他们愿意把实际上只是反映了资本主义经济特点的那些范畴和理论看作是具有“普适性”的永恒的真理。对于现代资产阶级经济学理论而言，大量数学推导的引入，使这一点更加具有迷惑性。

可见，科学必须进行抽象，但是，并非抽象的即是科学的。问题不在于要不要“抽象”，而在于“怎样抽象”，什么才是“合理的抽象”，什么又是“不合理的抽象”。其中，正确把握抽象的“界限”或限度是关键。马克思的《资本论》与现代资产阶级经济学的根本区别在于：马克思明确地把自己的研究对象严格地界定为“资本主义生产方式以及和它适应的生产关系和交换关系”，虽然在一些地方也谈到了有关“生产一般”的内容（例如，第一卷第三篇第五章第一节“劳动过程”)，但是那仅仅只是为了“避免重复”，而不是研究的落脚点，因而是一种“合理的抽象”。而现代西方主流经济学将抽象的“理性经济人假设”当作解释一切资本主义经济现象的出发点和一般依据，这种把“抽象的一般”直接当作“具体的特殊或个别”的做法，从方法论的角度来说就是完全错误的。事实上，从亚当·斯密一直到当代西方主流经济学家们讲的那个“经济人”，并不是通行于各种不同社会历史阶段和形态中的“一般的人”，而只不过是资本主义这一特殊条件下的“特殊的人”在经济属性上的一种概括罢了。退一步说，即使我们承认“经济人”假设在资本主义范围内的一定的合理性，但是，如果仅仅停留在这个抽象的、一般的认识水平上，也丝毫不能推进人们对于资本主义本身的了解与认识。

问题不在于是不是要认识事物的共性或一般特征，更重要的是必须认识事物的个性或特殊性。“人也是一种动物”这样一个判断，对于任何成年人来说，即使重复一千遍一万遍，也无助于推进人们对于人自身的更加具体的认识。就当代西方主流经济学来说，把资本家、雇佣工人、政府公务员等等一切社会成员都理解为没有任何区别的“经济人”，这不仅是肤浅的，而且也是虚伪的。

那么，就《资本论》而言，马克思在进行抽象的时候，他遵循的原则又是什么呢？从方法论的角度来说，就是唯物辩证法了。唯物辩证法规定了需要进行抽象的对象和范畴，也规定了抽象的界限和不同的层次。

首先，根据唯物辩证法，马克思确立了《资本论》的研究对象是“资本主义生产方式以及和它相适应的生产关系和交换关系”，因而，一切抽象以“资本主义”为边界，换句话说，凡不是资本主义的东西，至少是首先必须予以舍象。

其次，依据唯物辩证法，通过研究之后，马克思发现，对于资本主义经济体系而言，商品是资本主义“经济细胞”，是资本主义社会财富的“元素形式”，因而，首先必须从商品的分析开始。同时，资本主义生产作为商品生产，货币与商品紧密相连，并且是和商品一样普遍，甚至更为普遍的现象。在依次研究商品和货币之后，然后再直接研究资本本身。这样，《资本论》给我们呈现出一个三层的逻辑结构，即：商品—货币—资本。

由此可见，真正科学的“抽象”必然以特定的“具体”为前提和对象。离开了这一原则，用抽象来代替甚至取消具体，抽象就是不科学的、不合理的。

（二）关于唯物辩证法与“有机体”

马克思在《资本论》第一卷第二版“跋”中，对《资本论》中所运用的“方法”问题进行了更为详细的论述。概括起来主要有三点：

第一，把《资本论》的方法理解为“形而上学的方法”或“分析的方法”是不正确的，把《资本论》的研究方法理解为“实在论”、把叙述方法理解为“辩证法的”，也是不正确的。

第二，《资本论》的研究方法和叙述方法从根本上来说，都是唯物辩证法。唯物辩证法是马克思对黑格尔的唯心辩证法进行批判继承的结果。所谓“唯物”，就是把一切观念或理念的东西，理解为“客观存在”在人们头脑中的反映，而不是相反，把人们的观念或理念理解为事物本身产生的原因。辩证法的根本特点，就在于对于一切事物总是从联系和运动的角度去理解，因而，“它是批判的和革命的。”唯物辩证法是一种世界观，从而也是一种方法论。马克思是自觉把唯物辩证法引入政治经济学研究的第一人，也因此，马克思使政治经济学发生了革命。

第三，“在形式上，叙述方法必须与研究方法不同。研究必须充分地占有材料，分析它的各种发展形式，探寻这些形式的内在联系。只有这项工作完成以后，现实的运动才能适当地叙述出来。这点一旦做到，材料的生命一旦在观念上反映出来，呈现在我们面前的就好像是一个先验的结构了。”① 这就是说，“研究”与“叙述”是完整的科学研究的两个不同的阶段，无论是内容，还是形式，都是有区别的。研究阶段的内容是收集材料（即与研究对象有关的各种信息）——进行分析（去伪存真，去粗取精，定性分析与定量分析相结合）——探寻事物之间的内在联系（由表及里，归纳与推理，分析与综合，发现因果关系和规律）——形成概念与判断（即命题或理论观点）。这样一个过程，往往也就是从具体（现象）上升到抽象（本质）的过程。叙述阶段的内容则是陈述事物本身的发展，并且用已经发现的规律加以解释。

由于在形式上，理论外在地表现为由一系列范畴或概念组成的一个体系，因而，呈现在人们面前的就“好像是一个先验的结构”。而实际上，由于马克思坚持唯物主义方法，所以，理论结构的“先验性”即“主观性”（也就是各范畴的排列看起来完全是由马克思自己人为地决定的）完全只是一个“表面”现象。

另外，如前所引，马克思在第一卷第一版“序言”中说过：“对资产阶级社会说来，劳动产品的商品形式，或者商品的价值形式，就是经济的细

①《马克思恩格斯文集》第5卷，北京：人民出版社2009年版，第21—22页。

胞形式。”[1] 第一卷第一版“序言”中还说：“甚至在统治阶级中间也已经透露出一种模糊的感觉：现在的社会不是坚实的结晶体，而是一个能够变化并且经常处于变化过程中的有机体。”[2] 这两句话表明，马克思把社会看作一个“有机体”，而不是“结晶体”。任何一个活的有机体，它的各个部分之间都存在着有机的联系，从而表现为一个整体。正像一个活的人，不是手、胳膊、腿、头等各种器官的简单堆积一样，任何一个社会也不是各组成部分的机械相加。因此，在理论上，对于“社会有机体”的剖析，不能用形而上学的方法，而只能运用辩证法。

马克思运用辩证法来分析社会及其经济运动，首先在方法上，就比现代资产阶级经济学胜出一筹。自 19 世纪 70 年代“边际革命”以来，西方经济学家越来越将经济学发展成为一种“社会物理学”或“经济力学”。一方面，这为数学被大量引入经济学创造了条件，另一方面，也使所谓“现代经济学”离真实的历史和现实越来越远，从而离真正的科学也越来越远。可以说，现代西方资产阶级经济学，是徒有科学的外表与形式而全无科学的内容与实质。

还需要进一步指出，马克思虽然把社会理解为一种“有机体”，但绝没有简单地照搬生物或生物有机体的演化规律，并以此来代替对于社会有机体所具有的独特的发展规律的研究。因为毕竟人类社会这个有机体与自然或生物有机体是本质上根本不同的东西。基于生物演化的生物学理论或定律，对于以社会为对象的政治经济学而言，顶多只具有“隐喻”或“类比”的意义。真理往前再多走一步，就会走向谬误。

（三）关于方法的“两条道路”问题

撇开研究阶段的内容不说，在叙述过程中即安排已经形成的各个范畴的顺序时，马克思遵循的原则或方法又是什么呢？关于这一点，马克思在

---

①《马克思恩格斯文集》第 5 卷，北京：人民出版社 2009 年版，第 8 页。

②《马克思恩格斯文集》第 5 卷，北京：人民出版社 2009 年版，第 11—13 页。

《政治经济学批判》“导言”第三节“政治经济学的方法”中做过详细的论述。在“导言”中，马克思不仅系统总结了古典政治经济学在研究方法上的特点与局限，而且对黑格尔的唯心辩证法进行了批判性的评价。马克思把古典政治经济学的发展按照方法的成熟水平划分为两个阶段，即17世纪古典政治经济学的产生和18世纪古典政治经济学的发展。前一个阶段的特点是，“从实在和具体开始，从现实的前提开始”，例如从人口、国家等开始，通过研究，最后形成了一些抽象的范畴或概念，例如分工、价值等。后一个阶段的特点正好与前一个阶段相反，它不是从“具体实在”开始，而是从已经形成的“抽象概念”开始，并用这些概念去理解和说明各个“具体的实在”。

马克思认为，“后一种方法显然是科学上正确的方法”。

需要特别注意的是，马克思在这里并没有认为前一种方法就是错误的方法。因为没有前一个阶段的政治经济学的产生，也就不能有后一阶段的政治经济学的发展。而且前述马克思关于研究与叙述两个阶段的内容表明，任何一个经济学家在研究经济问题时，必须从具体开始，也就是必须从研究现象开始，而不应该从“本质”或某些抽象的概念开始。不研究现象，所谓的本质从何而来呢？以为科学就是为了揭示事物的本质和规律，从而就不需要研究现象，可以不注重对现象的观察，这纯粹是一种误解，甚至是对科学的一种无知。任何事物的“本质”，其实是不可能离开现象而独立存在的，也就是说，不存在脱离开现象的什么本质。所谓本质，本来就是指现象之间的“内在”联系。虽然“只看现象不看本质”是肤浅的，但是，“只看本质不看现象”则更可能是一种主观唯心主义了。

根据马克思对于政治经济学“第一条道路”和“第二条道路”的具体论述，大体可以把它们分别概括为“从具体上升到抽象”和“从抽象上升到具体”这样两个不同的形式。这里的“具体”，指的就是“客观实在”，即人们可以经验的现象；这里的“抽象”也就是指通过研究而形成的反映事物内在联系的那些范畴或概念。“在第一条道路上，完整的表象蒸发为抽象的规定；在第二条道路上，抽象的规定在思维进程中导致具体的再现。”①

既然马克思明确表示“后一种方法显然是科学上正确的方法”，那么毫无疑问，《资本论》也运用了这样一种方法，即“从抽象上升到具体的方法”。

众所周知，黑格尔哲学是一种唯心辩证法的哲学体系。在这个体系中，黑格尔同样运用了“从抽象上升到具体”的逻辑方法。但是，马克思深刻地指出黑格尔的根本错误：“黑格尔陷入幻觉，把实在理解为自我综合、自我深化和自我运动的思维的结果，其实，从抽象上升到具体的方法，只是思维用来掌握具体并把它当作一个精神上的具体再出来的方式。但绝不是具体本身的产生过程。”②

在逻辑形式上，《资本论》与黑格尔哲学体系有相似的一面，即都运用了“从抽象上升到具体”的方法，都是辩证法理论体系，以至于列宁曾经说过，如果不懂黑格尔的逻辑学，就根本无法弄懂《资本论》。

但是，另一方面，必须充分认识《资本论》在方法上与黑格尔哲学对立的那一面，即“我的辩证方法，从根本上来说，不仅和黑格尔的辩证法不同，而且和它截然相反。”③ 黑格尔运用“正—反—合”三段论，从逻辑学开始，再到自然哲学，最后到精神哲学，将整个世界，连同他自己的哲学本身，统统纳入到了一个神秘的哲学体系。虽然他对事物之间的联系与转化的揭示，在很多方面完全是主观的、随意的，但这不妨碍他是第一个天才的辩证法大师。马克思剥去了黑格尔哲学的“神秘的外衣”，发现了其中的辩证法这个“合理的内核”，同时又继承了费尔巴哈的唯物主义哲学思想，创立了唯物辩证法的新哲学，这正是马克思能够实现政治经济学革命的深刻的哲学基础。

---

①《马克思恩格斯文集》第 8 卷，北京：人民出版社 2009 年版，第 25 页。

②《马克思恩格斯文集》第 8 卷，北京：人民出版社 2009 年版，第 25 页。

③《马克思恩格斯文集》第 5 卷，北京：人民出版社 2009 年版，第 22 页。

（四）关于《资本论》排列范畴顺序的原则

贯彻辩证法，就必须按照“从抽象上升到具体”的方法来进行叙述和展开理论体系。因为只有通过这样一种逻辑的方法，才能够揭示出事物之间的联系及其发展。那么，不同的范畴在理论体系中的地位究竟是由什么决定的呢？换句话说，当面对各种不同的范畴时，例如，国家、人口、交换、分工、价值、利润、土地所有权、价格、工资等等，依据什么来判断或决定哪一个是抽象的，哪一个又是具体的呢？

能否按照这些概念或范畴所出现的历史顺序，或者“按照它们在历史上起决定作用的先后次序”来排列它们的顺序呢？马克思明确地指出，这“是不行的，错误的”。那么又应该如何安排范畴的逻辑顺序呢？马克思说：“它们的次序倒是由它们在现代资产阶级社会中的相互关系决定的，这种关系同表现出来的它们的自然次序或者符合历史发展的次序恰好相反。问题不在于各种经济关系在不同社会形式的相继更替的序列中在历史上占有什么地位，更不在于它们在‘观念上’（在历史运动的一个模糊表象中）的次序。而在于它们在现代资产阶级社会内部的结构。”① 例如，土地所有权是先于资本存在的，但是，在资本主义社会结构中，它不再占有主导地位，而是受资本的支配。再比如，商业资本是资本的第一个形态，但是，在一切发达的、成熟的资本主义生产方式中，起决定作用的不是商业资本，而是产业资本。显然，只能用资本去说明土地所有权，也只能从产业资本出发去说明商业资本，而不能相反，完全按照这些范畴出现的历史次序来进行说明。在“导论”中，马克思对于上述安排范畴顺序的唯物主义原则进行了详细的论证，并根据这样一个原则，提出了一个“分篇”计划：①一般的抽象的规定……②形成资产阶级社会内部结构并且成为基本阶级的依据的范畴。资本、雇佣劳动、土地所有制。它们的相互关系……③资产阶

---

①《马克思恩格斯文集》第 8 卷，北京：人民出版社 2009 年版，第 32 页。

级社会在国家形式上的概括……④生产的国际关系……⑤世界市场和危机。

需要指出的是，今天我们所看到的《资本论》三大理论卷，实际上只是相当于这个“五篇计划”中的第二篇中的第一部分，即“资本”这一部分。而后面的所有内容并没有按计划完成。

其次，由于马克思是按照从抽象上升到具体的方法来考虑这个五篇结构的，那么，毫无疑问，整个说来，《资本论》是马克思的整个理论计划中的属于“抽象”层次的内容。明确这一点，对于我们科学地认识与对待马克思的《资本论》以及发展马克思主义政治经济学都具有十分重要的意义。

（五）关于唯物史观与《资本论》

除上述“导言”之外，马克思于1859年1月为《政治经济学批判》第一分册写的“序言”，也是马克思关于政治经济学方法或方法论的一部重要文献。在“序言”中，马克思第一次对历史唯物主义或者唯物史观的基本原理和核心观点进行了经典的概括，并且指出，它们是“指导”马克思进行政治经济学研究的“总的结果”。

首先需要指出的是，唯物史观虽然是唯物辩证法在对于人类社会历史发展的理解中的具体表现形式，但是从马克思和恩格斯的思想发展史来看，并不存在先创立一般的唯物辩证法，然后再将之运用于人类社会历史，进而创立唯物史观这样一个过程或顺序。而是相反，马克思和恩格斯先是共同创立了唯物史观，进而将其发展为更为普遍的唯物辩证法。恩格斯围绕哲学所写的一系列著作，例如《反杜林论》《自然辩证法》《路德维希·费尔巴哈和德国古典哲学的终结》等，都是在马克思已经出版了《资本论》第一卷之后的作品，都充分地说明了这一点。

正确理解历史唯物主义，既要坚持唯物主义，也要坚持辩证法，只有从唯物主义与辩证法的有机统一出发才能准确把握历史唯物主义的精髓。历史唯物主义认为，人类社会是一个有机整体，同时人类社会的生存和发展始终以自然作为永恒的基础和前提，因而，不仅社会的各组成部分之间存在着辩证关系，人类与自然之间同样存在着辩证关系。在相当长的历史时期内，由于社会生产活动是人类主要的生活和实践形式，是人类文明发展的基础，因而，人类社会的生产（广义的生产，是经济活动的核心内容）不仅决定了人类的物质文化生活发展水平，而且人类的社会生产关系也制约着人类自身的政治关系、社会关系、精神关系等其他各种关系。在人类的社会生产过程中，通过劳动人类社会利用和改造着自然，但是自然资源和生态环境是人类社会生产和生活的永恒的自然基础和制约条件。在人类社会生产中，一方面存在着人们之间的一定的社会生产关系，另一方面通过社会生产力又体现着人类与自然的关系。随着人类社会生产的发展，人类社会本身的结构即社会关系也会得到发展，并表现为不同的历史阶段即社会形态。由于社会的生产关系即经济关系是人类的其他社会关系的基础和核心部分，因而，根据社会生产关系的性质和特点的不同，可以把人类社会历史划分为不同的社会经济形态。人类社会发展不同阶段的生产关系，从根本上来说，总是由物质生产力的一定发展阶段或水平所决定的；而一定社会的上层建筑即政治、法律制度等以及社会意识形态，从根本上来说总是由一定的社会生产关系决定的。但是，不能形而上学地理解生产力与生产关系以及生产关系与上层建筑和社会意识形态的关系。历史唯物主义进一步认为，生产关系对于生产力、上层建筑对于生产关系、社会意识对于社会存在都具有积极的能动作用，因而，正是生产力与生产关系、经济基础与上层建筑的矛盾运动推动着人类社会的历史发展。

由此可见，历史唯物主义深刻地揭示了社会各个组成部分的结构及其辩证关系以及人类社会与自然的辩证关系，从而发现了人类社会发展的一般机制与规律。历史唯物主义或唯物史观对于马克思的政治经济学研究或《资本论》的创作，有着巨大的方法论意义和价值。正是在这样的历史社会观的“指导”下，马克思确立了《资本论》的研究对象，也为自己确立了明确的“研究目的”，即“揭示现代社会的经济运动规律”，也就是资本主义社会的经济运动规律。

那么，什么是“社会的经济运动规律”呢？从一定意义上来说，所有的“经济规律”一定是“社会的经济运动规律”。因为所谓“社会”，也就是由所有的人组成的一个整体或集合。由于一切经济活动必然都是人的活动，从而也必然具有社会性。但是另一方面，马克思这里所说的“社会的经济运动规律”却有着特定的含义。根据前面关于“研究对象”和“方法与方法论”的讨论可以看出，马克思并不力求研究所有的经济现象或问题，也没有打算揭示一切社会经济规律。马克思关心的核心是：作为一种社会经济形态，资本主义是如何产生的？它又是如何发展的？具体来说就是，资本主义生产关系是如何产生的？资本主义生产关系究竟具有怎样的性质与特点？它与物质生产力的发展是一种什么样的关系？资本主义的上层建筑与社会主义生产关系又是一种什么关系？因此，马克思所说的“社会的经济运动规律”，其核心是生产关系的性质及其发展规律。

唯物史观不仅决定了《资本论》研究什么，而且决定了如何研究，这就是：必须从物质生产力的发展阶段和历史性质或特点出发去说明资本主义生产关系产生的必然性；必须在物质生产力与资本主义生产关系的相互作用中、经济关系与国家上层建筑的相互作用中去说明资本主义社会的生产力的发展、生产关系本身的发展，以及资本主义上层建筑的发展与变化。

由此可见，唯物史观为《资本论》提供了研究与分析的“理论框架”。因而，不懂得历史唯物主义或唯物史观，就不可能正确理解《资本论》。

（六）关于逻辑的方法与历史的方法

《资本论》运用了从抽象上升到具体的逻辑方法（辩证逻辑），因而，从“外在形式”上来看，它表现为由一系列理论范畴或概念的排列而形成的一种“逻辑体系”，《资本论》里虽然充满了各种关于历史的材料，但它本身仍然是一部政治经济学的理论著作，而不是历史或经济史著作。并且如前所引，马克思明确地否定了按范畴出现的历史次序来安排它们在逻辑上的顺序的做法。然而，作为一部唯物主义作品，《资本论》与实际的“历史”之间又有着极为密切的内在联系。那么，《资本论》的“逻辑的方法”与“历史的方法”究竟是一种什么关系呢?

关于这一点，恩格斯在为马克思的《政治经济学批判·第一分册》写的书评中做了具体的阐述。“对经济学的批判，即使按照已经得到的方法，也可以采用两种方式：按照历史或者按照逻辑。既然在历史上也像在它的文献的反映上一样，整个说来，发展也是从最简单的关系进到比较复杂的关系，那么，政治经济学文献的历史发展就提供了批判所能遵循的自然线索，而且整个说来，经济范畴出现的顺序同它们在逻辑发展中的顺序也是一样的。这种形式看来有好处，就是比较明确，因为这正是跟随着现实的发展，但是实际上这种形式至多只是比较通俗而已。历史常常是跳跃和曲折前进的，如果必须处处跟随着它，那就势必不仅会注意许多无关紧要的材料，而且也会常常打断思想进程；并且，写经济学史又不能撇开资产阶级社会的历史，这就会使工作漫无止境，因为一切准备工作都还没有做。因此，逻辑的研究方式是唯一适用的方式。但是，实际上这种方式无非是历史的研究方式，不过是摆脱了历史的形式以及起扰乱作用的偶然性而已。历史从哪里开始，思想进程也应当从哪里开始，而思想进程的进一步发展不过是历史过程在抽象的、理论上前后一贯的形式上的反映；这种反映是经过修正的，然而是按照现实的历史过程本身的规律修正的，这时，每一个要素可以在它完全成熟而具有典范形式的发展点上加以考察。”① 恩格斯已经非常清晰地揭示了逻辑方法与历史方法的辩证关系，因而无须更多的解释。

（七）关于内在观察法与外在观察法

自 18 世纪以来，资产阶级经济学家已经开始从抽象的范畴和理论概念

①《马克思恩格斯文集》第 8 卷，北京：人民出版社 2009 年版，第 603 页。

出发，试图建立各种理论体系。但是，无论是亚当·斯密还是大卫·李嘉图，他们在理论上最终都是不成功的。其中一个非常重要的原因，就在于他们不懂得辩证法，以至于无法理解通过“内在观察法”所得到的范畴与通过“外在观察法”所得到的现象或表象之间的辩证关系，他们总是试图将它们直接等同起来，结果造成了一系列理论矛盾，最终导致了理论体系的瓦解。关于这一点，马克思在《资本论》第四卷，即“剩余价值理论”中做了详尽的分析与评论。

在资产阶级古典经济学的发展中，亚当·斯密是一个重要的代表人物。在斯密的著作中，同时存在着“内在观察法”和“外在观察法”：“斯密本人非常天真地活动于不断的矛盾之中。一方面，他探索各种经济范畴的内在联系，或者说，资产阶级经济制度的隐蔽结构。另一方面，他又按照联系在竞争现象中表面上所表现的那个样子，也就是按照它在非科学的观察者眼中，同样在那些被实际卷入资产阶级生产过程并同这一过程有实际利害关系的人眼中所表现的那样子，把联系提出来。这是两种理解方法，一种是深入研究资产阶级制度的内在联系，可以说是深入研究资产阶级制度的生理学；另一种则只是把生活过程中外部表现出来的东西，按照表现出来的样子加以描写、分类、叙述并归入简单概括的概念规定之中。这两种理解方法在斯密的著作中不仅安然并存，而且相互交错，不断自相矛盾。”①斯密著作中存在的这两种相互矛盾的“方法”一直被他的后继者们所继承。

古典经济学的最后代表大卫·李嘉图，是第一个自觉地试图将内在观察法贯彻到底的资产阶级经济学家。他力图将所有的经济范畴立于“价值决定于劳动时间”这一抽象的规定，并以此为出发点去揭示资产阶级社会各阶级之间的经济联系及其对立的根源。因此，“李嘉图的研究方法，一方面具有科学的合理性和巨大的历史价值。”② 但是，“另一方面，它在科学上

①《马克思恩格斯全集》第26卷（Ⅱ），北京：人民出版社1973年版，第181—182页。

②《马克思恩格斯全集》第26卷（Ⅱ），北京：人民出版社1973年版，第183页。

的缺陷也是很明显的。”对此，马克思通过考察李嘉图的所有具体理论上存在的缺陷与矛盾进行了论证与说明。概括起来说，李嘉图虽然有意识地坚持了“内在观察法”，但是，由于他不懂得辩证法，不懂得只有通过范畴的不断转化、通过一系列理论上的“中介环节”，才可能正确揭示通过内在观察法得到的抽象规律与通过外在观察法得到的现象或表象之间的辩证联系及其区别。一定意义上来说，李嘉图同样没有最终摆脱存在于斯密理论中的内在观察法与外在观察法之间的矛盾与冲突。这是导致李嘉图理论体系瓦解以及他的理论不断被庸俗化的方法论上的根本原因。

关于事物的本质与现象之间的关系，马克思曾经深刻地指出过：“如果事物的表现形式和事物的本质会直接合而为一，一切科学就都成为多余的了。”[①] 科学的任务正在于揭示事物的本质和发展规律。然而，不能认为科学只与“本质”有关，而与“现象”无关。把“本质”与“现象”完全割裂开来，甚至对立起来，不是唯物辩证法的观点，甚至容易导致唯心主义。在彻底的唯物辩证法中，没有绝对脱离开现象的本质，这一点，早由德国工人哲学家狄慈根做过正确的阐述。[②] 因而，一切科学包括自然科学，不仅在于“揭示本质”，而且还必须“说明现象”。《资本论》不仅揭示了资本以及资本主义生产方式的本质，而且全面地说明了各种资本主义经济现象是如何产生的，并在此基础上，说明了直接反映这些现象的资产阶级经济学理论是如何产生的。

这里，我们可以进一步指出，马克思经济学与当代西方资产阶级经济学的根本的方法论的区别，仍然在于马克思经济学运用的是唯物辩证法，因而，它能够将“内在观察”与“外在观察”辩证地统一起来。而现代西方资产阶级经济学继承了李嘉图体系解体之后的“庸俗经济学”的一贯方法论特点，即彻底摈弃了“内在外观察法”，完全满足于“外在观察法”，

---

①《马克思恩格斯文集》第7卷，北京：人民出版社2009年版，第925页。

② 参见：《狄慈根哲学著作选集》，北京：生活·读书·新知三联书店1978年版。

满足于在资本主义经济生活的表面现象。从这个意义上来说，当代资产阶级经济学在根本上仍然属于马克思所说的“庸俗经济学”。

上述《资本论》中所运用和体现的，以及马克思、恩格斯关于政治经济学的方法论与方法的丰富理论，对于构建中国特色社会主义政治经济学理论体系具有十分重要的指导意义，具体来说：

第一，唯物辩证法和唯物史观是马克思主义世界观和历史观，是马克思主义政治经济学的根本方法论。毫无疑问，作为当代中国的马克思主义政治经济学，中国特色社会主义政治经济学必须全面贯彻和运用唯物辩证法和唯物史观。这就必须坚持从人类社会发展一般规律的高度出发，坚持社会有机体的社会观，坚持以分析中国特色社会主义的生产力与生产关系、经济基础与上层建筑的对立统一关系作为根本的方法论，坚持把中国特色社会主义生产方式以及与之相适应的生产关系体系确立为直接的研究对象，同时坚持立足中国作为发展中国家和处于社会主义初级阶段的基本国情，把促进社会物质生产力的快速健康发展作为核心任务，努力探索中国特色社会主义的社会经济运动和发展规律。

第二，抽象和抽象法是一切科学的共同方法和要求，构建中国特色社会主义政治经济学，必须科学运用抽象和抽象法，必须在贯彻唯物辩证法和唯物史观的基础上，坚持从中国特色社会主义经济实践和实际出发；在继承、借鉴和改造已有的政治经济学和经济学范畴的基础上，努力提出一系列新的中国特色社会主义政治经济学的特有范畴，并在此基础上提出一系列新的经济学理论，进而按照逻辑与历史相统一的方法，构建新的经济学理论体系即“系统化的经济学说”。

第三，坚持以唯物辩证法为指导，科学认识中国特色社会主义经济的主要矛盾和矛盾的主要方面，始终把“中国特色社会主义经济”作为“普照的光”，科学认识社会化大生产的一般规律、商品生产或市场经济的特殊规律、中国特色社会主义生产的个别规律三者之间的辩证关系，科学认识中国特色社会主义经济与中国特色社会主义市场经济之间的辩证关系，全面揭示中国特色社会主义社会经济运动和发展规律。

第四，科学认识研究过程与叙述过程、研究方法与叙述方法、从具体到抽象和从抽象到具体的辩证关系，大力加强从具体上升到抽象从而形成新的经济学范畴和理论的研究过程，努力克服跳过或忽视研究过程直接进入叙述过程的错误方法，努力克服用叙述方法代替研究方法的错误认识，从而避免理论和理论体系上的照搬照抄和教条主义，使中国特色社会主义政治经济学成为一门真正的“实证科学”和严谨的理论体系，而不是零散的理论认识的简单拼凑。

第五，在坚持以《资本论》和马克思主义政治经济学的方法论和方法为指导的前提下，必须创造性地运用这些方法论和方法，而不是简单地照搬和模仿。事实上，由于中国特色社会主义经济与作为《资本论》研究对象的资本主义经济具有许多重大差别，从而要求我们在方法论和方法上也必须进行创新，只有这样，中国特色社会主义政治经济学才能真正成为全新的政治经济学或经济学理论体系。

五、《资本论》与中国特色社会主义政治经济学的起点范畴

《资本论》的成功经验表明，确立正确的起点范畴，是构建科学的政治经济学理论体系的重要基础和出发点。毫无疑问，构建中国特色社会主义政治经济学理论体系，确立正确的起点范畴是十分重要的一环。在这个问题上，我国政治经济学界已经进行了长期的探索，但是至今仍然没有取得理论共识。我国政治经济学研究的经验教训表明，把《资本论》的起点范畴“商品”直接理解为中国特色社会主义政治经济学的起点范畴是行不通的，因此，需要进行新的探索。

众所周知，马克思之所以把商品作为全部理论体系的起点范畴，是因

为“商品”在现实资本主义社会中表现为财富的“元素形式”和“经济细胞”。这就启发我们，必须通过研究，发现中国特色社会主义经济中类似于“元素”或“细胞”的那个经济范畴。对此，这里进行一些探讨，供学界批评和参考。

改革开放30多年来，“中国特色社会主义理论体系”初步形成。然而，中国特色社会主义理论体系存在一个理论上的“软肋”，甚至是空白点，即在马克思主义理论的基础上如何真正回答这样一些重大问题：中国为什么要实行以生产资料公有制为基础的社会主义经济制度？中国为什么在发达国家都没有搞社会主义的前提下搞社会主义？中国为什么要在生产力仍然相对落后的条件下搞社会主义？中国为什么在苏联解体、东欧国家剧变的条件下仍然要搞中国特色的社会主义？而且为什么中国这样一种发展道路至今为止是成功的？从一定意义上来说，这些问题是中国特色社会主义政治经济学首先必须回答的核心问题。

然而，中国现有的社会主义政治经济学（无论是“官方的”还是“学界的”）都没有很好地回答，甚至根本没有回答上述重大理论问题。现有各种版本的社会主义政治经济学教科书，基本上都是先讲社会主义基本经济制度的建立，然后按照改革开放以来中央文件所论及的经济内容进行分述。不仅没有严谨的内在逻辑，而且上述最重要的问题被省略掉了。正像马克思曾经批评过古典经济学以私有制为前提却没有对它进行说明一样，中国的政治经济学也是以社会主义公有制为前提，却没有对它进行一个合理的理论解释。

人们之所以没有能够“从正面”回答上述重大理论问题，是因为实际上存在着另一个事实上的理论和逻辑的漏洞与尴尬，即一方面运用唯物史观强调“生产力标准”，用以解释中国为什么要改革开放，为什么要实行市场经济体制，为什么要发展非公有制经济，为什么只能搞初级阶段的社会主义而不是中级或高级阶段的社会主义。而另一方面，却不能彻底贯彻同一个“生产力标准”来解释中国为什么要搞公有制和社会主义。[①] 在解释中国为什么要走社会主义道路的时候，就从“生产力标准”这个“理论”“大逃亡”了，逃到哪儿去了呢？逃到近代史上去了，[②] 或者根本就“逃避”了。

这就是中国社会主义政治经济学理论的基本现状。马克思说，理论只有彻底，才能掌握群众。中国现有的社会主义政治经济学在逻辑上不彻底甚至根本没有逻辑，自然也就失去了“说服力”或“话语权”。[③]

实际上，“生产力标准”理论与中国现实的矛盾并不是现在才存在的。具体来说，长期以来存在于我国理论界和学术界的“历史唯物主义”一开始就同中国现代以来的全部历史是相矛盾的。所有熟悉马克思主义理论的人都知道：马克思的历史唯物主义理论和全部经济学理论表明，社会主义只能以发达的资本主义和高度发达的物质生产力为前提。马克思在《〈政治经济学批判〉序言》中明确地指出：“无论哪一个社会形态，在它所能容纳的全部生产力发挥出来以前，是决不会灭亡的，而新的更高的生产关系，在它存在的物质条件在旧社会的胞胎里成熟以前，是决不会出现的。”[④] 新中国在1956年那个时候的生产力状况，可以肯定地说是并没有达到在全国范围建立社会主义公有制的水平的。假如我们从发展和动态的角度来看这个问题，把资本主义与社会主义联系起来考虑，那么，在中国为什么要搞公有制和社会主义就更加成为问题了。试想，连生产力水平比我们发达多了的欧美国家都没有搞社会主义，为什么一个落后的国家要搞社会主义？显然，简单地照搬或直接套用“生产力—生产关系—上层建筑”这个“决定与反作用范式”，并不能从理论上科学地解释中国现代以来的历史，特别

① 有些学者甚至用“唯生产力论”来论证中国不应该搞社会主义，而只能搞“民主社会主义”。

② 例如，张海鹏：《近代中国历史发展选择了社会主义道路》，文中说：“60年前，中国为什么要走上社会主义道路？我认为，这是近代中国历史发展的结果，是历史的选择。”《中国社会科学报》，2009年12月10日。这样的说法也是中国现行各种版本的社会主义政治经济学教科书的通行说法。

③ 所谓“话语权”，首先是指理论上的学术话语权，从本质上来说它来自社会的实际存在状况以及由此而产生的各种现实的权力。马克思曾经指出，在经济上占统治地位的阶级在意识形态上也必然占据统治地位。

④《马克思恩格斯全集》第13卷，北京：人民出版社1965年版，第9页。

是30多年来改革开放和经济发展的现实。

中国社会主义政治经济学在方法论上的根本缺陷，是在强调“坚持马克思主义的理论指导”这样一个正确命题之下，却在实际上仍然未能摆脱对于历史唯物主义的教条主义理解及其束缚，这是导致理论与现实发生矛盾的根本原因。

只要我们坚持一切从实际出发的唯物主义方法论，我们就会清楚地看到，中国现代历史的演变与发展，同“生产力决定生产关系、经济基础决定上层建筑”这一“理论范式”至少在直接意义上是冲突的。新中国成立以来，不是在发达的生产力基础上建立社会主义生产关系和相应的上层建筑。相反，它是通过政治革命先建立起一定的上层建筑（即新民主主义性质的国家），然后再去建立社会主义的生产关系（即生产资料公有制，国有制和集体所有制），进而使“新民主主义国家”发展为“社会主义国家”，并在此基础上进一步发展中国的社会生产力。由此可见，中国现代社会的发展与演进，具有一种完全不同于“生产力决定生产关系、经济基础决定上层建筑”这一“理论范式”的“发展逻辑”。

这里提出的问题，自然涉及一个重要的理论或认识上的问题，即究竟如何看待和认识马克思的历史唯物主义理论及其与现代中国社会发展的关系?[①] 我们说中国现代社会的“发展逻辑”与“生产力—生产关系—上层建筑”这一“决定与反作用范式”不一致，是否必然陷入这样一个“两难困境”：要么是说中国现代社会的发展否定了历史唯物主义，要么是说中国现代社会的发展根本就是违背了社会发展的一般规律?

我认为，并不存在这样的“两难选择”。问题的关键在于，必须克服对于历史唯物主义理论的形而上学的片面理解，必须恢复对于历史唯物主义

---

① 关于历史唯物主义与中国历史的关系，早在中国史学界关于中国究竟有没有奴隶社会的争论中就呈现出不同的理论倾向。在这个争论中，一些“理论家”之所以坚持“奴隶制”说，一个重要的动机在于使中国的历史发展与马克思的“五种社会形态”理论相一致，从而间接地说明“中国社会主义”的“合规律性”。为了使问题简化，本文将同一个性质的问题，限定在新中国成立以来的时间范围之内。

理论本身的科学认识。

第一，必须科学认识历史唯物主义理论的不同内容或要素及其与实际历史的关系。历史唯物主义理论本身包含着各种不同的理论要素，具体来说，历史唯物主义理论强调了生产力在人类历史发展中的终极决定作用，从而揭示了人类社会历史发展的客观性；这个理论用“生产力—生产关系—上层建筑—意识形态”这个“范式”描述了社会发展的一般机制或机理；根据不同生产方式和生产关系的性质和区别，这个理论把人类社会历史从最一般意义上划分为依次递进的“五种形态”，即原始社会、奴隶社会、封建社会、资本主义社会和共产主义社会；这个理论还认为历史发展的客观规律性与人类的主观创造性是有机统一的；人类社会历史的发展表现为个人行为和集体行动的共同结果。①

我们认为，对于历史唯物主义理论中所包含的不同理论要素，应该可以有不同的认识。具体来说，物质生产力的发展对于人类社会发展的最终决定作用，这是历史唯物主义理论中最具有“硬核”性质的内容，从而具有“一般”即最普遍的适用性和终极性的解释力。而人们心目中存在的“生产力—生产关系—上层建筑”的“决定与反作用范式”和“社会发展五形态论”则并不一定具有一般性。例如，从世界范围来看，有的国家或民族在某种特殊条件下，可能正是因为并不直接遵循“生产力—生产关系—上层建筑”这个“决定与反作用范式”，从而也并不完全依次经历全部五个社会发展阶段，而是有可能跨越“卡夫丁峡谷”或其他什么峡谷。美国没有经历封建时代，中国没有经历资本主义时代，就是两个最典型的例子。因此，坚持历史唯物主义中最具有一般性的“硬核”部分，并不意味着必须照搬这个理论中并不具有一般性的其他内容。换句话说，承认具体国家或民族的一定具体历史发展路径与历史唯物主义理论的一定区别，并不意

① 学术界对于历史唯物主义理论的内容有不同的概括，参见林岗、张宇：《马克思主义经济学的五个方法论命题》，《马克思主义与制度分析》，北京：经济科学出版社2001年版，第3—34页。

味着对于历史唯物主义的根本否定，相反，正是体现了唯物史观中的辩证法原则。人类社会发展极为丰富的历史本身表明，我们必须坚持唯物主义与辩证法的统一；否则，我们根本无法正确认识人类发展的一般性和多样性的辩证统一关系。

中国社会主义政治经济学之所以存在前述方法论上的缺陷，一个重要原因，就在于没有能够将历史唯物主义理论中的不同内容做出科学的区分，将坚持历史唯物主义方法论这个本来正确的原则，误解成为照搬这个理论中的所有内容。这正是导致理论与现实发生矛盾的理论认识上的根源。因而，中国特色社会主义政治经济学的创建，必须以对历史唯物主义理论的科学认识为前提，必须突破照搬历史唯物主义的传统“分析范式”和方法，必须坚持从近代以来的世界体系及其对中国社会发展轨迹影响的分析作为创建中国特色社会主义政治经济学理论的出发点，只有通过创立一个新的历史发展理论和分析框架才能对中国这一独特的发展道路进行科学的解释。①

第二，必须全面完整地理解历史唯物主义的理论内容。从历史唯物主义理论的形成来看，它具有两个来源，一方面，它是马克思在批判各种旧的社会理论和历史理论，特别是批判黑格尔的法哲学理论的基础上创立起来的。正是为了批判各种唯心主义历史观和社会观，马克思正确地揭示了经济发展在全部社会发展中的基础作用，正确地揭示了物质生产力的发展在社会经济发展中的终极作用。但是，这并不意味着马克思否定了政治、法律等上层建筑以及社会意识形态对于经济发展和生产力发展的巨大能动作用。关于这一点，晚年的恩格斯曾经进行了许多重要的论述。

例如，恩格斯在1890年9月21—22日致约瑟夫·布洛赫的信中指出：“根据唯物史观，历史过程中的决定性因素归根到底是现实生活的生产和再生产。无论马克思或我都从来没有肯定过比这更多的东西。如果有人在这

① 在这方面，毛泽东创立的新民主主义论已经为我们提供了一个典范和理论发展的起点。而列宁的帝国主义理论正是我们运用马克思主义理论的一般原理解释中国现代发展史所不可缺少的“理论中介”。

里加以歪曲，说经济因素是唯一决定性的因素，他就是把这个命题变成毫无内容、抽象的、荒诞无稽的空话。经济状况是基础，但是对历史斗争的进程发生影响并且在许多情况下主要是决定着这一斗争的形式的，还有上层建筑的各种因素：阶级斗争的各种政治形式和这个斗争的成果——由胜利了的阶级在获胜以后建立的宪法等等，各种法权形式以及所有这些实际斗争在参加者头脑中的反映，政治的、法律的和哲学的理论，宗教的观点以及它们向教义体系的进一步发展。这里表现出这一切因素间的交互作用，而在这种交互作用中归根到底是经济运动作为必然的东西通过无穷无尽的偶然事件（即这样一些事物，它们的内部联系是如此疏远或者是如此难以确定，以致我们可以忘掉这种联系，认为这种联系并不存在）向前发展。否则把理论运用于任何历史时期，就会比解一个最简单的一次方程式更容易了。”“青年们有时过分看重经济方面，这有一部分是马克思和我应当负责的。我们在反驳我们的论点时，常常不得不强调被他们否认的主要原则，并且不是始终都有时间、地点和机会来给其他参与交互作用的因素以应有的重视。”①

在1893年7月14日致弗兰茨·梅林的信中恩格斯再一次明确指出：“被忽略的还有一点，这一点在马克思和我的著作中通常也强调得不够，在这方面我们两人都有同样的过错。这就是说，我们都把重点首先放在从作为基础的经济事实中探索出政治观念、法权观念和其他思想观念以及由这些观念所制约的行动，而当时是应当这样做的。但是我们这样做的时候为了内容而忽略了形式方面，即这些观念是由什么样的方式和方法产生的。这就给了敌人以称心的理由来进行曲解和歪曲，保尔·巴尔特就是个明显的例子。”②

---

①《马克思恩格斯〈资本论〉书信集》，北京：人民出版社1976年版，第499—500页，第501—502页。

② 同上，第553页。卡尔·波普尔把历史唯物主义理解为“历史决定论”，无疑是歪曲历史唯物主义理论的一个现代例证。

晚年的恩格斯对于历史唯物主义理论的这些补充论述表明，我们必须坚持从唯物主义与辩证法的有机统一出发去理解人类社会的发展规律问题，既不能因为强调生产力在人类社会发展中的终极作用而陷入庸俗机械唯物主义的泥潭，也不能因为强调上层建筑对于经济基础、生产关系对于生产力的能动作用而落入唯意志论的唯心主义陷阱。总之，必须从唯物辩证的方法论高度出发去理解历史唯物主义理论以及人类社会的历史发展规律本身。

另一方面，历史唯物主义主要是从西欧国家的历史中总结出来的，特别是其中的“生产力—生产关系—上层建筑”这一“决定与反作用范式”更是直接从西欧国家封建社会到资本主义社会的发展史中概括出来的，而不是基于世界历史的研究总结出来的。这正是马克思晚年不惜一再延迟《资本论》第二、三卷的整理和出版，而致力于人类学和历史学研究的重要原因。另外，无论人们对于马克思的“亚细亚生产方式理论”有何认识上的分歧，但有一点却应该是共同的，即马克思对于亚细亚生产方式的研究本身表明，马克思不仅认识到了人类社会发展的一般性，同时也认识到了世界不同民族发展的多样性。因而，历史唯物主义中具有特殊性的理论内容，需要通过世界史、民族史和人类学的研究来加以丰富和发展。

第三，必须用发展的眼光来对待历史唯物主义。列宁曾经指出：“自从《资本论》问世以来，唯物主义历史观已经不是假设，而是科学地证明了的原理。”① 列宁的这个观点并不意味着历史唯物主义理论的形成已经终结了人类对于社会发展规律的进一步探索和认识。

辩证唯物主义理论认为，任何事物都是个性与共性、一般性与特殊性的有机统一。从人类认识形成和发展的一般规律来说，人们对于事物之间的共性和一般性的认识，都是从对于事物的个性和特殊性出发并从事物的个性和特殊性之中抽象和总结出来的。就人类对于社会的发展规律的认识

---

①《列宁专题文集——论辩证唯物主义和历史唯物主义》，北京：人民出版社 2009 年版，第 163 页。

来说，同样是首先必须认识人类社会发展的不同阶段及其特点、人类社会发展的不同形态及其特点，只有在这个认识的基础上，通过一定的理论抽象和总结，才能认识和揭示出人类社会发展各阶段所共有的规律性以及人类社会发展的不同形态所共有的规律性。显然，人类对于社会及其发展规律的科学认识，必须以对社会发展呈现出的无限丰富的事实本身的科学归纳和分析为前提，这正是恩格斯提出建立广义政治经济学的深刻理论背景和重大理论意义。

由于人类社会发展中的历史与现实的材料本身是一个不断被发现的过程，从而使人们对于社会发展规律的认识也呈现出一个不断发展的过程。从历史唯物主义理论的创建和发展过程来看，当马克思和恩格斯在1848年发表《共产党宣言》时，由于那个时代整个社会科学界对于人类早期的历史材料了解得并不充分，所以马克思、恩格斯提出了“至今一切社会的历史都是阶级斗争的历史”的结论。1861年，巴霍芬发表了《母权论》，1877年，摩尔根发表了《古代社会》。这些关于人类早期历史著作的发表，引起了马克思和恩格斯的高度重视，不仅马克思对《古代社会》做了详细笔记，而且为了实现马克思的“遗愿”，1884年恩格斯发表了《家庭、私有制和国家的起源》。在这部著作中，恩格斯不仅用古代社会的历史材料进一步证实了历史唯物主义关于“直接生活的生产和再生产是历史中的决定性因素”这一基本观点，同时，也纠正了1848年《共产党宣言》中的“至今一切社会的历史都是阶级斗争的历史”这一观点。[①] 由此可见，随着人类社会的历史和现实材料的不断被发现，人们对于社会发展及其规律的认识就会不断得到深化和发展。

恩格斯深刻地指出过：“马克思的整个世界观不是教义，而是方法。它提供的不是现成的教条，而是进一步研究的出发点和供这种研究使用的方法。”“无论如何，对于德国许多青年作家来说，‘唯物主义’这个词只是一

①《马克思恩格斯文集》第2卷，北京：人民出版社2009年版，第31页。

个套语，他们把这个标签贴到各种事物上去，再不做进一步的研究，就是说，他们一把这个标签贴上去，就以为问题已经解决了。但是我们的历史观首先是进行研究工作的指南，并不是按照黑格尔学派的方式构造体系的诀窍。必须重新研究全部历史，必须详细研究各种社会形态存在的条件，然后设法从这些条件中找出相应的政治、私法、美学、哲学、宗教等等的观点。在这个方面，到现在为止只做了很少的一点工作，因为只有很少的人认真地这样做过。在这方面，我们需要很大的帮助，谁家个领域无限广阔，谁肯认真地工作，谁就能做出许多成绩，就能超群出众。"[①] 毫无疑问，恩格斯已经为我们指明了进一步发展历史唯物主义的任务和方向。

综上所述，从一定意义上来说，历史哲学理论或历史认识的创新，不仅是创建中国特色社会主义政治经济学的方法论前提和首要任务，而且也是中国特色社会主义政治经济学的创新性的集中体现。

自近代以来，中国社会已经深受世界资本主义体系的影响，并开始融入"世界历史"，进而成为世界体系的一个不可分割的部分，从此，中国社会的演进不再是一个独立和孤立的过程。在一个全球化的世界历史中，对于任何一个民族而言，在"社会"与"世界"之间，"国家"就是必然的"桥梁"与"中介"。在理论上，也就不能简单地用"生产力—生产关系—上层建筑"这个"决定与反作用"分析范式，仅仅从中国社会内部的社会生产力出发，去解释中国的生产关系和上层建筑，而是应该把近代以来的世界历史给予中国社会发展所形成的外部约束与中国社会自身的历史条件结合起来，只有这样，才能科学地解释近代以来中国的历史发展及其规律。这样一来，"国家"也就必然成为中国特色社会主义政治经济学的逻辑起点和核心范畴。

首先，提出这一观点的现实客观依据是，在苏联十月社会主义革命的影响下，中国现代历史以新中国的成立为起点，即以一种新的国家形态为

①《马克思恩格斯〈资本论〉书信集》，北京：人民出版社1976年版，第496—497、575页。

起点，而且中国现有的全部经济制度，一开始就是以新的“国家”的形成为前提的。直到今天，中国社会的所有现象离开了“国家”，几乎都无法得到合理的解释。可以说，“国家”的影响无所不在。即使是现在实行市场经济体制，承认了市场机制在配置资源方面的基础作用或决定性作用的前提下，这一点也没有根本的改变。正像马克思认为“资本”是资本主义所有经济范畴中的“普照的光”一样，“国家”在中国也是一种“普照的光”，它应该成为中国特色社会主义政治经济学的核心范畴和思想起点。而中国“现代国家”的建立，根本无法照搬“生产力—生产关系—上层建筑”这个“决定与反作用范式”加以解释。因为中国现代的国家形态并不是简单地由经济基础决定的，相反，正是通过政治革命建立了新的“国家”，才去创建那个“经济基础”。中国社会主义公有制的建立，不是源于发达的社会生产力，而是源于国家的存在和发展的需要。对于新中国来说，社会主义不仅是一种目标，更是一种手段，即解放、发展和保护生产力。当代中国以及整个现代中国的社会主义，其特色正在于它天然地与“国家”紧密地联系在一起。①

其次，提出上述观点的另一个理论依据是，我们必须坚持逻辑与历史相统一的方法论原则。恩格斯曾经指出过，历史从哪里开始，思想进程就应该从哪里开始。既然中国现代社会以新的“国家”的形成为起点，并且在整个现代中国社会中起着支配作用，那么在理论上，当然就应该以“国家”作为思想和逻辑的起点。

也许在一些人看来，“国家”是政治学的研究对象而不是政治经济学的研究对象。其实这完全是一种误解。马克思的《资本论》以及他的“六册计划”都表明，“国家”或“上层建筑”本来就是马克思的政治经济学研究

---

① 从近代以来的世界历史经验来看，任何一个民族的发展，都离不开“国家”的作用，所谓“自由的市场经济”只是理论上的一个神话而已。更为重要的是，几乎所有处于相对落后的国家在崛起的过程中，“国家”都曾起到十分突出的作用，例如19世纪末的德国、美国，20世纪的日本、韩国，等等。

内容的一部分。只不过由于以上已经指出过的原因，马克思将“国家”排在“资本”“雇佣劳动”和“土地所有权”之后了。[①] 因此，我们有理由把“国家”作为中国特色社会主义政治经济学的起点范畴，以全球化为背景和前提，对现代中国的国家性质、结构与职能，国家与生产资料所有制及其结构的关系、国家与物质生产力发展的关系等展开全面的研究，创建一个新的国家理论，并且以政治与经济的关系为主线，对中国的所有制结构、国家或政府与市场的关系、企业、劳动、土地所有权、对外经济关系等等现象和范畴进行科学的说明。

最后，把“国家”作为中国特色社会主义政治经济学的逻辑起点，是对于政治经济学研究对象认识上的重大突破，从而极大地扩展了中国政治经济学的研究范围与内容。由于缺乏对于马克思政治经济学理论的全面了解和正确认识，长期以来，人们只看到并总是片面强调了“生产关系”在政治经济学研究中的重要地位，却又忽视了对于物质生产力的发展以及上层建筑和意识形态对于生产关系的巨大作用的研究。正像新古典经济学在理论上存在“企业暗箱”这一重大缺陷一样，中国特色社会主义政治经济学在理论上也存在一个“国家暗箱”。离开了对于“国家”的研究，中国特色社会主义政治经济学也就必然陷入新古典经济学同样的命运与悲剧，即它仅仅只是一种“黑板经济学”，从而失去了对于现实生活发挥积极作用的功能。我们相信，一旦把“国家”引入中国特色社会主义政治经济学的研究，中国特色社会主义政治经济学将展示出全新的活力、广阔的发展前景以及对于现实的巨大作用。

综上所述，为了实现政治经济学的创新，我们必须真正坚持一切从实际出发的原则，以资本主义的全球化或全球化的资本主义体系为背景，以列宁的帝国主义理论为基础，重新构建新的国家及其发展理论，在此基础

---

① 马克思曾经指明，他的资本原始积累理论更多地反映的是西欧国家尤其是英国的历史；恩格斯指出过，《资本论》的全部理论是马克思终生研究英国经济史的结果。

上，展开对中国特有的经济发展道路和经济关系的全面研究与解释，进而创立一个全新的政治经济学理论范式和体系，即中国特色社会主义政治经济学理论体系。

六、《资本论》与中国特色社会主义政治经济学理论体系

《资本论》是由一系列范畴和理论构成的完整理论体系，正如马克思自己所言，《资本论》的范畴和理论顺序的排列，完全是依据各个范畴在资本主义社会经济结构中的客观地位来决定的，并且遵循从抽象上升到具体的逻辑法则，体现着逻辑与历史的辩证统一关系。如何创建和确立一系列反映中国特色社会主义经济现实的理论范畴，并且以这些范畴为要素构建出一系列理论，最后按照从抽象上升到具体以及逻辑与历史辩证统一的方法将这些理论构建出完整的理论体系，是构建中国特色社会主义政治经济学理论体系的根本方向。

目前关于中国特色社会主义政治经济学的研究中，虽然在某些具体的理论研究方面取得了许多新的进展，但是，无论从范畴和理论的创新性方面来看，还是从范畴和理论之间的逻辑性、体系性和完整性等方面来看，应该说中国特色社会主义政治经济学理论体系仍然处在一个探索与构建的过程之中，这个理论任务并没有完成。具体来看，我国社会主义政治经济学理论的总体情况如下。

第一，各种版本的社会主义政治经济学理论体系主要有以下几种类型：

1. 政治经济学教科书。这类教科书大都沿用“苏联范式”的“二分法”，即把政治经济学分为社会主义部分与资本主义部分，资本主义部分基本上是《资本论》和《帝国主义论》的通俗化，以资本主义必然灭亡，社会主义必然产生的结论为终点。社会主义部分从对社会主义革命和社会主义经济制度的建立的历史过程的描述开始，然后继续采取历史的方法，依

次阐述我国改革开放以来的若干方面问题，包括发展阶段、改革开放、市场经济、宏观调控等问题。总的来看，这类教材书的一个共同的突出特点在于无论是从理论构成还是从理论范式的角度来看，资本主义部分与社会主义部分之间存在较大的反差。这类教科书主要有宋涛主编的《政治经济学教程》，刘诗白主编的《政治经济学》，逄锦聚、洪银兴、林岗、刘伟的《政治经济学》以及马工程教材《马克思主义政治经济学概论》等。

2. 社会主义政治经济学教科书。也许正是为了克服上述政治经济学教科书在体系上存在的弱点，一些学者进行了新的尝试，编写出专门的社会主义政治经济学教材。由于是单独的教科书，所以这类教科书的第一个特点就是增大或扩展了社会主义政治经济学研究的内容，另一方面，为了分析改革开放以来我国社会主义产生的新现象和新问题，这类教科书更加注意吸收包括西方经济学在内的各种经济学理论成果。这类教科书为构建社会主义政治经济学理论体系做出了积极努力和有益探索，但是在理论的规范性与经典政治经济学理论的内在联系、对西方经济学某些分析方法和工具运用的合理性等方面仍然存在着许多需要进一步研究和解决的问题。这类教科书主要有林木西、柳欣主编的《政治经济学（社会主义部分）》（第10版北方本），钱连源编写的《社会主义政治经济学》，叶祥松的《政治经济学（社会主义部分）》等。

3. 具有专题性质的社会主义经济理论研究。这类成果无论是不是直接命名为教科书，从内容上看多数都具有社会主义经济专题研究的特征，涉及的专题主要有社会主义市场经济问题、改革与转型问题、中国经济等方面内容。这类研究成果以计划经济向市场经济转型过程为背景，分析了社会主义市场经济发展过程中产生的新特征和新问题，深化了对经济转型和中国经济改革和发展的过程认识和理论认识，丰富了社会主义政治经济学研究的内容，但都不是完整的社会主义政治经济学理论体系。关于社会主义市场经济的有伍柏麟编的《社会主义市场经济学教程》，刘诗白主编的

《社会主义市场经济理论》，杨干忠的《社会主义市场经济概论》，李丰才的《社会主义市场经济理论》，王军旗、白永秀主编的《社会主义市场经济理论与实践》，邹东涛的《社会主义市场经济学》，李兴山的《社会主义市场经济理论与实践》等；关于改革与转型的有张宇的《转型政治经济学——中国经济改革模式的理论阐释》，谷书堂的《社会主义经济学通论——中国转型期经济问题研究》，洪银兴主编的《转型经济学》，景维民、孙景宇编著的《转型经济学》，吴光炳主编的《转型经济学》等；关于中国经济的有卫兴华、张宇的《社会主义经济理论》，杨瑞龙主编的《社会主义经济理论》，张雷声、顾钰民的《社会主义经济理论与实践》，伍装的《社会主义经济理论》，陈承明、陈伯庚、包亚钧编写的《中国特色社会主义经济理论教程》，关于中国经济的主要有张宇、卢荻的《当代中国经济》，何干强主编的《当代中国社会主义经济》，李建建的《当代中国经济》，史晋川、李建琴编写的《当代中国经济》等。

第二，社会主义政治经济学教科书的叙述起点。主要有以下几种类型：

1. 以“社会主义经济制度”为叙述起点。社会主义政治经济学的大多数版本仍然是以“社会主义经济制度”为叙述起点，首先通过阐述社会主义经济制度建立的历史过程，试图说明中国社会主义道路以及我国社会主义初级阶段的历史必然性和特殊性。

2. 以“市场经济一般”为起点。党的十四大以来，由于确立了建立和完善社会主义市场经济体制的改革目标，为了与这种客观形势相适应，政治经济学界出现了以“市场经济一般”作为叙述起点的社会主义政治经济学理论体系。这样的体系运用“从一般到特殊”“从抽象到具体”的逻辑方法，侧重说明社会主义和市场经济相结合的可能性、必然性和结合方式。

3. 其他各种尝试。主要有以“劳动”“自主劳动”“联合劳动”“商品生产”“市场经济”“生产力”“社会分工”等等不同范畴作为叙述起点的各种观点，并进行了理论体系创建方面的尝试。

第三，社会主义政治经济学的主线及结构。构建中国特色社会主义政治经济学理论体系，必须有一条贯穿始终的主线，并以此为灵魂来进行理论体系的构建。例如，《资本论》的主线是剩余价值，第一卷揭示剩余价值生产规律，第二卷揭示剩余价值的流通规律，第三卷揭示剩余价值的分配规律。社会主义政治经济学的主线是什么，在这个问题上学术界的认识也很不相同，存在着各种不同的类型，主要有：

1. 以“经济制度变迁和经济体制改革”为主线。改革开放以来，我国经济发展实践为构建社会主义政治经济学理论体系提供了一系列新的实践经验。因此，现有的大部分社会主义政治经济学教科书都以“经济制度变迁和经济体制改革”为主线，按照“经济制度—经济运行—经济发展”的整体框架进行理论体系建构。这些教科书围绕着中国经济改革和发展这一主题，全面分析社会主义本质、社会主义初级阶段、基本经济制度、市场经济体制，内容涵盖企业、市场、政府、宏观管理体制、经济发展战略、工业化与信息化、新型城镇化、农村与农业、对外开放等各个方面问题。

2. 以“社会主义市场经济运行”为主线。这类教科书从市场经济一般出发，探讨市场经济与社会主义的结合问题，阐述社会主义市场体系及市场主体，分析市场经济运行及宏观调控方式以及市场经济的全球化发展等问题，在内容上涵盖了所有制结构、企业制度、市场体系、收入分配、对外经济关系、宏观调控、经济增长和发展等方面。

3. 以“人的利益关系和人的全面自由发展”为主线。以人为本和实现人的全面自由发展是马克思主义关于共产主义的经典要义。中国实行和坚持的是社会主义制度，因此必须始终坚持以人民为中心，实现共同富裕，促进人的自由全面发展。秉持这一理念，一些学者将经济发展与人的发展结合起来，以“人的利益关系和人的全面自由发展”为主线，从不同侧面对社会主义经济建设实践进行理论阐释。例如，李兴山的《社会主义市场经济理论与实践》、谷书堂的《社会主义经济学通论——中国转型期经济问题研究》、何干强的《当代中国社会主义经济》。

综上所述，目前我国政治经济学界在社会主义政治经济学的起点范畴或叙述起点、理论主线以及理论结构和内容体系等重大问题上都进行了长期艰苦的探索，但是至今仍然没有形成多数人的共识。这一方面反映了中国社会主义政治经济学理论研究充满了生气和活力，另一方面也反映了中国社会主义政治经济学在理论上的不成熟。而所有这些尝试的一个突出的共同点在于，都缺乏类似于《资本论》或者西方经济学中所表现出来的范畴的原创性、理论的规范性、逻辑的严密性和一贯性。因此，构建具有系统化的经济学说性质和特征的中国特色社会主义政治经济学理论体系，仍然是我国政治经济学界面临的重大理论任务。

在借鉴已有社会主义政治经济学理论成果的基础上，根据上述有关理解，这里提出一个关于中国特色社会主义政治经济学理论体系的构想，供交流讨论之用。

中国特色社会主义政治经济学（研究大纲）

（以国家为起点、以经济与政治的关系为主线）

导　论

第一节　社会主义从理论到实践的发展

第二节　中国特色社会主义的产生及其历史地位

第三节　社会主义经济理论简史

第四节　中国特色社会主义政治经济学的产生

第五节　中国特色社会主义政治经济学的目的和任务

第六节　中国特色社会主义政治经济学的研究对象与方法论

第七节　中国特色社会主义政治经济学的理论来源

第八节　中国特色社会主义政治经济学的理论属性

第一章　国家与社会主义

第一节　国家的形成与发展

第二节　帝国主义与社会主义的国家性

第三节　社会主义的国家与社会

第四节　现代中国的国家制度及其性质

第五节　中国传统与现代中国国家制度

第六节　西方文化与现代中国国家制度

第七节　传统国家理论批判

第二章　现代中国的政治与经济

第一节　经济与政治的一般关系

第二节　现代中国政治制度的经济职能

第三节　现代中国经济制度的政治基础

第四节　从政治挂帅到以经济建设为中心

第五节　国家治理现代化

第六节　传统经济学与政治学批判

第三章　国家与生产资料所有制结构

第一节　社会主义原始积累

第二节　国家与两种公有制形式

第三节　从单一公有制到多种所有制的发展

第四节　多元所有制结构与国家职能的变化

第五节　多种所有制之间的政治经济关系

第六节　传统所有制理论批判

第四章　国家与国有企业
第一节　国家所有制与国有企业
第二节　国有企业的属性
第二节　国有企业的经济政治职能
第三节　国有企业的内在矛盾
第四节　国有企业改革与社会化
第五节　国有企业私有化理论批判

第五章　国家与农村集体所有制
第一节　国家与农村集体所有制的建立
第二节　农村集体所有制的经济政治职能
第三节　农村集体所有制的发展
第四节　农业经营体制与农业现代化
第五节　城镇化与农民市民化
第六节　国家生态文明与新农村建设
第七节　土地私有化理论批判

第六章　国家与非公有制
第一节　国家与非公有制的恢复
第二节　非公有制的经济政治性质
第三节　国家与非公有制的关系
第四节　非公有制与公有制的关系
第五节　非公有制发展的范围与限度
第六节　非公有制万岁论批判

第七章　国家与市场

第一节　国家经济职能的实现方式

第二节　计划经济及其内在矛盾

第三节　社会主义市场经济及其性质

第四节　国家、政府、市场的关系

第五节　国家管理市场的目标与手段

第六节　市场波动与国家动态管理

第七节　国家崇拜论与市场万能论批判

第八章　国家与收入分配

第一节　生产关系与分配关系

第二节　市场经济与收入分配

第三节　国家税制和中央与地方的关系

第四节　收入分配与经济增长

第五节　收入差距与国家稳定

第六节　国家和国民收入分配与再分配

第七节　共同富裕及其实现途径

第八节　西方收入分配理论批判

第九章　国家与经济发展

第一节　经济发展的不同道路

第二节　中国经济发展模式及其特点

第三节　国家与经济发展战略

第四节　经济发展方式及其演化

第五节　国民经济现代化与国家现代化

第六节　西方发展经济学批判

第十章　国家竞争与对外开放

第一节　国家竞争与国家制度竞争

第二节　世界体系中的落后国家

第三节　国家主导的对外开放战略

第四节　对外开放的发展及其双向影响

第五节　世界格局的变化与中国的世界影响

第六节　新国际主义

第七节　新帝国主义论批判

第十一章　国家社会主义的发展前景

第一节　国家社会主义的历史地位

第二节　从国家社会主义到社会主义的发展

新时代中国特色社会主义
历史方位问题研究

一、绪　论

党的十九大是在全面建成小康社会决胜阶段、中国特色社会主义进入新时代的关键时期召开的一次十分重要的大会。习近平总书记所做的十九大报告，全面部署了从现在到2050年党的路线方针和国家重大战略政策，提出和阐述了习近平新时代中国特色社会主义思想，做出了中国特色社会主义进入了新时代的重大判断。毫无疑问，党的十九大报告是一个闪耀着马克思主义理论光辉的新时代中国特色社会主义理论文献，是指导当下和未来党和国家工作和发展的纲领性文件，认真学习、深入研究、深刻领会党的十九大报告思想、理念和精神，对于贯彻落实党中央制定的路线方针政策，对于推进新时代中国特色社会主义实践发展，对于推进党的理论建设，推进新时代中国人文社会科学的发展，特别是对于发展中国特色社会主义政治经济学都具有极为重要的意义。

党的十九大报告提出了“中国特色社会主义进入了新时代”这个判断，而中国特色社会主义是一个非常综合的概念，既包括了中国特色社会主义制度，也包括中国特色社会主义道路，还有中国特色社会主义理论体系，应该还有一个中国特色社会主义文化，也就是我们讲的“四个自信”。所以，“中国特色社会主义进入了新时代”是一个综合的判断，它的含义应该是非常广泛的，因为中国特色社会主义本身是一个整体，其中包含了经济、政治、文化、社会、科技、国防、外交等各个方面。因此，如何准确理解这个判断的内涵，是值得研究的。

正确判断我们面临的形势和任务，准确把握我们的事业所处的历史方位，在我国革命和建设中都是一个极其重要的问题。从我们党的历史来看，在每一个重要时期，我们党对所处的环境、条件、任务、困难、主要矛盾的认识，什么时候是科学的，我们的事业就能够得到顺利发展，什么时候判断稍微有点失误，就会出现重大挫折。毛泽东之所以在我们党和国家发展中享有崇高的地位，就是因为他在革命的重要关头总是能够高瞻远瞩、未雨绸缪，能够对中国革命的发展、世界形势的发展都有准确判断，高于众人之上。比如，在井冈山革命时期，面对国民党的疯狂围剿，当有人提出“红旗到底能打多久”的怀疑主义论调时，毛泽东写下了《星星之火，可以燎原》。抗日战争时期，面对日本帝国主义的强大攻势，面对日本已经侵占了大半个中国的恶劣形势，那个时候有多少中国人相信我们这样一个落后的国家可以打败日本？可是毛泽东立足于对战争性质的科学分析，立足于对当时的国际形势以及中日双方国情的分析和判断，写下了《论持久战》，对中日战争的发展阶段提出了准确的判断，对我们应该采取的战略方针进行了全面的部署。后来的事实证明，毛泽东的判断和认识都是正确的。类似的例子还有很多。从一定意义上来说，中国共产党之所以伟大，之所以能够领导中国人民取得革命和建设的一个个伟大胜利，就是因为我们党能够始终坚持以马克思主义为指导，科学分析每个重要时期的国内外客观形势和发展趋势，制定相应的战略方针和路线政策，并坚定不移地加以贯彻落实。当然，我们也有过历史的教训。比如，1958 年的“大跃进”“刮共产风”“跑步进入共产主义”，显然是脱离实际了，效果不好，后来党中央很快做出了政策调整。

中国的改革开放取得了巨大成就和成功，源头在哪里呢？源头就在于邓小平对20世纪70年代末的中国和世界形势提出了新的判断，这个判断就是“和平与发展是世界的主题”，有了这个前提才能一门心思搞经济建设。反过来说，如果判断是要打仗，那么必然是要继续“备战备荒为人民”“深挖洞、广积粮”，就不可能是“以经济建设为中心”。今天，中国的改革开放40年了，我们又面临对形势怎么判断的问题，尤其是2008年国际金融危机爆发以后，对世界形势怎么看？党的十八大以来，对我国的形势怎么看？实际上，对于这样一个复杂的问题，不同的人的看法是不一样的。问题在于，什么样的看法才是科学的。事实上，世界形势已经发生重大变化，我国的情况也发生了重大变化，但是，一些人仍然活在过去，还在用一种旧时代的眼光和心态来看待一个实际上已经出现的新时代。

所以，全党全社会如何把对于当代世界的认识，对我们国家和社会的认识，提高到一个新的水平，提高到十九大报告的精神上来，十分重要。认识统一，步调一致，才能得胜利。当然，这是不容易的，因为人的思想和认识都有惯性，有些东西不是发生在我们身边，我们没看见，所以认识不到。深入学习十九大报告内容，深刻领会十九大报告精神，其重要意义在于进一步统一全党全社会的认识和思想，树立中国特色社会主义制度自信、道路自信、理论自信和文化自信，做新时代中国特色社会主义的积极建设者。这不仅是党的领导干部和党员的责任，也是每一个知识分子的必修课。

习近平总书记在一系列重要讲话里经常会提到几个规律：人类社会发展规律、社会主义发展规律、党的执政规律、中国发展规律等。认识新时代中国特色社会主义历史方位问题，需要从政治经济学角度出发揭示其中的规律性。根据马克思主义政治经济学的分析思路，我们看社会的发展，当然首先是看生产力的发展，我们看今天中国特色社会主义的发展，又必须要了解世界，尤其是必须正确认识当代资本主义的新特点和发展趋势，最后要用马克思主义政治经济学分析中国自己的道路和制度到底有什么特点。本着这样一个思路，围绕新时代中国特色社会主义的历史方位问题，下面讲四个方面的内容：首先介绍十九大报告关于中国特色社会主义历史方位的主要内容，然后以马克思主义政治经济学的方法论为指导，从当代科技革命和社会生产力发展的新特点、当代资本主义的新特征和危机、新时代中国特色社会主义的创新性和先进性等三个方面出发阐释中国特色社会主义进入了新时代这样一个判断。

二、十九大报告关于新时代中国特色社会主义历史方位的基本内容

十九大报告思想深刻，内容丰富，新理念、新观点、新提法很多，其中最大的亮点，就是提出了中国特色社会主义进入了新时代的重大判断，并提出了我国社会主要矛盾已经转化为人民日益增长的美好生活需要和不平衡不充分的发展之间的矛盾的重大命题。

十九大报告首先概括总结了党的十八大以来我国经济社会建设的成就以及存在的矛盾和问题，以此作为提出中国特色社会主义进入了新时代这样一个重大判断的基本依据。很多人在解读新时代的时候只讲成就成绩的一面，这是不全面的，是不够的，十九大报告实际上讲了成就和问题两个方面，应该把这两个方面结合起来，才能更好地理解中国特色社会主义进入了新时代这个命题的完整内容。

十九大报告全面总结了党的十八大以来我们党和国家发生的历史性变革和主要成就。十九大报告概括为如下这些方面：经济建设取得重大成就，全面深化改革取得重大突破，民主法制建设迈出重大步伐，思想文化建设取得重大进展，人民生活不断改善，生态文明建设成效显著，强军兴军开创新局面，港澳台工作取得新进展，全方位外交布局深入展开，全面从严治党成效卓著。由此得出的总体结论是，五年来成就是全方位的、开创性

的，五来的变革是深层次的、根本性的，党和国家事业发生历史性变革。要注意的是，中央说的是党和国家事业发生历史性变革，毫无疑问，这个结论是高屋建瓴的，是从我们整个党和国家事业发展角度来说的，显然，不能从个人的感受出发去理解这种关于全局的重大判断。

在总结成就和成绩的同时，党的十九大报告还指出了我们面临的困难和挑战，主要包含以下这些方面：发展不平衡、不充分的突出问题尚未解决，发展质量效益还不高，创新能力不强，实体经济水平有待提高；生态环境保护任重道远；民生领域还有不少短板，脱贫攻坚任务艰巨，城乡居民发展收入分配差距依然较大，群众的就业、教育、医疗、居住、养老等方面面临不少难题；社会文明水平尚需提高，社会矛盾和问题交织叠加；全面依法治国任务依然繁重，国家治理体系和治理能力有待加强；意识形态领域斗争依然复杂，国家安全面临新情况；一些改革部署和重大政策措施需要进一步落实；党的建设方面还存在不少薄弱环节；等等。

我们可以看到，党的十九大报告对五年来取得的成就和成绩高度肯定，同时对我们面临的问题和挑战也有充分认识。党的十九大报告非常全面、科学，理论逻辑性很强。理解新时代，不能只看到成就和成绩的一面，还必须看到问题、矛盾和挑战的一面。当然，历史性的成就是做出新时代这个判断的主要事实依据，因为历史性的成就使我国经济社会发生了巨大变化，并为我国更好发展和实现新的战略目标奠定了基础。同时，我们面临的困难和挑战，为制定新的战略方针提供了对象，我们的工作就是解决问题和矛盾，我们还有很多问题和矛盾，这就需要我们去解决。所以，历史性成就和我们面临的问题和困难，都是我们得出中国特色社会主义进入了新时代这个判断的依据。

还要注意的是，党的十九大报告完整的表述是："经过长期努力，中国特色社会主义进入了新时代，这是我国发展新的历史方位。"党中央的这个表述是实事求是的、科学的。中国特色社会主义进入新时代，是"经过长期努力”的结果。实事求是地看，五年算不算长期？显然不算。当然，党的十八大以来的五年取得的历史性变革是关键，十分重要。但是，这个“长期”需要从历史发展的角度去理解，最起码要从改革开放以来算起；还可以再往前延伸，从新中国成立以来算起；还可以再往前延伸，从共产党的成立算起。所以，党的十九大报告说的“经过长期努力”这句话很深刻，它是一个历史唯物主义的观点，反映了历史发展的连续性。中国特色社会主义进入新时代，是我们党成立以来奋斗 90 多年的结果，是新中国成立以来建设近 70 年的结果，是改革开放以来发展近 40 年的结果，尤其是党的十八大以来党中央励精图治、奋发有为、领导全党全国人民艰苦斗争五年的结果。只有这样理解才是全面的、科学的。对此，党的十九大报告也说得十分清楚：“这个新时代，是承前启后、继往开来、在新的历史条件下继续夺取中国特色社会主义伟大胜利的时代。”

“中国特色社会主义进入了新时代，这是我国发展新的历史方位。”那么，什么叫“历史方位”？什么叫“我国发展新的历史方位”？所谓“历史方位”，既指一个国家的发展状态在历史中的客观地位或所处的阶段，又指人们对国家发展所处历史地位或阶段的一种理论判断。马克思主义理论最重要的方法论和认识论就是辩证的历史的方法，这个方法要求我们对社会和国家的发展的认识，必须把它放到历史长河里去科学分析，以便正确认识它到底在什么位置，从而进一步认识清楚我们所具有的条件、面临的问题和矛盾以及所要解决的任务。所以，解决好历史方位问题，是顺利推进党和国家发展的理论前提。

关于中国特色社会主义进入了新时代这个重大判断，党的十九大报告进一步提出了一个重要理论，即关于我国社会主要矛盾的理论：“中国特色社会主义进入新时代，我国社会主要矛盾已经转化为人民日益增长的美好生活需要和不平衡不充分的发展之间的矛盾。”从理论逻辑上来说，正是因为我国社会主要矛盾已经发生了转化，所以中国特色社会主义进入了一个新时代。关于我国社会主要矛盾已经发生转化的判断，是对我国经济社会发展的新形势、新特点和新任务的一个高度概括的理论总结，是中国特色社会主义进入了新时代的理论依据和基础。解决这个主要矛盾，就是新时代中国特色社会主义建设和发展的核心任务。

党的十九大报告提出的关于“我国社会主要矛盾”的理论，是历史唯物主义理论的继承和发展，因为这个理论既继承和运用了历史唯物主义关于生产力与生产关系、经济基础与上层建筑的矛盾的理论内容，同时又根据当前中国社会发展实际情况和特点，扩展了对于社会主要矛盾的理解。关于这一点，报告说得十分清楚：“我国稳定解决了十几亿人的温饱问题，总体上实现小康，不久将全面建成小康社会，人民美好生活需要日益广泛，不仅对物质文化生活提出了更高要求，而且在民主、法治、公平、正义、安全、环境等方面的要求日益增长。同时，我国社会生产力水平总体上显著提高，社会生产能力在很多方面进入世界前列，更加突出的问题是发展不平衡不充分，这已经成为满足人民日益增长的美好生活需要的主要制约因素。”

满足人民的需要，这是社会主义生产的根本目的。但是，在社会主义发展的不同阶段和不同条件下，人民的需要的内容是不一样的。在过去很长一段历史时期，由于我国生产力落后和人民物质生活得不到充分满足是主要问题，所以，如何集中精力搞经济建设大力发展生产力是核心任务。经过长期努力，随着全面小康社会的建成，这个任务已经或者即将完成。随着社会生产力的巨大发展，在人民的物质文化生活需要基本得到满足的情况下，人民“在民主、法治、公平、正义、安全、环境等方面的要求日益增长”。毫无疑问，党中央对于人民需要的新认识，集中反映了党的伟大宗旨和崇高使命，即全心全意为人民服务。

另一方面，党中央对于制约满足人民日益增长的美好生活需要的主要问题也有非常准确科学的判断，即发展不平衡不充分。由于人民对美好生活的需要的内涵是十分丰富的，因而，对于“发展不平衡不充分”的认识就不能仅仅停留在经济领域，而是应该从人民的各方面需要出发去理解。简单地说，我们既要充分认识我国经济发展不平衡不充分的问题，还必须充分认识“民主、法治、公平、正义、安全、环境”等方面发展不平衡不充分的问题，只有这样理解才是全面准确的。对此，党的十九大报告也说得十分清楚：“我们要在继续推动发展的基础上，着力解决好发展不平衡不充分问题，大力提升发展质量和效益，更好地满足人民在经济、政治、文化、社会、生态等方面日益增长的需要，更好地推动人的全面发展、社会全面进步。”

如上所述，既然历史方位也是历史阶段的意思，那么它与“社会主义初级阶段”又是什么关系呢？党的十九大报告对此进行了清晰地阐述，指出：“我国社会主要矛盾的变化，没有改变我们对我国社会主义所处历史阶段的判断，我国仍处于并将长期处于社会主义初级阶段的基本国情没有变，我国是世界最大发展中国家的国际地位没有变。”这就是说，中国特色社会主义进入了新时代，是指我国社会发展进入了社会主义初级阶段中的一个新时代，而不是已经越过了初级阶段的一个新时代和新阶段。这是因为社会主义初级阶段的根本任务是实现社会主义现代化，但是到目前为止，虽然我国社会主义现代化事业取得了巨大历史成就，但是，毕竟还没有最终全面实现经济、社会、政治、文化等各方面的完全现代化，所以，我们仍然必须“以经济建设为中心，坚持四项基本原则，坚持改革开放，自力更生，艰苦创业，为把我国建设成为富强、民主、文明、和谐、美丽的社会主义现代化强国而奋斗”。既充分认识我国经济社会发展的巨大历史成就和变革，又充分认识我国的基本国情，这是完全正确和科学的。

在提出和论证中国特色社会主义进入了新时代之后，党的十九大报告从三个角度和层次出发说明了中国特色社会主义进入了新时代这一重大判断的深刻含义。第一个是从我国自身发展的角度出发，指出：“中国特色社会主义进入新时代，意味着近代以来久经磨难的中华民族迎来了从站起来、富起来到强起来的伟大飞跃，迎来了实现中华民族伟大复兴的光明前景”；第二个是从世界社会主义发展的角度出发，指出：“意味着科学社会主义在21世纪的中国焕发出强大生机活力，在世界上高高举起了中国特色社会主义伟大旗帜”；第三个是从世界意义角度出发，指出：“意味着中国特色社会主义道路、理论、制度、文化不断发展，拓展了发展中国家走向现代化的途径，给世界上那些既希望加快发展又希望保持自身独立性的国家和民族提供了全新选择，为解决人类问题贡献了中国智慧和中国方案”。关于中国特色社会主义进入新时代的重大意义，报告指出：“中国特色社会主义进入了新时代，在中华人民共和国发展史上、中华民族发展史上具有重大意义，在世界社会主义史上、人类社会发展史上也具有重大意义”。显然，这四个方面的重大意义中，前两个属于中国自己的角度，所以，对于“新时代”的理解仍然可以归结为中国、社会主义和世界这样三个层次和维度。很明显，党的十九大报告关于中国特色社会主义进入新时代的重大意义的说明，一方面是对党的十八大以来我们党和国家事业取得历史性成就的进一步充分肯定和阐述，另一方面又指明了新时代中国特色社会主义建设和发展的根本方向，从而为进一步提出新时代中国特色社会主义的建设方略奠定了理论基础。

党的十九大报告进一步指明了“新时代”的历史任务，这就是：“这个新时代，是承前启后、继往开来、在新的历史条件下继续夺取中国特色社会主义伟大胜利的时代，是决胜全面建成小康社会、进而全面建设社会主义现代化强国的时代，是全国各族人民团结奋斗、不断创造美好生活、逐步实现全体人民共同富裕的时代，是全体中华儿女勠力同心、奋力实现中华民族伟大复兴中国梦的时代，是我国日益走近世界舞台中央、不断为人类做出更大贡献的时代。”报告还指出了“新时代”对于党和国家工作提出的新要求：“我国社会主要矛盾的变化是关系全局的历史性变化，对党和国家工作提出了许多新要求。我们要在继续推动发展的基础上，着力解决好发展不平衡不充分问题，大力提升发展质量和效益，更好地满足人民在经济、政治、文化、社会、生态等方面日益增长的需要，更好地推动人的全面发展、社会全面进步。”

由此可见，党的十九大报告以党的十八大以来取得的历史性成就和存在的问题和挑战为依据，以我国社会主要矛盾的理论为基础，进而从中国、社会主义和世界这样三个维度，对于“新时代中国特色社会主义”的含义、重大意义和历史任务进行了概括，从而为我们全面理解和深刻把握新时代中国特色社会主义的“历史方位”问题提供了一个逻辑完整的理论指导。这就是说，我们必须从基本依据、理论基础、深刻含义、重大意义、历史任务五个方面的有机统一出发，完整准确理解新时代中国特色社会主义的历史方位问题。而基本依据、理论基础、深刻含义、重大意义和历史任务之间具有严密的逻辑关系，构成了一个完整的理论体系，从而为制定新时代中国特色社会主义建设的一系列方针、战略和政策提供了科学的理论基础。由此可见，党的十九大报告关于新时代中国特色社会主义历史方位的理论不仅是报告的核心内容，而且是中国特色社会主义理论的重大创新和发展，是习近平新时代中国特色社会主义思想的重要内容。

对于中国特色社会主义的历史方位问题，可以从不同的学科出发进行研究和解读。从当代中国马克思主义理论的角度来说，认真解读新时代中国特色社会主义的历史方位，既是当代中国马克思主义哲学的理论任务，也是当代中国科学社会主义的理论任务，当然更是中国特色社会主义政治经济学的理论任务和重要内容。

从政治经济学的角度出发来理解新时代中国特色社会主义的“历史方位”问题，必须以马克思主义政治经济学为指导，深入分析当代社会经济发展的主要特征，分析当代资本主义经济的新变化和新趋势，科学认识新时代中国特色社会主义经济发展的新特点和面临的新任务。通过这三个方面的分析，目的在于揭示中国特色社会主义进入新时代的客观依据，说明它的合规律性，从而为新时代中国特色社会主义的历史方位提供一个马克思主义政治经济学的理论解释和理论基础。科学说明新时代中国特色社会主义历史方位，从根本上来说，是为了增强我们对于新时代中国特色社会主义的制度自信、道路自信、理论自信和文化自信，也是为了推进中国特色社会主义政治经济学的理论发展，并且为新时代中国特色社会主义经济实践的进一步发展、为实现把我国建设成为社会主义现代化强国的中国梦提供理论支撑和服务。

三、新的科技革命与人类社会面临的机遇和挑战

根据历史唯物主义方法论，马克思主义政治经济学把社会生产力及其发展理为决定社会生产关系和上层建筑及其变革的基石和终极力量。在《哲学的贫困》中，马克思指出："随着新的生产力的获得，人们改变自己的生产方式，随着生产方式即谋生的方式的改变，人们也就会改变自己的一切社会关系。手推磨产生的是封建主的社会，蒸汽磨产生的是工业资本家的社会。"① 列宁曾经深刻地指出："只有把社会生产关系归结于生产关系，把生产关系归结于生产力的水平，才能有可靠的根据把社会形态的发展看作自然历史过程。不言而喻，没有这种观点，也就不会有社会科学。"②

马克思主义不仅高度重视物质生产力在人类社会发展中的基础作用，而且高度重视科学技术及其创新发展在推动人类物质生产力和社会发展中的重要作用。在《共产党宣言》中，马克思、恩格斯指出："资产阶级在它的不到一百年的阶级统治中所创造的生产力，比过去一切世代创造的全部生产力还要多，还要大。自然力的征服，机器的采用，化学在工业中的应

①《马克思恩格斯文集》第1卷，北京：人民出版社2009年版，第602页。

②《列宁选集》第1卷，北京：人民出版社2012年版，第8—9页。

用，轮船的行驶，铁路的通行，电报的使用，整个大陆的开垦，河川的通航，仿佛用法术从地下呼唤出来的大量人口——过去哪一个世纪料想到在社会劳动里蕴藏有这样的生产力呢?”[①] 在《1861—1863 年经济学手稿》中，马克思指出：“火药、指南针、印刷术——这是预告资产阶级社会到来的三大发明。火药把骑士阶层炸得粉碎，指南针打开了世界市场并建立了殖民地，而印刷术则变成新教的工具，总的来说变成科学复兴的手段，变成对精神发展创造必要前提的最强大的杠杆。”[②] 在《资本论》中，马克思指出：“劳动生产力是由多种情况决定的，其中包括：工人的平均熟练程度，科学的发展水平和它在工艺上应用的程度，生产过程的社会结合，生产资料的规模和效能，以及自然条件。”[③] 在《反杜林论》中，恩格斯指出：“在机器和新的工具机的技术发明推动下，资本主义的工场手工业变成了现代的大工业，从而把资产阶级社会的整个基础革命化。”[④] 根据第一次工业革命之后人类社会发展所具有的新特征，马克思在《1861—1863 年经济学手稿》中对科学技术将对人类社会产生的深远影响进行过深刻分析。根据当代人类社会发展的时代特征，邓小平提出了“科学技术是第一生产力”的重要观点。

关于人类文明史，古代诗人曾经用黄金时代、青铜时代、铁器时代来刻画和形容，把人类文明史看作是一部不断退化和衰落的历史。根据历史唯物主义理论，从生产方式和生产关系的性质和变化的角度出发来认识人类社会史，于是就有了从原始社会到奴隶社会，再到封建社会、资本主义社会和未来共产主义社会这样一部发展史。从生产技术和生产资料革命的角度出发来认识人类产业革命史，我们又可以清晰地看到，人类先后经历了农业革命、工业革命和信息革命。每一次产业技术革命，都给人类社会

①《马克思恩格斯文集》第 2 卷，北京：人民出版社 2009 年版，第 36 页。
②《马克思恩格斯全集》第 47 卷，北京：人民出版社 1979 年版，第 427 页。
③《马克思恩格斯文集》第 5 卷，北京：人民出版社 2009 年版，第 53 页。
④《马克思恩格斯全集》第 20 卷，北京：人民出版社 1971 版，第 285 页。

生产和生活带来巨大而深刻的影响。毫无疑问，由于科技革命成为推动当代人类社会生产力和经济社会发展的主要动力之一，因此，认识当代人类社会经济发展的时代特征和未来趋势，首先必须准确把握当代科技革命的主要特征，科学分析当代科技革命对于人类社会生产和生活所产生的广泛影响，深刻认识人类社会所面临的巨大机遇和严峻挑战。

习近平指出："当前，从全球范围看，新一轮科技革命和产业变革正在孕育兴起，一些重要科学问题和关键核心技术已经呈现出革命性突破的先兆。物质构造、意识本质、宇宙演化等基础科学领域取得重大进展，信息、生物、能源、材料和海洋、空间等应用科学领域不断发展，带动了关键技术交叉融合、群体跃进，变革突破的能量正在不断积累。"①

由此可见，当代科技革命的内容是十分广泛的，但是，其核心特征是信息技术成为率先渗透到经济社会生活各领域的先导技术。新的信息技术日益与生物技术、基因技术、云计算技术、大数据技术、人工智能技术、网络通信技术、新材料技术和新能源技术等新技术相融合，使物质生产和服务日益网络化、自动化和智能化，并渗透到人类生活和社会治理等各个方面，使人类社会正在发生一场深刻的变革，具体来说：

第一，新的科学技术是当代社会生产力中最重要和最活跃的因素，新的科技革命促进了当代社会生产力的巨大提高。当代信息技术被广泛运用于包括开采业、制造业、化工业、农业、交通运输业、商业、贸易和金融业、现代服务业、教育和医疗、居民生活、政府管理和社会治理等各个领域，使人类从工业社会发展为信息社会。在许多产业中，信息技术被运用于产品设计、模具生产、原材料准备、试产、制造、产品仓储和运输等各个环节，并通过互联网和物联网连接成一个智能系统，由一个中央控制系统进行智能化管理。在一些行业的许多环节还大量地运用了机器人。这种

① 原载《习近平在欧美同学会成立100周年庆祝大会上的讲话》，见中央文献研究室编《习近平关于中国特色社会主义经济建设论述摘编》，中央文献出版社2017年版。

真正意义上的自动化机器生产体系，极大地降低了从产品设计到正式投产的时间、原材料的储备和浪费、生产时间和产品差错率，从而极大地提高了生产效率和效益。

第二，当代信息技术的广泛运用，在生产和流通等环节以前所未有的广度和深度形成了机器和技术对一般劳动的替代，从而对人类劳动的需求发生了深刻变化，进而对传统的教育理念和体系产生了深刻影响。当代信息技术的发展和运用，一方面在许多行业形成了对劳动需求的显著减少，另一方面信息行业的巨大发展以及一系列新型行业的不断产生又形成了对劳动的新需求。信息社会的来临，无论是否会在社会整体层面上导致大量失业，信息技术的不断发展和广泛运用，对于人类劳动和教育提出了全新的要求，并由此产生了劳动在不同行业的不断转换和就业的不稳定、劳动者心理上的不安定感，这一点已经是客观存在的事实和必然趋势。

第三，当代科学创新所推动的社会生产力的巨大提高，一方面加速了社会分工的发展和产业结构的变化，即现代信息产业和第三次产业日益成为发展空间更为广阔和更加重要的行业；另一方面导致人类的需求结构发生了巨大变化，即人类对于物质产品的需求在总需求中的比例日益下降，并且日益个性化和差别化，而人类对于信息产品和服务、文化和精神产品及服务等的需求快速增长。新的产业结构和新的需求结构，都进一步使社会生产对于人类劳动的内涵、技能、性质等方面的需求发生了深刻变化，进而对人类劳动和教育的发展和变革以及创新创业活动提供了新的机遇，并提出了新的要求。

第四，当代信息技术在企业中的广泛运用，使企业内部的管理结构发生了深刻变化，即由金字塔式的科层管理模式向网络化的扁平化管理结构转变。由于市场对于产品和服务的需求日益趋于个性化、差别化、多样化、小型化，这就使企业必须做出快速反应，从而必然要求企业管理结构日趋扁平化，而当代信息技术为此提供了必要的技术基础。

第五，网络化、自动化和智能化技术的广泛运用，形成了市场经济内生的计划性，从而极大地提高了资源配置效率。基于当代信息技术的订制化生产模式的大量运用，使市场经济中的供给与需求之间的关系发生了深刻变化，即产品和服务的供给能够越来越准确快速地反映和满足消费者的需求，以产定销的传统供给模式越来越让位于以需定产的新模式，从而形成了市场经济内生的计划性。由于市场经济的盲目性大大下降，这就极大地节约了社会经济资源，极大地提高了资源配置效率，使市场经济的优势得到了前所未有的发挥和展现，并为进一步在全社会范围内实现新的计划经济奠定了新的微观基础。

第六，新的信息技术在政府管理和社会治理上的运用，同样给人类社会提供了广阔的前景。从政府管理方面来说，利用大数据、云计算和交互式网络等技术，不仅有利于政府更加全面及时准确地掌握各方面宏观信息，使政府决策更加科学化和更有效率，而且有利于增强政府与公民之间的意见互通与交流，使政府能够更好地服务于公民和社会，有利于实现国家治理能力和治理体系的现代化。

总之，新的科技革命对于人类社会的影响是广泛而深刻的，从根本上来说，它既为实现人类彻底解放提供了新的物质技术基础，也为中国特色社会主义经济制度的巩固和发展以及优越性的进一步发挥、为实现我国社会主义现代化强国战略目标提供了新的重大历史机遇。

同时，从马克思主义政治经济学视角出发，我们还必须看到另外一面，即近代以来的科技革命主要都是在资本主义制度基础上产生的，从而使科学技术及其创新发展都表现为满足资本增值需要的手段。从目的和动机上来看，追求无止境的价值财富而不是谋求人类劳动的自由解放，是近代以来科技革命的根本目的和动机；从动力上来看，企业之间、国家之间的残酷竞争而不是人类的共同自觉行动，是推动科技创新和革命的基本动力；从科技成果的运用和结果上来看，一方面极大地促进了人类社会生产力的不断提高和社会经济发展，另一方面又产生了日益严重的社会不平等和世界不平衡，同时还存在科学技术的大量滥用和非法利用，使人类遭受了各类困苦和威胁，以至于人们产生了新的科学技术是否会最终毁灭人类的极大忧虑。

面对当代科技革命的滚滚浪潮，我们既需要从企业和国家的角度出发去把握发展的重大机遇，又需要从以人民为中心和构建人类命运共同体的伟大理念出发，深刻认识和有效应对新的科技革命给当代人类社会所提出的严峻挑战。

四、 当代资本主义经济新特征和危机

在人类社会历史上，西方资本主义生产方式产生于16—18世纪。19世纪中叶，马克思创立了历史唯物主义和马克思主义政治经济学，实现了社会主义从空想到科学的发展。20世纪初，资本主义国家发展到垄断资本主义的新阶段。在列宁的帝国主义理论指引下，俄国、中国等相对落后的国家先后取得社会主义革命胜利，开创了社会主义与资本主义同时并存和相互影响的世界新格局。这样的现实历史条件，决定了人们对于现实社会主义的理解和态度，始终受到对于资本主义认识的深刻影响。在中国经济已经融入世界经济，并且与世界经济，特别是发达资本主义经济发展状况的关系日益密切的现实背景下，思考新时代中国特色社会主义经济发展问题，深刻理解和把握新时代中国特色社会主义的历史方位，就必须以马克思主义政治经济学为指导，科学分析当代发达资本主义经济发展新特点和新趋势。

马克思主义政治经济学认为，像一切社会经济制度一样，资本主义经济制度也是一种历史的现象，也有一个从建立到兴旺发达再到衰亡直至退出历史舞台的发展过程，而支配这个发展过程的根本动力，来源于资本主

义经济制度的基本矛盾及其在各个方面的表现。资本主义经济制度的基本矛盾，就是生产社会化与生产资料资本主义私人占有制之间的矛盾。资本主义生产方式建立500多年来，在资本主义基本矛盾的推动下，资本主义经历了从自由竞争到垄断再到国家垄断和国际垄断、从英国霸权到美国霸权、从殖民主义到新殖民主义、从工业资本主义到金融垄断资本主义等各种发展。在这个发展过程中，一方面社会生产力水平得到巨大提高；另一方面资本主义社会阶级矛盾和对立不断发展，经济危机周期爆发，社会贫富分化和世界发展不平衡日益加深，国际关系不稳定甚至世界大战爆发，自然资源和生态环境被严重破坏等各种弊端。

2008年国际金融经济危机爆发以来，西方发达经济体陷入持久的经济复苏乏力状态，并引发了一系列政治问题、社会问题、民族问题、信仰问题、国际问题。各个方面的事实表明，当代资本主义的核心特点在于，资本主义制度所固有的各种矛盾得到新的发展，并且这些矛盾相互交错、相互制约，使当代资本主义经济发展面临从未有过的系统性困难。国际上已有许多有识之士认为，当代资本主义已经陷入系统性危机，并进入一个新的发展阶段和新时代。

根据马克思主义政治经济学原理，实现资本主义经济发展必须具备一些基本条件：第一，资本积累不仅是资本追求无止境剩余价值的根本手段，也是推动资本主义经济增长的根本途径和方式，而资本积累的正常进行和发展，必须以资本家获得正常的利润率为前提；第二，资本积累产生的社会生产规模的不断扩大是资本主义经济的主要特征，而社会资本扩大再生产的实现，必须以不断扩大的市场为前提；第三，劳动生产率的不断提高，是资本追求利润最大化和增强竞争力的主要手段，这就需要有不断的技术创新、产品创新和生产资料的革命；第四，在垄断资本主义条件下，为了维持经济增长和社会稳定，国家政府的宏观调节和干预成为一种常态，而宏观调节目标的实现，同样以一系列条件为前提，等等。当代资本主义面临的发展困境，从最直接的原因来看，正是来源于实现资本主义经济增长所需要的各方面条件遭到了新的严重破坏。具体来说：

第一，产业资本利润率发生逆转性下降，资本积累日趋困难，并导致了产业空心化和金融资本的畸形发展。20 世纪 80 年代以来，由于冷战的结束和经济全球化的发展、发达国家新自由主义政策的推行、以计算机和网络为代表的信息技术革命的产生等各种条件的出现，西方发达国家的产业资本利润率呈现阶段性上升的特征，从而迎来了短期的经济繁荣。但是，自 20 世纪 90 年代末开始，以美国为代表的发达国家内的产业资本利润率出现了逆转性的下降，产业资本开始向国外大量转移，出现了产业空心化的趋势。与此同时，由于金融管制的放松，资本大量流向金融领域，导致了金融的过度膨胀和畸形发展，并形成了严重的金融泡沫。

第二，社会贫富分化日益加深，商品实现和资本周转更加困难。以法国著名经济学家托马斯·皮凯蒂为代表的大量研究表明，20 世纪 80 年代以来，随着新自由主义政策的推行，发达国家的劳资关系发生了新的变化，资本对劳动的剥削和控制进一步加深，尤其是金融资本的过度膨胀发展，更是导致整个社会财富被少数金融贵族所控制和占有，资本所得和劳动所得之间的鸿沟日益加深，从而产生了产业空心化和商品实现更加困难同时并存的新现象。为了刺激居民消费，以美国为代表的发达国家大力发展个人消费信贷，为金融危机的最终爆发埋下了火种。

第三，经济全球化和产业资本的大量外移，进一步加深了各种不平等现象，不可能从根本上解决资本主义生产方式所固有的生产与实现的矛盾。资本主义经济全球化和产业资本的大量外移，从根本上来说是仍然为了追求更高的资本利润率。20 世纪 90 年代以来，由资本所推动的新一轮经济全球化，虽然在短期内改善了发达国家的经济状况，但是，经济全球化的最终结果是在世界范围内进一步加深了资本与劳动之间、富人与穷人之间、跨国公司与中小企业之间、发达国家与发展中国家之间、金融资本与产业资本之间等各个方面的不平等，从而并没有从根本上解决整个资本主义世界生产体系所固有的生产与实现之间的矛盾。在经济全球化浪潮下，尽管美国等发达国家在高新技术领域取得国际统治地位，但大批中低端制造业向发展中国家转移并大量进口工业品，使美国的国际贸易逆差不断扩大，国际收支长期处于失衡状态。金融资本的全球化则更是导致金融垄断资本"一家独大"，进一步加剧了发达国家内部产业资本与金融资本的矛盾以及社会财富占有和收入分配的两极分化，进而使产业进一步空心化，结果使失业率居高不下，生产与实现的矛盾进一步恶化。

第四，信息技术革命并未带来经济的持续增长和繁荣。科技革命是驱动资本主义经济增长的强大动力。每次重大的科技革命，都会催生一系列新产品和新行业，从而带来一定阶段的经济增长和繁荣。发源于 20 世纪四五十年代而广泛应用于八九十年代的计算机和信息技术，对投资的带动作用在 80 年代，特别是 90 年代最为强劲，但随着计算机相关设备的普及与更新，以及互联网基础设施的建成，信息技术的带动效应和相关的投资需求趋于下降。之所以如此，是因为信息技术具有与传统工业技术不同的新特点，即信息技术主要用于信息的编码和处理，而不是用于大规模生产资料的更新和物质产品的制造。同时，信息技术设备在性能急速提升的同时，成本与价格下降速度极快。信息产业不变资本的迅速贬值，抵销了信息技术设备物质数量的扩大，使资本的价值构成提高缓慢，甚至下降，从而使这一本来有利于利润率提高的技术条件随着信息技术革命作用的减弱而改变。一系列经济指标说明，新世纪以来，特别是到 2005 年之后，信息技术革命对美国经济的积极影响逐渐趋于消退。总之，信息技术革命在促进投资、基础设施建设、增加就业等方面的作用都是有限的。

第五，政府债务负担不断加重，公共开支难以为继，宏观经济政策效果不佳。随着新机器新技术对劳动的替代以及产业空心化的发展，越来越多的劳动者被迫从生产部门转移到技术含量低的第三产业，劳动者的整体收入水平呈现下降趋势，社会矛盾日益突出，迫使发达国家政府需要通过扩大公共开支来缓和矛盾。然而，制造业衰落以及资本外逃使政府财政收入状况恶化，从而被迫进行大规模举债，结果使债务雪球越滚越大。2009年，随着希腊主权债务危机的发展，西班牙、意大利、葡萄牙和爱尔兰等国也相继陷入信用危机。美国、日本等国家也是债台高筑，日本政府债务总额大大超过年度GDP规模，美国政府债务也接近年度GDP规模，甚至在2015年出现过部分政府部门因财政困难被迫关门16天的局面。发达国家财政赤字和债务负担的加重，使财政政策的实施缺乏应有的财力支撑，产业空心化和国民经济金融化、服务业化，使货币政策的实施效果也大打折扣。

马克思曾经深刻地指出："资本主义生产的真正限制是资本自身。"[①] 当代发达资本主义国家经济增长面临新的困境，从根本上来说，来源于资本主义经济制度所固有的矛盾和缺陷。以生产资料私有制、雇佣劳动和市场经济为基础的资本主义经济制度，天然存在着一系列矛盾，其中包括资本与劳动之间的矛盾，商品生产与实现的矛盾，生产社会化的发展与生产资料私有制的矛盾，生产无限扩大的趋势与劳动阶级和广大居民有支付能力的需求相对下降之间的矛盾，单个企业活动的有组织性与整个社会资源配置自发性和盲目性之间的矛盾，产业资本与金融资本之间的矛盾，发达国家之间以及发达国家与广大发展中国家之间的矛盾，经济无限增长的需要与自然资源和生态环境的可承载性之间的矛盾，等等。由于一系列历史条件的变化，这些矛盾在当代发达资本主义经济中得到了新的集中体现，并且日益尖锐化。西方发达国家的出路究竟何在，当代资本主义向何处去，不仅成为这些国家政要和广大民众面临的重大现实问题，而且也是当代人类社会面临的重大时代课题。毫无疑问，当代资本主义日益走向衰落，中国特色社会主义日益兴盛，反映了世界格局正在发生深刻的历史性变化。

---

①《马克思恩格斯文集》第7卷，北京：人民出版社2009年版，第278页。

五、 中国特色社会主义经济发展与世界社会主义运动

中国特色社会主义制度和道路的形成和发展，不仅创造了中国发展奇迹，而且开拓了社会主义国家如何建设和发展社会主义的新境界。同时给世界上那些既希望加快发展又希望保持自身独立性的国家和民族提供了全新选择和重要参考借鉴，而且为解决当代人类问题贡献了中国智慧和中国方案。因此，必须从世界社会主义运动史和当代世界总格局出发，进一步深刻理解和把握新时代中国特色社会主义的历史方位。

近代以来，随着西方资本主义的兴起，产生了反对资本主义、谋求人类自由解放的社会主义运动。500多年来，社会主义运动经历了从空想到科学、从理论到现实、从运动到制度、从一国到多国、从按图索骥到改革创新的艰难曲折的发展过程，谱写了人类有史以来最壮丽的诗篇。

在世界社会主义运动史上，马克思主义的诞生是第一个重大转折，社会主义从空想变成了科学。从此，世界社会主义运动更加蓬勃地发展起来。20世纪初，俄国十月社会主义革命的胜利，开辟了社会主义运动从理论走向实践的现实道路；苏联社会主义制度的建立，开创了世界社会主义运动和人类历史发展的新纪元。20世纪四五十年代，中国、朝鲜、古巴、越南以及波兰、南斯拉夫等国家取得社会主义革命胜利，使社会主义实践从一国发展到多国，迎来了社会主义实践的第一次世界性高潮，进一步开创了社会主义制度与资本主义制度并存发展的世界新格局。

社会主义制度一经建立，就显示出了强大的生命力和优越性。社会主义制度不仅使苏联迅速发展为世界上最强大的国家之一，并在第二次世界大战中成为打败法西斯帝国主义的主要力量，为人类做出了巨大贡献。其他实行社会主义制度的国家，也都曾取得过历史性的伟大成就。事实一再证明，马克思主义没有过时。社会主义必然代替资本主义是社会历史发展

不可逆转的总趋势，但是资本主义的最终消亡和社会主义的最终胜利，必然要经历一个漫长又曲折的历史过程。

从20世纪30年代起，苏联逐步建立起高度集中的计划经济体制，并对二战以后实行社会主义制度的绝大多数国家产生了广泛而深远的影响。实践表明，在一定历史阶段，高度集中的计划经济体制有其存在的必然性和合理性，但是，这种体制也存在许多缺陷和弊端。自20世纪50年代以来，苏联、东欧国家先后进行了社会主义体制改革的各种尝试，但并未取得成功。20世纪80年代末至90年代初，在帝国主义和平演变战略的干预下，苏联共产党领导人主动放弃马克思主义和科学社会主义，最终导致苏联解体。随后，东欧国家先后发生剧变，世界社会主义运动陷入低潮。

然而，在世界的东方是另外一种景象。1978年以来，我们党进一步坚持实事求是的马克思主义思想路线，在深刻总结世界发展形势和国内外社会主义建设经验教训的基础上，形成了系统的中国特色社会主义理论体系和中国特色社会主义制度体系，创造性地开辟了改革开放新征程和中国特色社会主义发展新道路，创造了中国发展和世界经济史上的一个又一个奇迹。党的十八大以来，我们党进一步形成了新时代中国特色社会主义思想，全面开创了党和国家事业发展新局面，把中国特色社会主义伟大事业成功推进到了一个新时代。新时代中国特色社会主义建设和发展，不仅中国将成为社会主义现代化强国，而且将进一步开辟世界社会主义运动的新时代。

从马克思主义政治经济学的角度来看，中国特色社会主义道路的成功及其所具有的世界意义，从根本上来说，来源于中国特色社会主义经济制度和经济体制的创新性和先进性。这种制度和体制的创新性和先进性集中体现在以下方面：

第一，坚持共产党领导，同时坚持党自身在理论建设、制度建设、组织建设、队伍建设等各个方面的不断创新，坚持和不断完善中国特色社会主义政治制度和国家治理体系，从而为中国特色社会主义经济制度和经济体制的创立奠定了牢固的政治基础。经济是政治的基石，政治是经济的统帅。任何一个国家的发展，首先必须解决好政治与经济的辩证关系，对于走上社会主义道路的国家来说尤其如此。中国特色社会主义政治制度和国家治理体系，在整个世界的各种政治制度中都是独一无二，其鲜明的创新性和先进性集中体现在坚持共产党领导的多党合作与政治协商、依法治国、人民当家做主有机统一。这种政治制度和体制，既克服了西方资产阶级民主制度的虚伪性和低效率，又克服了传统社会主义政治体制的权力过度集中和僵化保守性，更克服了各种专制主义政治制度的封闭性、垄断性和落后性。中国特色社会主义政治制度和体制的不断完善，中国特色社会主义国家治理体系和治理能力的现代化，为中国特色社会主义经济制度和体制的形成和完善，为社会经济持续健康发展和社会长久稳定，为新时代中国特色社会主义经济社会发展，奠定了强大而牢固的政治基础。

第二，坚持社会主义基本经济制度的创新和发展，创建了适合中国国情和社会生产力发展水平及要求的多层次社会生产关系体系。中国特色社会主义基本经济制度的根本特征是，以解放发展社会生产力和实现共同富裕为目标，坚持公有制经济为主体与多种所有制经济共同发展。这种经济体制既不同于以私有制为主体和基础的典型资本主义经济制度，也不同于完全以公有制为基础的传统社会主义经济制度，更不同于以私有制为基础的各种前资本主义经济制度。这种经济制度的优越性在于，既充分发挥了公有制经济及其主体地位的优越性，又有效地激发了非公有制经济的活力，从而最大限度地调动了社会各阶层的积极性和创造性；既消除了完全实行资本主义经济制度所固有的对抗性阶级矛盾和各种社会矛盾，又克服了实行单一公有制的传统社会主义经济制度所具有的低效率和活力不足等一系列弊端，从而焕发出勃勃生机。

第三，不断建立和完善社会主义市场经济体制，创建了人类社会经济体制的新模式。中国特色社会主义市场经济体制，是社会主义与市场经济有机融合、相互补充、相互促进的经济体制。与世界上现有的各种经济体制相比而言，中国特色社会主义市场经济体制的优越性和创新性集中体现在，它既发挥了社会主义的优越性，又发挥了市场经济的优越性；既充分发挥市场在资源配置中的决定性作用，又更好地发挥政府的作用；既避免了传统社会主义计划经济体制的过度集中和平均主义所产生的激励和约束都不充分的缺陷，又克服了自由市场经济自发性和盲目性所导致的资源严重错配现象，从而极大地促进了我国社会生产力和经济的快速发展。社会主义市场经济体制，是我们党的伟大创举，是人类社会经济史的伟大创新。

第四，不断坚持和完善按劳分配为主、多种分配方式并存的中国特色社会主义收入分配制度。这是与我国社会主义初级阶段基本经济制度和中国特色社会主义市场经济体制相适应的收入分配制度。我国社会主义初级阶段的按劳分配制度是科学社会主义按劳分配原则的发展和现实实现形式。按劳分配为主、多种收入分配形式并存的收入分配制度，是适应社会主义初级阶段特点和要求的分配制度和原则。这种收入分配制度的优越性在于，既克服了传统社会主义经济体制下的平均主义倾向，又克服了资本主义经济制度下贫富两极分化的必然趋势，充分地调动了广大劳动者和各种非劳动要素所有者的积极性，从而有利于促进整个社会劳动生产力的不断发展。同时，社会主义政治制度和基本经济制度，为国家从宏观层面贯彻按劳分配为主原则，对收入分配进行有效的宏观管理和调节，使个人收入差距控制在一个合理范围之内，从而为消除两极分化、实现共同富裕奠定了制度基础。

第五，坚持和发展独立自主原则基础之上的开放型经济发展体制。中国的改革与开放是相互联系和相互促进的，随着改革的不断深化和对外开放的不断发展，中国已经形成了适应新时代世界经济形势和中国经济发展新阶段特点的中国特色社会主义开放型经济发展体制。这种开放型经济发展体制是社会主义经济发展道路的重大创新，是相对落后国家实现现代化途径的重大创新，是资本主义世界性和对外政策的超越。坚持社会主义独立自主原则和共商共建共享全球治理观基础之上的开放型经济发展体制，适应了和平与发展和经济全球化的世界新潮流新形势。既克服了传统社会主义发展模式的封闭性，最大限度地利用了人类先进文明成果，又避免了一些发展中国家放弃独立自主原则从而被外国颠覆和操纵的悲剧，使国家自主性和独立性、国家政治和社会稳定得到维护和巩固，从而为发展和实现现代化奠定了牢固的政治社会基础。还超越了资本主义和帝国主义的对外殖民性和掠夺性，使世界人民能够平等分享中国改革发展的成果，并为构建国际经济新秩序和人类命运共同体贡献了中国智慧。

中国特色社会主义政治经济制度体系，是一种崭新的人类社会制度体系，虽然它仍然处在不断完善和发展的过程之中，但是，实践已经有力地证明，这种政治经济制度体系具有鲜明的创新性、巨大的优越性和光明的发展前景，它能够解决并且已经解决了当今世界上其他社会制度没有或很难解决的一系列难题：

第一，保持政治和社会稳定，是任何一个国家发展的基本前提。当今世界上许多国家之所以发展困难，一个非常重要的原因在于这些国家的政治制度存在各种缺陷，从而导致政治和社会不稳定。中国特色社会主义政治制度，实现了共产党领导和多党合作民主协商、依法治国、人民当家做主的有机统一。坚持共产党领导并发挥党的先进性，保持了国家统一和正确发展方向；坚持多党合作民主协商、依法治国和人民当家做主，保障了广泛的政治参与和民主权利，保持了政治和社会的长期稳定，从而为国家建设和发展提供了重要的政治社会保障。

第二，制定和实施科学的国家发展规划和战略，是促进国民经济和社会健康发展的重要法宝。当代世界上一些国家由于政治制度有缺陷和政局不稳定，经常存在政党之间无序竞争和互相攻讦以及政权更迭频繁，在这样的国家，要么根本无法制定国家发展规划和战略，要么制定了国家发展规划和战略但并不能得到持续有效的实施，从而无法实现发展目标。中国特色社会主义政治经济制度的确立，使我们党有充分的条件和能力，依据不同发展阶段的特点和要求，科学制定并有效实施一系列发展规划和战略，扎实推进我国社会经济、政治文明、科学技术、文化教育、人民福利、生态文明、社会治理等各方面发展，创造了世界发展史上的奇迹。中国特色社会主义和我国经济发展进入新时代，我们党制定了“十三五”规划、“五位一体”总体布局、“四个全面”战略布局、创新驱动发展战略、区域协调发展战略、乡村振兴战略、健康中国战略、军民融合发展战略、互利共赢开放战略、基本实现现代化和全面建成社会主义现代化强国两阶段战略目标等一系列规划和战略，这些规划和战略的有效实施，必将进一步创造人类发展史上的伟大奇迹。

第三，政府与市场的关系问题，是现代社会经济发展的核心问题。在当今世界上，存在于一些国家的前资本主义制度和体制，多半是一种封建的，甚至是更为陈旧的制度和体制，这些制度和体制从根本上来说是不适应现代社会生产力和现代市场经济发展需要的，因此，实行这种制度和体制的国家往往经济社会发展十分缓慢。存在于一些国家的传统社会主义计划经济体制，实行单一的计划管理，排斥市场经济，从而使经济发展的动力和活力受到严重束缚。因此，这些国家的经济社会发展也是困难重重甚至是举步维艰。存在于欧美等国家的资本主义市场经济体制，由资本主义内在矛盾所决定的这种体制的历史局限性，已经通过周期性的经济危机和金融危机、社会的贫富两极分化日益严重、经济增长乏力、世界发展的日益不平衡、生态危机的不断加深等各个方面得到充分表现。

相比于这些体制而言，中国特色社会主义市场经济体制的根本特征是，在共产党的领导下实行社会主义基本制度与市场经济的有机融合，从而具有三个方面的优越性：一是坚持党的领导，从而最大限度地发挥出特有的政治优势；二是坚持社会主义基本经济制度，从而最大限度地发挥出社会主义的优越性；三是坚持和发展社会主义市场经济体制，从而最大限度地发挥出市场经济的优越性。这三个方面的优势和优越性的有机统一，形成了市场机制有效、微观主体有活力、宏观调控有度的经济体制，这是当今世界上最先进的经济体制，是中国经济社会不断获得稳步发展的制度体制基础和根本原因之一。

第四，坚持改革和正确的改革道路与方略，是促进经济社会健康发展的重要途径。在当今世界，对于任何一个国家来说，由于科学技术的快速发展和社会条件的不断变化，都需要通过改革来谋求生存和发展。然而，在如何对待改革和如何改革的问题上，不同的国家具有完全不同的表现。一些发达资本主义国家的生产关系和上层建筑已经明显不能适应当代社会生产力发展要求，但是由于阶级和根本制度的局限性，使得这些国家政府只能在一些具体政策上兜圈子，而不可能进行根本的制度改革，从而陷入了高等收入陷阱或发达陷阱。一些曾经实行社会主义制度的国家，采取了彻底私有化和全盘西化的激进式改革道路，结果导致经济社会的严重倒退，发达梦想彻底破灭。一些发展中国家在开放发展过程中，未能通过正确的改革及时调整发展战略和政策，结果落入“中等收入陷阱”。更有一些国家继续实行落后保守的闭关锁国政策，拒绝改革和开放，结果始终在不发展不发达的泥潭中挣扎。与这些国家不同，我国自 1978 年以来，确立了坚持四项基本原则和改革开放的基本国策，坚持渐进式改革道路，既坚持通过持续的体制改革谋发展，又坚持改革的社会主义原则和方向；既坚持党对改革的统一领导和顶层设计，又充分发挥群众首创精神；既注重改革政策设计，又注重改革政策的贯彻落实；等等。中国特色社会主义改革道路和方略，是促进我国经济持续健康发展的不竭动力和重要途径。在新的发展阶段，我们将继续坚持稳中求进的工作总基调，统筹各项政策，加强政策协同，努力开拓新时代中国特色社会主义改革和发展新境界。

第五，新时代中国特色社会主义的发展，将为世界社会主义运动的新发展和世界和平与发展事业做出重大贡献。当前，世界形势和格局正在发生深刻变化，其中最重要的特点在于：一方面，发达资本主义国家经济复苏乏力，危机四伏；另一方面，新时代中国特色社会主义蓬勃发展，中国对世界经济的贡献率已经超过30%，中国道路、中国制度、中国理念、中国文化的世界影响越来越大；再一方面，包括共产党组织在内的世界进步力量在各国舞台上更趋活跃，开展了许多反对资本主义和霸权主义的斗争和活动。

回顾历史，20世纪初十月社会主义革命的伟大胜利，开辟了世界社会主义运动的新纪元；展望未来，新时代中国特色社会主义的伟大胜利，必将开辟世界社会主义运动和人类进步事业的新时代。

积极贯彻落实习近平总书记重要讲话精神，努力开创中国经济学教育新局面

2012 年 6 月 19 日，时任国家副主席的习近平同志在考察“中国人民大学《资本论》教学与研究中心”时，阐述了《资本论》以及马克思主义政治经济学在建设中国特色社会主义中的重要地位。2014 年 7 月 8 日，习近平总书记在中央经济工作专家座谈会上明确提出了各级党委和政府要“学好用好政治经济学”。2015 年 11 月 23 日，习近平总书记在中央政治局理论学习会上再一次全面阐述了发展当代中国马克思政治经济学的重大意义，并明确提出：“要立足我国国情和我国发展实践，揭示新特点新规律，提炼和总结我国经济发展实践的规律性成果，把实践经验上升为系统化的经济学说，不断开拓当代中国马克思主义政治经济学新境界。”习近平总书记的系列重要讲话，不仅深刻阐明了坚持和运用马克思主义政治经济学对于建设中国特色社会主义的重要意义，而且也给中国经济学界提出了创新和发展当代中国马克思主义政治经济学的重大任务，给中国经济学的发展指明了方向。

新中国成立以来，特别是改革开放以来，在中国共产党的领导下，中国已经走出了一条符合中国国情、具有中国特色的社会主义发展道路。一方面，中国的社会主义经济建设在实践上已经取得了举世公认的巨大成就；另一方面，中国的经济发展实践和经验急需在理论上提炼成系统化的经济学说，这不仅有利于我们在国际上争取学术话语权，而且能够更好地将马克思主义的政治经济学用于指导新时期的全面深化改革和发展实践，使中

国特色社会主义得到持续健康发展。

就世界上现有的经济学理论来说，马克思主义政治经济学和西方主流经济学仍然是当代经济学的两大主要流派。中国是共产党领导的社会主义国家，马克思主义是党的理论基础和指导思想，而政治经济学又是马克思主义最重要的组成部分，因而，马克思主义政治经济学在中国经济学的教育和研究中理所当然地占有主流和主导地位。事实上，中国特色社会主义建设所取得的巨大成就，正是以坚持和发展马克思主义为前提和基础的。虽然我们也必须承认西方经济学的部分内容对于中国的改革开放和发展具有一定的借鉴作用和参考意义，但是，不能认为中国改革开放的所有成就都是运用西方经济学的结果，因为中国特色社会主义道路与实践从根本上来说与西方经济学的基本理论和观点是相矛盾的。而苏联和东欧国家的新自由主义改革实践证明，照搬照抄西方主流经济学的结果，必然是社会主义被颠覆和经济发展遭受重创甚至一蹶不振。毫无疑问，中国要坚持中国特色社会主义道路，就必须毫不动摇地继续坚持马克思主义政治经济学在经济学中的主流和主导地位，就必须毫不动摇地进一步发展当代中国马克思主义政治经济学。然而，中国经济学教育和科研的实际状况与中国特色社会主义建设和发展需要仍然存在着相当大的反差。总体来看，当前我国高校的经济学教育教学仍然存在严重的西化倾向，马克思主义政治经济学被边缘化的问题仍然比较严重。具体表现在：

第一，高校经济学院的领导权问题。早在 2005 年刘国光先生就指出过这个问题了。然而，我国一些高校不仅没有重视这个问题，反而有进一步恶化的趋势。是由坚持马克思主义经济学的人担任领导，还是由搞西方主流经济学的人担任领导，情况是大不一样的。毫无疑问，领导权问题对于学科的发展具有头等重要的意义。

第二，高校经济学人才结构和梯队问题。近年来，一些高校经济学院竞相高价引进从海外特别是从美国归来的学习西方经济学的博士，而我国自己培养的政治经济学专业人才已很难进入各个大学的经济学院了。在全国大部分经济学院的教师队伍中，政治经济学专业的师资已严重萎缩，后继乏人。

第三，课程设置问题。在一些高校，西方经济学成为许多专业甚至是非财经类专业的通开课，而曾经普遍开设的政治经济学课则被取消；同时，在经济学专业中，西方经济学开设的具体课程数量远远超过政治经济学课程。

第四，研究生和博士生的入学考试问题。在一些高校的经济学和财经类专业硕士和博士研究生的入学考试中，政治经济学所占考分普遍低于30，有的学校取消了政治经济学的考试内容。

第五，科研评价标准问题。在所谓的教育“国际化”政策影响下，许多高校都将SSCI的发文量作为教师科研的最重要评价标准，在职称评定、学术奖励、课题申请等各方面予以严重倾斜。这是导致中国经济学教育，特别是科研严重西化的重要根源。与发展当代中国马克思主义政治经济学此相联系，一些专业学术期刊越来越多地以西方经济学的研究范式作为选文标准，拒绝刊载政治经济学的研究成果。

我国政治经济学教育存在的严重西化倾向具有多方面的严重危害：①导致青年学生对于政治经济学以及整个马克思主义的淡漠甚至抵触、对于社会主义的怀疑和共产党领导地位的合法性和合理性的否定；②导致青年学生对于西方资本主义制度和个人主义的迷信；③由此导致我国高等院校开设的学生思想政治课的失效；④导致青年学生思想方法的教条主义化和僵化，不利于学生形成和掌握正确认识历史和社会的科学方法；⑤不利于中国特色经济学的创立、创新和发展；⑥严重西化的经济学教育产生严重西化的经济学研究，不仅与中国特色社会主义发展的现实需要脱节，而且产生了大量形式主义的无效研究成果和科研资源的严重浪费；⑦过度西化的经济学教育和宣传，严重腐蚀了一些领导干部的思想认识，使他们产生了对马克思主义和中国特色社会主义的怀疑甚至否定。总之，西化的经济学教育与中国特色社会主义的建设和发展是根本对立的。

毫无疑问，当前我国高校经济学教育和科研存在的严重西化倾向如果得不到纠正，要发展当代中国马克思主义政治经济学将是十分困难的，甚至是不可能的。因为道理十分简单，发展马克思主义政治经济学必须以坚持马克思主义政治经济学为前提，而坚持马克思主义政治经济学就必须具有一大批坚持从事马克思政治经济学教学与研究的人才和教师队伍，这就要求在我国高校的经济学课程设置、科研评价标准、人才队伍建设等各方面进行全面改革，从而有效解决当前我国高校经济学教学和科研中存在的严重西化倾向，使马克思主义政治经济学回归我国高校经济学教育和科研的主流和主导地位。从中国特色社会主义发展实践方面来看，中国特色社会主义在经济上的重要特征是实行以公有制为主体、多种所有制经济形式共司发展的基本经济制度和社会主义市场经济体制。中国特色社会主义经济在本质上是在坚持社会主义基本原则的同时，充分利用非公有制经济形式和市场机制。但是，我们必须充分认识社会主义与非公有制经济和市场机制之间的内在矛盾。在利用非公有制经济和市场机制的同时，必然始终存在怀疑和否定社会主义的理论观点和主张，而西方主流经济学正是这种观点和主张的经济学理论基础。因而，要坚持中国特色社会主义道路，就必须始终坚持用发展的当代马克思主义政治经济学来教育我们党的领导干部和青年学生，从而提高他们坚持社会主义的自觉性。同时，必须彻底改变当前我国高校经济学教育和科研中存在的严重西化倾向，在我国高校开展王常的西方经济学教学和研究工作。

我们希望，习近平总书记关于马克思主义政治经济学的系列重要讲话，能够成为推动中国经济学教育改革的强大动力。党和政府有关部门必须采取有力措施，大力纠正我国经济学教育和科研中存在的严重西化倾向，进一步确立马克思主义政治经济学在我国经济学教育教学中的主流和主导地位，使中国经济学的教育和科研更好地适应中国特色社会主义经济建设和社会发展的现实需要，为发展当代中国马克思主义政治经济学贡献智慧。

中卷

马克思经济学研究

马克思的经济危机理论

对于马克思主义政治经济学而言，经济危机绝不是什么新名词、新现象。早在一百多年前马克思就提出了资本主义必然发生周期性经济危机的理论观点，并且对此做了全面的论证，建立了比较系统的经济危机理论。不仅如此，马克思把经济危机理解为资本主义生产方式内在矛盾的必然产物，理解为资本主义历史局限性的重要表现，理解为资本主义必将被社会主义所代替的征兆和重要的事实依据。因此，经济危机理论在马克思主义政治经济学理论体系和整个马克思主义理论中都占有十分重要的地位。

在马克思之后的很长一段时间，经济危机问题也一直是世界范围内马克思主义理论，尤其是马克思主义经济学研究的重点内容。但是，自 20 世纪 90 年代一直到 2008 年国际金融危机爆发之前，经济危机问题似乎淡出了经济学的研究视野。这是因为 20 世纪 90 年代发生了苏联东欧剧变，世界社会主义运动转入低潮，与此同时，新自由主义在全世界盛行，发达资本主义国家的经济重新获得新的发展。正是在这样的背景下，美国学者福山提出了“历史的终结”的乐观结论。按照福山的观点，西方的自由民主制度是人类最完美的制度，这个制度使经济危机永远成为了历史，不会再发生。而且从此以后，马克思主义死了，社会主义也死了，资本主义将万世不竭。

但是，资本主义发展的实践无情地否定了福山的预言和理论观点，再一次证明了马克思理论的伟大和科学性。2008 年爆发了自 20 世纪 30 年代大萧条以来最严重的资本主义国际金融经济危机。于是，连西方世界也惊呼，马克思又回来了。那么，为什么说马克思又回来了？这是因为全世界的人都知道，早在一百多年前马克思就预言过，资本主义必然周期性地爆发经济危机。事实再一次证明马克思是对的，而福山是错的。

虽然人们由于金融危机又想起了马克思，可是我们又不得不面临一个尴尬的事实，就是无论是《资本论》还是马克思的其他文献，马克思的确没有一篇一章来专门论述经济危机问题。所以，马克思之后，特别是西方的马克思主义学者，在马克思的理论基础上延伸出了很多对经济危机的各种不同的理论解释，包括2008年金融危机爆发以后，国内外学者就如何理解马克思的经济危机理论以及资本主义经济危机问题，提出了各种各样的理论观点。所以说，经济危机问题以及经济危机理论，都是非常复杂的。

下面主要讲三个方面的内容：一是经济危机理论发展史简介，二是马克思研究经济危机的基本情况，三是《资本论》的经济危机理论及其当代价值。

一、 经济危机理论发展史简介

毫无疑问，是先有了经济危机的现象，才产生了关于经济危机的理论，经济危机理论是经济危机问题在理论上的反映。因此，讲经济危机理论之前，我们先了解一下资本主义经济危机史的一般情况。

关于资本主义经济危机，很多人认为1825年的英国经济危机是第一次资本主义经济危机，严格说来，这个认识是不符合实际的，也是不正确的。事实上，自从资本主义产生以来，在商业资本主义阶段就已经产生了经济危机。当然，1825年以后经济危机就更是周期性的现象了。所以我们可以提出一个命题，一部资本主义经济发展史，就是一部经济危机史，从这个意义上来讲，经济危机和资本主义是与生俱来的。

在商业资本主义时代，在欧洲不同的国家就先后爆发过一些经济危机。

例如，1637年荷兰爆发了"郁金香泡沫"危机，实际上这是一场资本主义信用危机，因投机造成的一种危机现象。1720年英国爆发了所谓"南海泡沫事件"，这是一场资本主义商业危机和信用危机。这些危机都是属于一种货币危机、信用危机，或者是商业危机。

在进入工业资本主义时代以后，在一些国家进一步产生了生产危机。英国是第一个工业革命的国家，实际上在工业革命前后，英国也爆发过一系列经济危机，比如，在1788年、1793年、1797年、1803年、1810年、1815年、1819年等不同年份，英国都发生过一些生产过剩的危机。从这些危机发生的时间上来看，不是很规则，周期性不明显，而且这些危机都是某个行业或某一两个相关联的行业产生的一些生产过剩的危机。因而，这些危机都还属于一种局部性经济危机。真正具有现代意义的经济危机应该是1825年的危机，1825年危机也被马克思确认为周期性的工业危机和经济危机的开始，从此以后，经济危机成为一种周期性的现象，而且自那以后的经济危机，已经不再是局部的危机，而是整个国民经济甚至是世界性的经济危机。

1825年以后，经济危机的爆发表现出明显的周期性。例如，1836年、1847年、1857年、1866年、1873年、1882年、1890年、1900年、1907年、1914年、1921年、1929—1933年、1937—1938年等都爆发了经济危机。二战以后仍然是每隔几年就爆发一次经济危机，一直到2008年爆发了新的国际金融经济危机。虽然从危机爆发的间隔时间来看并不是绝对规则的，但是经济危机的周期性仍然是十分确切和不可否认的了。

资本主义经济危机不仅是一种周期性的经济现象，而且也是资本主义产生以来的一个非常特殊的社会现象。如果说资本主义以前的社会经济史中也有经济危机，但是那个时候的危机与资本主义经济危机完全不同，甚至正好相反。资本主义以前的历史上出现的经济危机，更多的是因战争、自然灾害等造成的生产不足和经济的严重破坏，它与资本主义经济危机完全是两码事。资本主义经济危机的特殊性在于，一方面是资本家生产的商品大量过剩，而另一方面则是广大人民群众的贫困，很多人衣食不保。因而，资本主义经济危机的显著特征在于生产的相对过剩，而并不是绝对过剩。资本主义经济危机的爆发，明显地表现出资本主义的荒谬性和不合理性。在爆发危机的时候，资本家往往宁可把商品毁掉也不白送给需要商品的穷人。2008 年金融危机爆发以后，法国的农场主开着大罐子车把大量的牛奶当作肥料浇到农田里。这显然是很荒谬很不合理的现象。难道法国就没有穷人了吗？更不要说全世界了。为什么宁可把牛奶当肥料倒掉也不送给吃不饱饭的人？所以，资本主义经济危机是一个很奇特、很不合理的现象，它确实暴露出了资本主义生产方式的荒谬性。

另一方面，经济危机的爆发，总是指一定时期的社会经济秩序的大混乱、生产的停滞和经济增长的衰退。危机期间，往往总是有大批的工商企业和银行倒闭，工人大量失业和生活贫困，生产急剧萎缩，大量商品过剩甚至被人为毁掉，社会生产力遭到严重破坏。因而，经济危机的周期性爆发的确非常突出地表现出资本主义生产方式的历史局限性，无情地揭穿了资产阶级主流经济学关于资本主义市场经济制度能够实现资源最优配置的谎言。

那么，为什么资本主义会产生经济危机呢？产生经济危机的原因究竟是什么？为什么资本主义经济危机具有周期性呢？自经济学产生以来，经济学家们就此提出了各种不同的理论观点。从经济思想史的角度看，经济危机问题一直是经济学理论研究的重要主题之一，虽然不是唯一的主题。所以，从一定意义上可以说，一部经济思想史也是一部经济危机理论史。这里我们简单地回顾一下经济危机理论的发展情况。以马克思为分界线，分三段，一段是马克思以前的，或者是与马克思同时代的资产阶级古典经济学家及其之后的庸俗经济学家的观点，一段就是马克思的，第三段是马克思以后的。

（一）马克思以前的经济危机理论

在早期的资产阶级经济学中，占主流地位的观点是否认危机的。包括英国的威廉·配第、法国的布阿吉尔贝尔，以及后来的亚当·斯密、詹姆斯·穆勒等等。这些无危机论者，当时还没有提出系统的理论，他们只是持有一种观点，这些观点可以用一个概念来表达，就是"用产品购买产品"。他们共同的一个观点认为，货币在商品生产和交换中只是起一个润滑剂的作用，它只是一个媒介，不会影响商品本身的交换，商品交换就是用一种产品交换另一种产品。基于这样的观点，他们认为供给和需求之间始终是平衡的，不会产生全面的生产过剩的经济危机。

最早把否定危机的观点上升到理论的高度的第一位经济学家，是法国的让·巴蒂斯特·萨伊。萨伊在1814年出版的第二版的《政治经济学概论》从理论上进一步论证了无危机的观点，他提出了供给能够自动创造需求的理论。这个理论的含义是什么？他认为，每一个生产者在生产商品的时候，必然会创造一种需求，因为要购买原材料、机器设备等。所以萨伊认为供给本身就会创造需求，不可能产生供给与需求的脱节和经济危机。这就是萨伊定律的基本含义。

萨伊的理论观点影响很大，特别是后来经过大卫·李嘉图的确认，已经成为后来的西方主流经济学的一个正统观点，甚至一直到今天，所以，萨伊的理论观点被称为"萨伊定律"。按照马克思的评论，李嘉图在这个问题上，基本上是承袭了"萨伊定律"。不过，李嘉图虽然不承认过剩危机的存在，但是他又看到另外一个现象，就是利润率的下降。这是他在研究地租问题提出来的，从所谓"土地收益递减规律"里面推论出地租的上涨和利润率的下降。而且李嘉图认为利润率的下降有可能成为零，导致整个经济的停滞。

再到后来的约翰·穆勒，他认为危机只是增长的伴随物，而非衰落的标志。他实际上是把危机合理化了。因为他不认为危机有多大的问题，危机只不过是一个震荡，只不过是正常的经济发展的一个短暂的间歇，危机之后经济会随之恢复正常，因而，不要把危机看得太严重。

由于后来在事实上周期性地爆发了经济危机，所以，之后的资产阶级经济学家不得不承认危机的存在，并且试图对它做一些解释，于是最先出现的是所谓消费不足论。消费不足论最先的提出者是谁？这个问题在学术界有争论，西方的主流经济学家在谈消费不足论的时候，往往把这个先驱归为重商主义经济学家，或者是法国的重农学派。我国著名经济学家陈岱孙先生做了认真的研究，他认为实际上最早提出消费不足论的并不是重商主义经济学家，或者法国的重农学派，而是《国富论》的法译者加尔涅和英国的劳德戴尔勋爵。这两个人分别在1802年和1804年在他们的著作里提出了对于危机的一种解释，他们认为危机主要是来源于消费不足。

第一个在理论上真正从消费的角度去论证产生危机的必然性的经济学家是法国的小资产阶级经济学家西斯蒙第。他在1819年写的《新经济学原理》中从消费不足的角度对产生危机的必然性进行了分析。在同李嘉图的论战中，英国的马尔萨斯也持有一种消费不足的观点。马尔萨斯不仅为资产阶级辩护，而且也为地主阶级辩护。马尔萨斯从有效需求不足的角度提出一个观点，他认为单纯依靠资本家和工人群众消费都不足以使所有的商品得以实现，必须有另外一个不生产的阶级，即地主阶级的存在才能解决这个问题。马尔萨斯是在1820年写的《政治经济学原理》中提出这种观点的。

（二）马克思之后的经济危机理论

在马克思之后，围绕着经济危机问题，也有很多不同的观点。一些资产阶级经济学家用新的方法对于萨伊定律提出了新的论证，其实是无危机论的一种翻版。比如，莱昂·瓦尔拉斯建立的一般均衡理论，证明了市场经济无危机模型；威廉姆·斯坦利·杰文斯提出所谓“太阳黑子假说”，认为危机完全外生于资本主义市场经济，只是由于外部一些偶然因素的影响才产生了危机；马歇尔虽然不接受一般均衡理论，但是他接受了局部均衡理论，这个理论也是否认经济危机的。从这里我们可以看出，无危机论成为后来西方主流经济学的一个共识，成为一个“正统观点”。

但是，面对周期性经济危机的事实，一些西方主流经济学家不得不从理论上去关注这个问题，并试图做出一些理论解释。于是，像消费不足论，在西方的主流经济学的演化中仍然留下了自己的印迹。比如说克努特·维克赛尔、约翰·梅纳德·凯恩斯等人的理论，其实就是消费不足理论的一个发展。后来的约翰·希克斯、保罗·萨缪尔森等，虽然不是专门研究经济危机问题的，但是通过对经济周期问题的研究，他们还是间接地承认了危机的存在，并且对危机做出了他们自己的各种解释。

在西方经济学家里，值得一提的是一个比较另类的经济学家，约瑟夫·熊彼特。我们知道熊彼特是以创新理论闻名，他对于创新有一个重要的观点，认为创新是创造性毁灭的过程。熊彼特通过对创新的研究得出一个结论，创新是资本主义的生命，资本主义一定要不断地创新，一旦没有创新，资本主义就要死亡。但是创新本身也会导致资本主义死亡，由于创新不断地推动社会生产力的发展，最终资本主义还是承受不了，所以他得出了资本主义最终必然灭亡的结论。

当然，我们除了要看到在马克思之后那些不同于马克思经济学传统的经济学家对于危机问题的关注之外，更重要的是我们还要看到秉承马克思经济学理论的一些经济学家或思想家们围绕着经济危机问题所提出的各种各样的理论和观点。这里主要介绍一下第二国际的理论家们关于经济危机问题的观点。

在马克思之后，最先对马克思的危机理论提出质疑的，就是著名的修正主义者爱德华·伯恩斯坦。由于19世纪70年代股份制的产生，垄断的出现，伯恩斯坦认为，资本主义已经由马克思原来讲的生产无政府状态，开始向有组织的资本主义发展。所以伯恩斯坦用资本主义的组织性的成长来说明，资本主义是可以实现经济的持续发展的。伯恩斯坦从这样一个角度，否定了危机的存在。

和伯恩斯坦相类似的，俄国“合法马克思主义者”杜冈·巴拉诺夫从另外一个角度出发否定了危机的必然性。杜冈·巴拉诺夫通过对马克思的社会资本再生产理论研究提出一个观点，社会生产各个部门之间的比例关系在一定条件下是可以实现的，是可以协调的。他的根据是，一方面随着资本主义的发展，虽然工人的个人消费减少了，但是对于生产资料的需求增加了，因而，无论消费需求怎样减少，也不会出现产品供给总量超过需求总量。

第二国际中的一些马克思主义理论家对于伯恩斯坦和杜冈·巴拉诺夫的理论观点进行了批判。首先是德国社会民主党理论家考茨基，从消费不足论的立场出发，对伯恩斯坦和杜冈·巴拉诺夫的无危机观点进行了反驳。出生于波兰的马克思主义理论家罗莎·卢森堡，对于伯恩斯坦和杜冈·巴拉诺夫的观点也进行了激烈的批判。针对伯恩斯坦的观点，卢森堡从资本主义信用的作用出发，进一步阐明了危机的必然性。针对巴拉诺夫的观点，卢森堡对马克思的社会资本再生产理论做了深入研究。但是她得出另外一个观点，按照马克思本人构建的模型，不能充分保证再生产比例的实现，必须有一种外在条件的存在，即非资本主义的存在。这样，她提出了资本主义必然是帝国主义的结论。她认为，资本主义必须有一个非资本主义市场作为它的前提，当资本主义征服完了国内的非资本主义之后，必须通过向外的扩张，不断地寻求商品的销售市场，所以他从这里得出帝国主义的结论。除此之外，她在此基础上又推论出另外一个结论，也就是资本主义在全世界把非资本主义生产都变成资本主义生产，等到全世界的生产都变成资本主义生产的时候，资本主义也就发展到头了，它就会自动崩溃。所以，卢森堡的确提出了一个资本主义自动崩溃的理论。后来的马克思主义理论家对罗莎·卢森堡的一些观点进行了批评，例如奥托·鲍威尔、尼古拉·伊万诺维奇·布哈林等。

在这之后，马克思主义理论队伍里对危机问题的研究也是不断深化的，比如，出身于奥地利的马克思主义理论家亨里克·格罗斯曼，通过对社会资本再生产理论的深入研究，针对消费不足论和比例失调论，进一步从《资本论》第三卷出发，侧重从利润率趋于下降的规律这个角度进一步论证了危机的必然性。消费不足论和比例失调论主要是以《资本论》第一卷和第二卷为依据的，而格罗斯曼是第一个从利润率下降规律角度来论证危机必然性的经济学家。因而，格罗斯曼在马克思主义经济危机理论史上具有重要地位。

由于19世纪末20世纪初，资本主义从自由竞争过渡到垄断阶段，奥地利马克思主义经济学家鲁道夫·希法亭，他于1910年发表了《金融资本》这部著作，提出了垄断资本的概念。并且希法亭坚持马克思主义原则，论证了在垄断的条件下资本主义经济危机仍然具有必然性。希法亭把资本主义垄断阶段出现的新现象，包括金融资本的出现、信用的发展、对外扩张等这样一些新的要素结合在一起，重新论证了经济危机的必然性。

在希法亭的基础之上，列宁不仅提出了系统的帝国主义理论，而且对马克思的经济危机理论也有发展。列宁从俄国实际出发，俄国不仅包含资本主义还有大量的小生产，所以列宁把资本主义生产和非资本主义生产结合在一起，进一步论证了经济危机还是必然会产生的，所以说列宁发展了马克思的理论。

在这之后，比利时马克思主义经济学家曼德尔在危机问题的研究上比以前的研究更加深入了一步。曼德尔认为，原来从比例失调、消费不足，包括利润率下降这些单方面的因素解释经济危机，似乎都没有抓住经济危机的实质。所以曼德尔写下一本书——《资本主义发展的长波》，建立了马克思主义的长波理论，他试图从多种因素的结合角度，来理解资本主义的经济周期，理解资本主义的经济危机的发生。应该说这是在经济危机问题的研究上一个新的突破，也可以说是一个新的阶段。

当代西方马克思主义经济学家围绕着经济危机问题做了进一步的探索，提出了许多新的理论。比较有代表性的有法国调节学派、美国积累的社会结构理论、大卫·哈维的空间理论、奥康纳的生态危机理论等等。

这些学派都不再停留在抽象的角度，或者停留在马克思《资本论》提供的理论要素的角度去解释危机，而是根据二战以后资本主义发展的一些新的现象，对经济危机理论提出新的理论解释框架。我们知道马克思主义理论面临的一个非常重要的问题，就是原来马克思本人确实把经济危机看作是资本主义的衰落，甚至是资本主义要灭亡的一个征兆，但事实是，经过历次经济危机，甚至1929—1933年的大萧条，资本主义也没有灭亡，而是进一步发展了。所以后来的西方马克思主义经济学家转换了问题，他们更多地致力于解释为什么在危机以后资本主义还能发展，从而更多地探讨资本主义发展的动力、资本主义发展的原理和机理。法国调节学派，美国积累的社会结构理论都是从这样的问题出发，重新构建了一些新的理论来解释资本主义的发展，特别是二战以后西方资本主义经济史。

英国经济学家大卫·哈维，用资本的过度积累与资本贬值之间的矛盾运动来解释资本主义经济危机和经济波动。他认为，无论是利润率下降，还是消费不足以及信用和金融的发展，都将造成资本的贬值。于是，资本总是力图通过"空间修复"来避免资本的贬值。空间修复的主要方式是商品和资本输出以及劳动力输入，通过这些手段，资本得以将过剩的资本转移出去使之增值而不至于贬值。但是"空间修复"并不能消除资本主义生产方式本身的矛盾，而是为更大规模和范围的危机创造了条件。

奥康纳的生态危机理论也非常重要。他认为原来的经济危机理论，主要是从生产关系的角度来理解危机，还需要从另外一个角度，即从资本主义与生态之间的矛盾出发来理解资本主义危机。资本主义不仅存在着生产力和生产关系的对抗，而且也存在着人和自然的对抗、社会和生态环境的对抗。资本主义的发展过程，不仅是对人的一个剥削过程，而且也是对自然的剥削过程。所以生态危机的根源也是来源于资本本身。由此发展出一套马克思主义的生态危机理论。

通过对经济危机理论史的简短回顾，我们可以得出这样的几个结论：

第一，经济危机问题的复杂性使得它成为经济学中最富有挑战性的问题。无论是从西方主流经济学的角度，还是从马克思主义经济学的发展序列来看，对经济危机的研究远没有终结。

第二，相比西方主流经济学而言，马克思主义经济学对于经济危机问题的研究，不仅更加持久，而且不断得以深化。但是我们又不得不承认，仍然面临着许多理论上的难题。我们看到，所有关于经济危机问题研究的文献，互相之间仍然存在打架的现象，往往是各持一端，强调这一面的同时否定另一面，如何整合成一个系统的理论，仍然是一个有待进一步探索的问题。

第三，能否把经济危机理论发展成为一个可供预测经济危机和经济周期的理论，是对经济学究竟是不是科学的巨大考验。关于经济学究竟是不是科学，美国经济学家阿尔弗雷德·S·艾克纳写过一本书叫作《经济学为什么还不是一门科学》，美国另一位经济学家写的书，记录了著名经济学家在历次预测中的失败。经济学家对经济形势的预测失败的多，成功的少。包括2008年金融危机爆发以后，英国女王访问伦敦经济学院时，面对那么多主流经济学家包括诺贝尔奖获得者，女王问，这么大的事情，你们为什么不知道呢？你们不是有那么多的模型吗？为什么没能预测出来呢？在场的经济学家都哑口无言。

可见经济危机的预测是非常难的，但是应该说这是经济学研究和发展的一个方向。我们知道自然科学的伟大意义就是在于通过发现规律能够进行预测。可是我们的经济学号称也是科学，但是，数学公式搞了一大堆，计量模型搞了一大堆，就是不能预测，永远说的都是过去的事。不能不说这是整个经济学面临的一个巨大问题。

二、 马克思研究经济危机的基本情况

由于马克思没有一个单独的篇章去论述经济危机问题，而是散见于各个地方，从各种不同的场景和各种不同的角度论述危机问题，没有把它们整合在一起，成为一个系统的理论。所以，国际经济学界就有人对于马克思的经济危机理论这个概念本身，也就是马克思到底有没有经济危机理论，提出了质疑。比如说熊彼特认为，马克思在商业循环领域的成就是最难以估价的，但这些成就真正有价值的部分却是由几十个短注和注释组成的，其中大多数是属于偶然性的。罗宾逊夫人认为马克思虽然对经济危机的许多问题的论述是很深入的，但是也是未完成的，不成体系。

但是，相比其他的所有经济学家而言，马克思对经济危机进行了最深入的研究，马克思的经济危机理论仍然是我们进一步研究经济危机问题的出发点。所以，我们有必要了解一下马克思对危机问题研究的基本情况。

首先是 19 世纪 40 年代的研究。1843 年的时候，马克思受恩格斯的影响提出一个观点，认为经济危机是私有制的产物，这一点体现在他在 1844 年写的对于詹姆斯·穆勒政治经济学所做的摘要里，这是最早对经济危机发表的意见。接下来 1847 年的《哲学的贫困》里面进一步阐释了关于经济危机的看法。他认为危机的发生不是因为生产的无政府状态，而是资本主义生产本身造成的。在 1847 年《雇佣劳动与资本》中，马克思详细地分析了劳动生产率的提高与经济危机之间的逻辑关系。由于竞争会使得所有的资本家不断提高劳动生产率，会使得商品越来越多，最终就会使得生产出来的商品销售不出去，于是产生了危机。应该说这个观点比前面的观点更加深入了。在《共产党宣言》里，马克思和恩格斯同样对经济危机问题做了非常深刻的论述，由于在 1845—1846 年马克思、恩格斯创立了历史唯物

主义理论，很明显，在《宣言》中，马克思、恩格斯开始运用历史唯物主义理论来分析经济危机问题。他们认为，资本主义经济危机的产生，是来源于资本主义的生产力和生产关系之间的矛盾和冲突，应该说这是一个基本观点，而且是非常深刻的一个观点。

在1848年的时候马克思有一个观点，认为危机是资本主义生产方式将被代替的一个前兆，原因是因为马克思认为危机会促使工人阶级革命运动的爆发，通过工人革命就可以彻底地改变资本主义生产方式。当然这个估计，把危机看作资本主义要灭亡的征兆的观点，晚年的恩格斯也做了自我批评。他说，在1848年那个时候，马克思和我都是过于乐观了。实际上一次经济危机并不足以导致资本主义的死亡。

1848年革命失败以后，马克思流亡英国伦敦，主要是搞政治经济学研究，包括对经济危机的研究。马克思之所以注重对经济危机问题的研究，主要是基于危机和革命的联系，马克思曾经在通信里说过，他坚信在繁荣的时候工人革命是不可能的，但是危机的产生是不可避免的，所以新的革命的到来也是不可避免的。正是怀着这样一个理论预期，在革命处于低潮的时候，马克思就详细研究政治经济学。19世纪50年代马克思对经济危机问题的研究，不仅体现在他后来写的经济学手稿里面，而且体现在他为《纽约每日论坛报》所写的大量的关于经济形势的报道和评论里面。

值得一提的是我们刚才说经济学家预测经济危机大部分都是失败的，马克思也有好多失败的案例，但是有一次预测是成功的，这就是马克思对于1857—1858年危机的预测。在1856年9月26日马克思给恩格斯的信里面对危机就进行预测了，他说："我不认为一场大的金融危机的爆发会迟于1958年的冬天。"马克思的预言确实被验证了。1957年秋天开始，经济危机从美国开始爆发，逐步扩散到欧洲主要资本主义国家，成为世界历史上的第一次世界性的经济危机，这是马克思在研究了大量的经济形势、经济时政材料，并且依据他的理论判断所做出的一次理论预测。应该说这是仅有的一次成功的预测。

在前期大量研究的基础上，19 世纪 50 年代后期，马克思开始创作《资本论》的手稿。其实那个时候还没有《资本论》的计划，因为马克思最开始准备写的著作叫《政治经济学批判》。马克思于 1857—1858 年所写的手稿都叫《政治经济学批判》，后来学界把它叫作《1857—1858 年经济学手稿》。在写这个手稿的过程中，马克思写了一个“导言”，就是《〈政治经济学批判〉导言》。这是一个非常重要的文献。这篇导言几乎透露了马克思的政治经济学的全部秘密。这个导言中特别值得关注的是“五篇结构计划”，其中最后一篇即第五篇的标题叫“世界市场和危机”。在后来扩展的“六册结构计划”中，“世界市场”仍然是最后一部分，但是马克思把“危机”删掉了。尽管如此，通过马克思的研究和写作结构计划，我们仍然可以窥探马克思对经济危机的理解的方法论原则。他认为危机是最表面的一种现象，危机的发生受到了各种现实因素的影响。所以在前面的那些相对处于抽象阶段的理论层面是没有办法讲危机的，这就是我们去看《资本论》的时候，经常发现马克思谈到危机的时候就会说，关于这个问题我们在后面研究。为什么？是因为在马克思看来，危机受到了无穷多的因素影响，所以不可能在任何一个抽象的层面得到一个完整的解释。必须在理论上不断从抽象上升到具体，达到一个最具体的阶段，那就是世界市场，只有到这个阶段，我们才能真正地去解释危机，在此之前讲的都只是危机的“元素形式”，或者叫“要素形式”，也就是危机的某一个方面。这是马克思对危机理解的一个非常重要的方法论原则。

在《1857—1858 年经济学手稿》中，马克思关于经济危机问题的研究有了进一步的深化。在这个手稿中，马克思从价值和使用价值的矛盾出发，进一步阐述了资本主义生产无限扩张的冲动，如何转化为对资本自身的限制。马克思指出，资本主义在发展过程中所遇到的限制在于，资本主义生产遇到了市场这个“处于生产过程以外的对于这个过程的限制。”这个限制的第一个表现是消费不足，第二个表现就是比例失调。这样，马克思从资本主义生产方式的内在矛盾出发揭示了经济危机的必然性，同时又从消费不足和比例失调两个具体的方面论证了经济危机产生的机理。这些思想被后来的学者所继承，成为马克思主义解释经济危机的两种经典理论。

在这个手稿里，马克思还进一步分析了资本主义构成的提高，如何必然导致平均利润率下降，然后从平均利润率下降的这样一个规律出发，进一步阐述了产生经济危机的一些具体的资本主义矛盾，以及产生经济危机的具体机理。

由此可见，在1857—1858年这个时候，马克思比以前更加深入地探讨了资本主义经济危机产生的原因和机理。

1861—1863年，马克思又写了一个庞大的经济学手稿，它的核心部分是剩余价值理论，也就是对古典经济学的各种理论的批判，但是同时马克思自己的理论也得到了进一步的扩展。这里我们关注的是马克思对危机问题的阐述，其中最重要的是，马克思在这个手稿里阐述了他的经济危机理论的方法论原则。他认为，世界市场危机必须看作资产阶级经济一切矛盾的现实综合强制平衡，资产阶级生产的一切矛盾在普遍的世界市场中表现出来，而在局部的危机中只是分散地、孤立地、片面地暴露出来。马克思还认为，在这些危机中综合起来的各个因素，必然在资产阶级经济的每一个领域中出现并得到阐明。我们越是深入地研究这种经济，一方面这个矛盾越来越新的规定就必然被阐明；另一方面，这个矛盾的比较抽象的形式会再现并包含在它的比较具体的形式中，这一点也必然会被说明。

我们之所以要强调马克思关于经济危机研究的理论发展过程，是因为只有从这个角度我们才能把握马克思的经济危机的整体脉络。而马克思关于经济危机的研究过程表明，马克思对于资本主义经济危机的理解是随着理论的发展而不断深化的。其中，最重要的是，马克思是在创立了历史唯物主义理论之后，才确立了理解资本主义经济危机的科学方法论，同时，随着马克思的政治经济学研究的不断深化，最终确立了如何在理论上来阐述经济危机问题的逻辑方法，即按照从抽象上升到具体的逻辑方法来逐步揭开资本主义经济危机的神秘面纱。

三、《资本论》的经济危机理论及其当代价值

马克思在大量的文献中都论述过经济危机问题，但是相比较而言，《资本论》仍然是最集中和最全面地体现马克思对于资本主义经济危机的理解的著作。由于《资本论》本身是一部未完成的著作，而且《资本论》确实没有独立的篇章来论述经济危机问题，从这个角度来说，认为马克思的经济危机理论体系并没有完成，似乎也有一定的道理。但是，不能认为《资本论》中没有经济危机理论，更不能认为马克思没有经济危机理论体系。事实上，从《资本论》所运用的方法论和各个具体理论的内容上来看，我们认为，一部《资本论》实际上就是一部资本主义经济危机论。根据马克思在《资本论》和其他文献中的大量提示可以看出，由于经济危机问题本身具有巨大的复杂性，因而，它不可能在一篇一章中能够被孤立地解释清楚。事实上，在《资本论》三大卷的全部理论的展开过程中，马克思运用唯物辩证法和历史唯物主义的根本方法论和从抽象上升到具体的辩证逻辑方法，全面地分析了资本主义经济危机产生的根源、最一般条件和各个层面的“要素形式”。因而，从一定意义上来说，经济危机问题像一条看不见的线，隐藏在《资本论》的全部理论之中。

从《资本论》的方法论来看，马克思在《〈政治经济学批判〉序言》中就明确地指出过，历史唯物主义是“一经得到就用于指导我的研究工作的总的结果”。列宁指出过，自从有了马克思的《资本论》，历史唯物主义不再是一种假说，而是被科学地证明了的原理。历史唯物主义认为，生产力与生产关系的矛盾是人类社会的基本矛盾，生产力与生产关系的对立统

一运动推动着人类社会的发展。《资本论》运用这一基本原理，从资本主义条件下的社会生产力与资本主义生产关系的对立统一运动的角度出发，全面地揭示了资本主义社会经济运动过程和各种规律，其中不仅包括价值规律、剩余价值规律、资本积累规律、社会资本再生产规律、平均利润率下降规律等，而且也包括资本主义经济危机的周期性爆发这一规律。但是，由于经济危机规律比其他规律更为复杂，所以，马克思在《资本论》中并没有设列单独的篇章来加以论述，而是在全部理论的展开过程中，全面深入地揭示了资本主义经济危机规律的方方面面。

在《资本论》第一卷第一篇的商品和货币理论中，首先，马克思从商品生产的发展和货币的产生出发，提出了关于产生经济危机的最一般的和最抽象的形式和可能性的观点。马克思的分析表明，商品内在的使用价值与价值之间的矛盾及其发展产生了货币。货币的产生，并没有消除商品本身的内在矛盾，而是使商品内在的使用价值与价值的矛盾外在地表现为或转化为货币与商品之间的对立和矛盾。而货币的产生使得商品的买和卖相分离，买和卖成为两个互相独立的和对立的过程。货币的流通手段的职能的产生，为经济危机的产生提供了第一个最抽象的或最一般的条件。因为在商品流通过程中，如果有人卖了商品而不再购买，就必然使有的商品卖不出去。

其次，货币的支付手段职能的产生，为经济危机的产生提供了第二个最抽象的或最一般的条件。这是因为在货币执行支付手段的过程中，在买者和卖者之间形成了一种债务链条，其中某一个支付环节发生中断，就可能产生连锁反应，形成一系列商品流通和货币流通的中断。但是马克思认为，商品生产和货币的产生，只是为经济危机的产生提供了最一般条件和可能性，而没有提供经济危机的现实性。这是因为在一般商品生产或简单商品生产条件下，生产、分工和交换关系都还不够发达，不足以产生全面的商品流通的停滞或中断。甚至在资本主义的早期阶段，受生产力发展水平和发展速度所限，也不足以导致整个社会范围内的经济危机。

在第一卷的剩余价值生产理论中，马克思进一步研究了资本主义生产方式的确立及其发展和变革，如何为经济危机的产生提供了现实的社会条件和物质技术及生产力基础。马克思的研究表明，劳动力成为商品是货币转化为资本的前提条件。雇佣劳动制度和资本主义生产方式的建立，产生了社会化大生产，它的第一个现实的形式就是工场手工业。在资本主义生产方式建立以后，由于生产一开始就采取大规模的社会化生产方法，相比以往的分散的小生产方式而言，劳动生产力有了历史性的巨大提高。但是，在工场手工业阶段，劳动生产率的提高仍然受到手工劳动的限制。在工场手工业基础上所发展起来的大工业生产方式，不仅使劳动对于资本的形式上的隶属发展为实际上的隶属，而且使社会生产力获得了前所未有的大规模和快速的发展，从而使资本主义生产方式的内在矛盾获得了更为充分的发展，并为资本主义经济危机的产生提供了进一步的社会基础和物质技术基础。在大工业阶段，由于越来越多的劳动力成为雇佣劳动者，并且资本家获得的剩余价值也获得了前所未有的增长，从而资本与劳动的对立和矛盾也获得了新的发展。与此同时，机器的广泛使用，使资本本身的扩张力获得了巨大发展。马克思指出："一旦与大工业相适应的一般生产条件形成起来，这种生产方式就获得一种弹力，一种突然的跳跃式的扩展的能力，只有原料和销售市场才是它的限制。"这就是说，随着机器和大工业生产方式的建立和发展，资本主义生产与流通之间的矛盾也获得了新的发展，从而使经济危机的现实性也得到了发展。也这正是为什么自 1825 年经济危机爆发以后经济危机成为一种周期性现象的重要原因。

在第一卷的资本积累理论中，马克思深刻地揭示了资本主义积累的一般规律，从而进一步揭示了资本主义经济危机产生的内在机理。马克思的研究表明，伴随着资本积累和资本有机构成的提高，必然导致财富在资本一方的积累和贫困在工人一方的积累。这不仅导致工人阶级与资本家阶级的对立和矛盾日益尖锐化，而且从再生产的角度来看，必然造成消费需求特别是工人阶级的有效需求不足，这就为经济危机提供了另一个重要的现实性条件。虽然马克思确实说过，一切危机从根本上来说都是来源于工人阶级的消费不足，但是，马克思并没有把消费不足理解为资本主义经济危机产生的原因，而是把它理解为产生资本主义经济危机的现实条件之一。从资本主义的经济实践来看，发达资本主义国家虽然在二战以后普遍实行社会福利制度，使劳资矛盾得以缓和，并使工人阶级的收入和消费能力有了很大的提高，但是仍然没有能够消除经济危机的周期性爆发。可见，仅仅停留在收入分配的调整上，并不能从根本上消除由资本主义生产方式的内在矛盾而产生的经济危机。

在第二卷中，马克思通过对资本流通过程的研究，进一步全面地分析了产生经济危机的各种现实条件和“要素形式”。首先在第一篇的资本循环理论中，马克思揭示了单个资本要连续循环不是无条件的，而是有条件的，这就是资本循环的三个环节和资本的三种职能形式，必须保持连续转化并同时并存。这个条件其实对于很多单个企业而言是很严格的，也是经常做不到的，在现实中表现为经常有一些企业关门或破产。马克思还分析了在资本主义循环过程中，即使保证了连续性和并存性，也并不一定能保证连续循环的正常进行。为什么？马克思特别分析了价值革命产生的影响。什么叫价值革命？就是由于劳动生产率的提高而导致的商品价值以及资本价值的变化。我们知道资本循环过程中，有不同的阶段，这些不同的阶段的各个部分之间要保持一定的比例关系，由于在不同阶段有劳动生产率、技术创新的发生，所以会改变原来的机器设备和原材料的价值，原来的比例关系就破坏掉了，必须进行一个调整。能不能调整？很难说，调整了有可能顺利循环，调整不了有可能发生循环的中断。所以马克思论证了技术革命、劳动生产率的提高对资本循环的重要影响，从而进一步揭示了产生资本主义经济危机的非常重要的“要素形式”。

在第二卷第二篇的资本周转理论中，马克思探讨了资本主义经济危机周期性的物质技术基础。马克思提出了一个重要观点，他认为固定资本的大规模更新，是产生周期性经济危机的物质基础。这是因为在危机阶段，由于商品价格普遍下降，其中各种生产设备和生产资料的价格也大幅下降了，于是，资本家会利用这个时机进行大规模的固定资本更新。固定资本的大规模更新，一方面扩大了市场需求，从而有利于经济的复苏；但是另一方面，固定资本的大规模更新导致生产技术水平和劳动生产率的进一步提高，从而为下一次危机的爆发提供了新的物质技术基础和条件。马克思也正是根据这一点来预测经济危机的。马克思的这个观点当然反映了那个时代大工业的特点。在那个时代，机器设备的使用寿命和更新的周期大概是十年。马克思关于固定资本大规模更新的理论，同样揭示了资本主义经济危机的“要素形式”之一，并且马克思提供了一个理解经济危机周期性和资本主义经济波动性的重要理论支点。

在第二卷关于社会资本再生产理论中，马克思更是全面地分析了整个社会总资本再生产所需要的各方面条件，从而深刻地揭示了资本主义经济危机产生的内在机理。马克思的社会资本再生产理论表明，社会资本再生产要能够正常进行，在社会生产的两大部类之间，以及两大部类的各个副类之间，还有固定资本更新和折旧之间，价值的替换和物质形态的替换之间，都必须保持一定的比例关系。

其实马克思的社会资本再生产理论仍然是抽象的，实际上整个社会的生产何止两个部类，又何止四个副类，其实它可以继续分解为每一个部门，甚至每一个产品。我们可以想象一下，当我们的分工越来越细化的时候，我们会列出非常非常多的序列，需要在整体框架里面保持各个部分的比例关系。马克思说，社会资本再生产过程本身的复杂性就会导致比例失调。马克思通过这样一种分析说明了，由资本主义生产方式本身决定的资本主义生产的无政府状态必然导致社会再生产所需要的各种内在比例关系遭到破坏。如果是局部的比例被破坏，那就是局部危机，如果是整体的比例遭到破坏，那它就是真正的经济危机。

在第三卷中，马克思同样揭示了资本主义经济危机的各种“要素形式”。其中最集中地体现在关于平均利润率下降规律的理论中。在这个理论中，马克思分析了资本主义生产方式所表现出来的各个方面的矛盾，包括剩余价值生产与实现的矛盾，生产扩大与价值增值的矛盾，人口过剩和资本过剩的矛盾，马克思把这些矛盾综合在一起，进一步论证了资本主义经济危机的必然性和资本主义生产方式的历史局限性。

在第三卷关于商业资本的理论中，马克思指出，由于商业资本的独立化，也会造成虚假的市场需求。我们知道，产业资本把商品卖到商业领域就可以扩大再生产，实际上商品没有最终消费，还在流通领域里面，所以商业的独立化和发展也会为危机提供了一种“要素形式”。

在第三卷关于借贷资本、信用和银行资本的理论中，马克思进一步地分析了在产业资本和商业资本基础之上，又如何产生了资本主义信用及其发展。马克思分析了信用的两个方面的作用，一方面促进了资本主义生产的发展，但是同时又带来了非常严重的后果，就是促进了经济危机和金融危机的爆发。马克思认为资本主义信用的发展产生了纯粹的赌博，这就是我们今天看到的所谓金融化的后果。这种赌博的经济现象的产生，金融的无限扩展，一定会产生金融危机。实践表明，马克思的这个基本观点是正确的。

除了《资本论》中关于资本主义经济危机的要素形式的全面论述之外，马克思还有很多很具体的写作计划，包括“六册结构计划”中要分析的“雇佣劳动”“土地所有权”“国家”“对外贸易”“世界市场”等，马克思还有很多其他的计划，包括要对“竞争”“信用”“股份资本”等等进行专门分析。在马克思这些计划中，马克思力图从这些不同的要素出发去揭示资本主义危机产生的具体要素和条件。

由此可见，马克思对经济危机问题的分析是非常丰富而深刻的，他既有一个总的方法论，同时在各个具体理论中全面地揭示了产生资本主义经济危机的各种要素形式和具体机制。把马克思的方法论和各个具体理论结合起来，就能够对资本主义经济危机提供一个科学的解释。虽然马克思本人没有在单独的篇章中提供一个现成的经济危机理论体系，但是马克思对资本主义经济危机问题的全面分析，事实上已经提出了一个经济危机理论。

一百多年来资本主义经济发展的实践表明，马克思的全部政治经济学理论包括其中的经济危机理论，是完全科学和正确的理论。现实资本主义经济发展不是否定而是一再证实了马克思的理论分析和预见。因此，只有进一步运用马克思主义政治经济学理论，才能科学认识当代资本主义的实质及其发展规律和趋势。就马克思的经济危机理论来说，它仍然是我们科学认识当代资本主义经济周期和运动规律的理论基础和出发点，而且对于中国特色社会主义经济建设也具有十分重要的指导意义。具体来说：

第一，马克思的经济危机理论中所运用和体现的历史唯物主义方法论，仍然是我们认识当代资本主义经济危机或金融危机的科学指南。马克思的经济危机理论深刻地揭示了一切资本主义经济危机的本质和最深刻的根源，而不是像一些资产阶级经济学家那样，只是在经济危机的表面现象上兜圈子。马克思的经济危机理论认为，资本主义生产方式的基本矛盾，即社会化生产与资本主义生产资料的私人占有之间的矛盾是产生资本主义经济危机和经济波动的总根源。一百年多年来，发达资本主义虽然在许多方面发生了一些变化，但是，资本主义所固有的基本矛盾并没有从根本上得以消除，从而也就不可避免地仍然会爆发周期性的经济危机和金融危机。因而，周期性的经济危机和经济波动，是完全内生于资本主义生产方式和经济制度的，是资本主义经济所固有的东西。因而，要彻底消除经济危机，除非消灭资本主义本身。这是马克思的经济危机理论所揭示的最重要的、也是最具有革命性的结论。马克思的经济危机理论所提供的这一深刻见解，不仅打破了一切资产阶级经济学理论对于资本主义的粉饰，而且给全人类指明了前进的方向。因而，马克思的经济危机理论正如他的全部政治经济学理论一样，并不仅仅具有阶级的属性和意义，而且具有全人类的和世界性的意义。显然，马克思的经济危机理论对于我们坚持中国特色社会主义道路具有十分重要的指导意义。

第二，马克思的经济危机理论认为，资本主义社会经济是一个不断发展的过程。因而，在不同的历史阶段，资本主义生产方式也具有不同的特点，资本主义基本矛盾的两个方面及其关系也会具有不同的形式，从而，资本主义经济危机也具有不同的产生条件和特点。例如，在商业资本主义阶段，经济危机主要表现为一种局部危机，在工业资本主义阶段，则主要表现为生产相对过剩的而且是周期性的经济危机。而在全球化的金融垄断资本主义阶段，资本主义经济危机则更多地表现为国际性的金融危机，进而发展为经济危机。这就是说，资本主义经济危机是一个历史的范畴。我们必须以马克思的经济危机理论为指导，深入研究当代资本主义经济的新变化和新特点，在深刻把握当代资本主义经济危机和金融危机的实质的同时，进一步科学认识当代资本主义经济危机和金融危机的具体特点及其发展趋势。这对于推进处于对外开放新阶段的我国社会主义经济发展无疑具有十分重要的实践价值。

第三，马克思的经济危机理论不仅深刻地揭示了资本主义经济危机的本质和制度根源，而且也深刻地揭示了市场经济与资本主义经济危机的内在联系，这对于我们深入研究中国特色社会主义市场经济的发展规律具有重要的启发意义。马克思的经济危机理论表明，商品生产和货币的产生，为资本主义经济危机提供了最一般的和最抽象的形式和条件。在社会主义市场经济条件下，同样存在这样的一般的和抽象的形式。因而，我国社会主义市场经济不仅同样出现了明显的经济波动，而且在国际金融经济危机的影响下，经济发展进入新常态，经济增长面临新的压力。虽然从理论上来说，社会主义条件下不可能产生资本主义那样的经济危机，但是，我们必须充分认识我国社会主义的不成熟性。事实上，在我国社会经济的发展过程中，已经存在许多产生经济危机的各种“要素形式”，例如，产业结构和整个社会再生产比例的失衡，收入分配的差距过大，等等。因此，我们必须以马克思的经济危机理论为指导，进一步加强对于社会经济的规划和计划指导，全面深化经济体制改革，着力推进供给侧结构性改革，着力进行产业结构调整，着力深化收入分配改革。只有这样，才能避免资本主义式的经济危机的爆发，才能保持中国特色社会主义经济的持续健康发展。

马克思的企业规模理论研究

企业规模的变化及其规律，表面上看似乎只是一个产业组织的问题，特别是自西方主流经济学把这一问题列为产业经济学的特定研究内容以后，就更加深了人们的这一看法。但是，只要我们深入地考察就会发现，事情并非如此。无论是在西方经济学理论中，还是在马克思经济学理论中，企业规模问题都是一个极为重要的问题，因为正是面对企业规模问题，西方主流经济学暴露出它的脱离实际和内在矛盾，而马克思经济学也同样面临深化和发展的问题。

一、马克思的企业规模理论的重要性及其主要特点

企业规模问题成为经济学讨论的热点，是有原因的。首先，是因为这是一个十分现实的问题。从企业经营管理的角度来说，企业规模到底多大最好，这是每一个企业家必然要关心的问题，从国民经济及其竞争的角度来看，它也是引人注目的，“世界五百强”的话题总是那么引人注目就是明证。其次，是因为现有的经济学理论对于这个问题都没有提供令人满意的答案，在理论上存在各种各样的漏洞，不能自圆其说，这就激发了经济学家的斗志。最后，也是最重要的，这一问题涉及经济学理论的一些深层次的内容。对于西方经济学来说，能否合理解释企业规模及其变动规律，成了检验其基本理论是否科学的重大难题之一，而对于马克思经济学理论来

说，企业规模问题同样是一个需要进一步深入研究的课题。

企业规模问题在马克思经济学中并不构成一个独立的理论部分，这一问题的重要性，在于它与马克思对于资本主义生产方式的整体批判有关。企业规模以及与此相关的生产规模问题，直接与生产的集中性相联系，且与生产的社会化概念相关，进而与社会生产和经济的组织问题相关，与马克思主义理论对于人类未来的社会生产方式和经济组织方式的设想相关。某种意义上可以说，没有生产规模和企业规模大型化、集中化所表现出来的生产计划性和组织性的发展趋势，马克思对未来社会的计划生产的设想就仍然没有脱离空想的性质，没有对资本主义经济生活中已经出现的生产和资本的集中及垄断趋势的深刻洞察，马克思也不可能凭空得出一种新的社会生产方式必将取代资本主义的结论。今天看来，某种意义上可以说，马克思对资本主义的整体批判和对未来社会生产方式的猜测和设想，其得与失都与他对生产资本集中程度的发展趋势的估计有关，与他对资本主义企业规模的发展趋势的认识有关。本文正是从这样一个高度出发来研究马克思关于企业规模的理论、关于生产和资本集中的理论的。

马克思经济学的主要方法和特点，就在于通过考察资本主义生产关系与社会生产力的矛盾运动揭示资本主义经济发展规律和历史趋势；这一总的方法论体现在马克思经济理论的所有主要方面，在企业规模问题上同样如此。马克思关于企业规模的理论的主要特点在于：与西方主流经济学不同，马克思不是单纯从技术经济分析的角度来解释企业规模及其变动抽象的、一般的规律，而是从资本主义时代生产力的具体特点出发，从资本主义生产关系的特定性质出发，并把这两个方面有机地结合起来，揭示了资本主义条件下企业规模变动的具体的、历史的规律。马克思的企业规模理论比西方经济学的企业规模理论更全面更深刻。

二、 马克思的企业规模理论的主要内容

企业规模问题虽然没有构成马克思经济理论中一个独立的理论要素，但是，马克思在一系列重要理论中都讨论了这一问题，从而形成了内容丰富的企业规模理论。

（一）货币转化为资本的最低限额

货币作为价值的一般形态，是资本的最初的和一般的形式，但是作为货币的货币与作为资本的货币不仅具有质的区别，而且具有量的区别。只有达到一定的量，货币才能“转化”为资本，而这个量又是由资本的质所规定的。马克思正是从资本是带来剩余价值的价值这一质的规定性出发，提出了关于货币转化为资本的最低限额的理论，这个理论构成了马克思关于生产规模、资本规模和企业规模理论的第一个内容。

劳动力成为商品是货币转化为资本的前提条件，但是，从范畴的意义上来说，货币的资本化不仅需要劳动力商品这个质的规定性条件；而且也需要一定数量的劳动力商品这个量的规定性条件，这是因为只有资本家雇佣足够数量的劳动力，资本家才能成为真正的资本的人格化主体，才能成为真正脱离直接劳动的剥削者。货币转化为资本的最低限额首先是由资本家必须雇佣的最低数量的劳动力数量来决定的，因此，雇佣劳动力的规模就成为划分资本家和小业主的标准。

那么，货币所有者要成为真正的资本家，他必须雇佣的工人的最低限额是多少呢？

马克思的分析表明，货币转化为资本所必须的劳动力的最低限额，首先取决于人们对资本家必须获得的剩余价值的最低数量的规定。在其他条件相同的前提下，这个规定不同，劳动力的最低限额也必然不同。马克思之所以提出了货币所有者必须最少雇用 8 个工人才能成为资本家，前提就在

于马克思假定了“他的生活只比一个普通工人好一倍，并且把所生产的剩余价值的一半再转化为资本”①，除此之外，马克思还假定了每个工人的工作日都是12小时，其中8小时是必要劳动时间，4小时是剩余劳动时间。显然，如果工作日以及必要劳动时间和剩余劳动时间的长度和比例不同，从而每个工人提供的剩余价值量不同，那么，货币转化为资本所必须的雇佣劳动力的最低限额也必然不同。马克思明确指出，货币转化为资本所必须的劳动力最低限额取决于多种因素，“在资本主义生产的不同发展阶段是不同的，而一定的发展阶段上，在不同的生产部门内，也由于它的特殊的技术条件而各不相同”②。因此，即便是在某种特定的历史条件下，对不同部门的货币所有者进行“小业主”和“资本家”的划分时，也必须根据不同部门具体情况制定不同的标准，而不能简单化地照搬马克思基于一系列假设所提出的雇用8个工人的数量标准。

马克思分析货币转化为资本所必须雇佣的劳动力最低数量问题的目的，并不是为了制造这个最低数量标准本身，而是为了说明“不是任何一个货币额或价值额都可以转化为资本”，“这种转化的前提是单个货币所有者或商品所有者手中有一定的最低限额的货币或交换价值”。马克思之所以提出了货币转化为资本的最低限额问题，但又并没有直接讨论货币转化为资本的最低限额本身，而只是研究了其中的主要部分——表现为劳动力的可变资本部分，原因就在于此。

（二）马克思论规模经济——关于协作与分工的理论

如前所述，即使是生产方式完全保持不变，单纯由于同一资本雇佣的劳动力数量达到一定规模也会使货币转化为资本，单纯的货币所有者转化为真正的资本家。“起初只是量的区别”，“不过，在一定限度内还是会发生变化”。马克思考察了在简单协作条件下所存在的规模经济效应，提出了关

①《资本论》第1卷，北京：人民出版社1975年版，第342页。

②《资本论》第1卷，北京：人民出版社1975年版，第343页。

于协作的理论，它构成了马克思关于生产规模、资本规模和企业规模理论的第二个内容。

马克思系统分析了建立在一定生产规模基础上的简单协作比分散的个体生产所具有的多方面的优越性：①协作可以抵消各个劳动者在劳动能力上的差别，为资本家提供社会平均的劳动力。②即使劳动力方式不变，同时使用较多的工人，也会在劳动过程的物质条件上引起革命。这主要是指劳动过程中共同消费的生产资料会由于规模生产而得到相对节约。③基于一定规模的协作劳动不仅提高了个人生产力，而且创造了一种不同于劳动的自然生产力的新的生产力，即直接由结合劳动本身所形成的集体力，这种集体力与单个劳动者的力量的机械总和有本质的区别，它的效果“要么是个人劳动根本不可能达到的，要么只能在长得多的时间内，或者只能在很小的规模上达到”。④许多人在一起协作劳动，单是社会接触就会引起竞争心和精神振奋，从而提高每个人的个人工作效率。⑤许多人一起协作劳动即使没有分工，他们的个人劳动也可以作为总劳动的一部分，代表劳动过程本身的不同阶段，从而使劳动对象更快地通过这些阶段。⑥在一些生产部门存在紧急时期，即由劳动过程的性质本身所决定的一定时期，在这个时期内必须达到一定的劳动效果，在这种紧急时期，能否投入足够规模的劳动力，对生产的整体结果有着极大的影响。⑦协作可以扩大劳动的空间范围，有些劳动过程由于劳动对象本身就存在广泛的空间联系，因此，它必须通过协作劳动来进行；另一方面，协作也可以（与生产规模相比而言）缩小生产的空间范围，从而会由于劳动者的集结、不同劳动过程的靠拢和生产资料的积聚而节约非生产的费用。

马克思把采用规模生产进行协作劳动而产生的全部效果，都概括为“劳动的社会生产力”或“社会劳动的生产力”，这种劳动的社会生产力是发生在资本家的生产过程中的，因此，尽管它是“工人作为社会工人所发挥的生产力”，但是它仍然属于资本家，而且“不费资本分文”，因为资本总是只对独立的雇佣劳动者个人支付劳动力价格。

既然采用规模生产具有诸多优越性，那么这种生产的规模和协作的规模是由什么决定的呢？马克思认为：“协作工人人数或协作的规模，首先取决于单个资本家能支付多大资本量来购买劳动力，也就是取决于每一个资本家在多大规模上拥有供许多工人用的生活资料。”当然，仅有可变资本是不够的，还必须有与可变资本相配套的不变资本，因此，“较大量的生产资料积聚在单个资本家手中，雇佣工人进行协作的物质条件，而且协作的范围或生产的规模取决于这种积聚的程度”①。总之，单个资本家所拥有的资本量决定了雇佣工人进行协作劳动的规模。

但是，要使协作的规模效益得到发挥，是需要一定条件的，这就是管理。马克思从劳动二重性出发，分析了由资本主义生产过程二重性所决定的管理二重性：一方面，资本主义管理是一种由劳动过程的社会性质所决定的并且属于社会劳动过程的特殊职能；另一方面，它又是由资本家与工人之间的对抗关系所决定的、剥削社会劳动过程的职能。

随着协作劳动的规模不断扩大，管理的范围和职能也必然随之扩大和增加，这是因为：一方面，随着生产规模的扩大，对生产资料的合理使用进行监督、调节的必要性也增加了；另一方面，伴随生产的扩大，资本与劳动的对立也不断加深，从而资本为压制工人的反抗所施加的压力也必然增加。这就是说，生产规模越大，管理、调节和监督的范围越大，职能越多，难度也就越大。这样，管理就日益发展成为生产过程中必不可少的要素，成为社会化生产本身所必需的一种职能，成为资本在市场竞争中能否制胜的关键。

可见，马克思虽然没有明确提出“规模不经济”的概念，但是，他通过分析管理与生产规模的关系，实际上揭示出生产规模的扩大必然受到管理的限制这一规律。按照马克思的分析逻辑，我们很容易得到这样的结论：

①《资本论》第1卷，北京：人民出版社1975年版，第366—367页。

生产规模扩大的界限也就是管理的有限边界，只有在这个边界以内，生产规模的扩大才表现为规模经济递增；反之，超出这个边界，就会出现规模经济递减，从而出现“规模不经济”。因此，生产规模并不是越大越好，生产规模的扩大并不是不受任何条件的制约。如果说资本主义管理在其产生根源和职能上都具有二重性的话，那么，管理对于生产规模的制约也是二重的：一方面单是由于生产规模的扩大本身就需要管理，同时生产规模的扩大又会给管理、调节增加难度，反过来又会使生产规模的扩大受到制约；另一方面，随着生产规模的扩大，资本家不仅脱离体力劳动，而且也越来越脱离对生产过程的直接监督和管理，而把这些职能交由经理和监工来完成，这样，资本家就越来越远离生产过程，对经理和监工的管理代替了对生产过程的直接管理。

总之，管理的有效性越来越成为制约生产规模扩大的重要因素，尽管在不同的生产部门这种制约作用会由于生产的技术条件和市场环境的不同而有所差别。这种管理的制约作用来源于生产规模的扩大本身。在这里，我们又看到了事物发展的内在辩证法，生产规模的扩大具有许多经济上的优越性，但生产规模的扩大又给自己规定了一定的界限，超过这个界限，单是由于管理的失败就会使整个协作劳动的优越性丧失殆尽。

简单协作虽然是资本主义生产的起点，但是它“并不构成资本主义生产方式的一个特殊发展时代的固定的特殊形式”。协作不仅存在于古代、中世纪，而且在资本主义那些大规模运用资本而分工或机器还不起重要作用的生产部门，始终是占统治的形式。但是，资本主义协作的“典型形态”，并不是简单协作，而是以分工为基础的协作，它在真正的工场手工业时期即16世纪中叶到18世纪末期居统治地位。很显然，“分工条件下的协作”与“简单协作”的区别不在于协作，而在于分工。马克思对分工进行了全面系统分析。虽然马克思并不是从生产规模和企业规模的角度来论述分工问题，但是，他的分工理论中却包含着关于生产规模和企业规模的重要内容。

马克思分析了工场手工业的二重起源，指出：“一方面，它以不同种的独立手工业的结合为出发点，这些手工业非独立化和片面化到了这种程度，以致它们在同一个商品的生产过程中成为只是互相补充的局部操作；另一方面，工场手工业以同种手工业者的协作为出发点，它把这种个人手工业分成各种不同的特殊操作，使之孤立，并且独立化到这种程度，以致每一种操作成为特殊工人的专门职能。”不管工场手工业的出发点如何不同，“它的最终形态总是一样的：一个以人为器官的生产机构”①。即存在劳动分工和协作关系的生产组织。

我们可以看到，工场手工业的形成本身就是生产规模和企业规模扩大的过程，因为不管它是由哪一种方式产生，都有一个共同的特点，即都是不同的独立手工业者的“结合”和“协作”。因而，工场手工业的规模无疑比独立手工业要大得多。马克思不仅分析了采用工场手工业的生产方式如何产生了生产效率的提高，而且也分析了工场手工业内部的劳动分工对于工人阶级的影响。

对于工场手工业在生产效率方面的优越性，马克思从协作的一般性质和分工的特点两个不同方面进行了具体分析。一方面，马克思把工场手工业在生产效率方面的优越性仍然归结为“协作的一般性质”即单纯的规模效益。另一方面，马克思又进一步分析了工场手工业内部的分工如何导致生产效率的提高。①在分工条件下，每一个工人终生从事某种简单操作，从而成为“局部工人”，他花在这一种操作上的时间，比循序地进行整个系列的操作的手工业者要少。②在工场手工业时期，不同的阶段过程由时间上的顺序进行变成了空间上的并存，在这里形成了与独立手工业中甚至简单协作中完全不同的连续性、划一性、规则性、秩序性，特别是劳动强度。在这里每一个局部工人必须在一定劳动时间内提供一定量的产品成了生产过程本身的技术规律。③在局部劳动独立化为一个人的专门职能之后，局

①《资本论》第1卷，北京：人民出版社1975年版，第375页。

部的方法也就完善起来。“经常重复做同一种有限的动作，并把注意力集中在这种有限的动作上，就能够从经验中学会消耗最少力量达到预期的效果。”[①] 在任何依靠人的身体器官运动所从事的活动中，经验的积累都是通过大量的动作反复来实现的。因此，在分工条件下局部工人终生从事某种固定操作，同样有助于操作经验的积累，有助于劳动方法的完善和劳动效率的提高。但是，劳动者之间的固定分工对于劳动效率的影响是二重的：一方面它提高了每一个劳动者的生产效率，从而使生产的总体效率得到提高，另一方面“不断从事单调的劳动，会妨碍精力的集中和焕发，因为精力是在活动本身的交换中得到恢复和刺激的”[②]。在劳动分工中，“局部工人作为总体工人的一个器官，他的片面性甚至缺陷就成了他的优点”。因此，资本从分工中所获得的规模效益是以工人的全面发展的牺牲为代价的。而工人的全面发展正是劳动的创造性得以充分发挥从而劳动生产力得到彻底解放的前提。奴隶般地屈从于劳动分工需要，使劳动对于工人来说表现为“外在的东西”“被迫的劳动”，从而使工人的劳动缺乏自觉性和创造性，结果使劳动效率受到很大的制约。不仅如此，分工和专业化使工人的劳动变成简单劳动，从而使劳动力发生“相对贬值”。因此，“消灭旧分工”就成为劳动者全面发展、劳动者的劳动积极性和创造性得到全面发挥的根本途径。[③] ④在工场手工业中，由于总是好几代工人同时在一起干活和共同劳动，因此，便于技术上的诀窍得到传播、巩固、积累和流传，这同样有利于从总体上相对提高劳动生产力的效果。⑤在工场手工业中，劳动工具因劳动分工而发生了分化和专门化，前者使同类的工具获得了适合于每种特

①《资本论》第1卷，北京：人民出版社1975年版，第376页。

②《资本论》第1卷，北京：人民出版社1975年版，第378页。

③ 这里必须指出的是，“劳动分工”与“劳动者分工”并不是同一个概念，马克思恩格斯所讲的“消灭旧分工”实际上指的是消灭劳动者分工，而不是劳动分工。毫无疑问，随着社会的发展，劳动分工将不断发展；并成为社会生产力发展的主要形式和标志，而劳动者的固定分工的消灭，则有赖于社会生产力的高度发达，以至于直接劳动不再成为财富的主要因素，从而使劳动真正成为一种自由的创造活动。

殊用途的特殊的固定形式，后者使每种这样特殊的工具只有在专门的局部工人的手中才能充分发挥作用。劳动工具的简化、改进和多样化，适应了提高劳动效率的需要，而且直接为机器的发明提供了物质条件，因为机器就是由许多简单工具结合而成的。

马克思在对工场手工业内部的分工进行分析时，揭示了工场手工业生产规模扩大的一种规律性："如果各个不同的局部工人小组之间最合适的比例数，已由经验为一定的生产规模确定起来，那么，只有使每个特殊工人小组按倍数增加，才能扩大这个生产规模"①。马克思以英国制瓶手工工场为例进行了具体说明，并且指出了这种生产规模扩大中所存在的两种规模效率。一是可以使不同的劳动小组共享某些劳动和管理，因为不管规模大小，某些工作都可以由同一些人来做；二是可以使不同的"劳动小组"共享某些生产资料，从而使之得到"更经济的利用"。

马克思已经注意到工场手工业中存在的生产一体化现象，即不同的工场手工业结合为更大的工场手工业，他以英国的大玻璃工场自己制造坩埚和制造燧石玻璃的工场同磨玻璃业、铸铜业的结合为例，分别说明了"向上一体化"和"向下一体化"。马克思认为"结合的工场手工业虽有某些优点，但它不能在自己的基础上达到真正的技术上的统一，这种统一只有在工场手工业转化为机器生产时才能产生"②。马克思对工场手工业的结合所具有的某些优点并没有进行更具体的分析，但却明确指出了这种结合所缺乏的"技术上的统一性"，这实际上已经揭示了生产的一体化发展和生产规模的扩大必然受到技术限制的客观规律。当然，正如本文的分析所表明的，生产技术和生产方式是决定生产规模的基础，但它并非生产规模和企业规模扩大的唯一制约因素。

在马克思的分工理论中，包含着关于社会分工和工场内部分工的相互

①《资本论》第1卷，北京：人民出版社1975年版，第384页。

②《资本论》第1卷，北京：人民出版社1975年版，第386页。

关系的内容。只要我们把马克思的这一理论同当代西方经济学的有关理论（例如新制度经济学）进行比较，我们就会发现马克思这一理论的当代意义。[①] 在这里，我们同样主要是从生产规模、企业规模发展规律的角度阐释马克思这一理论的主要内容。

马克思把分工分成社会内部的分工和工场手工业内部的分工两种形式。他认为社会分工也有二重起源，而社会分工的必然结果就是商品交换和商品生产的产生。

马克思并没有直接用社会分工或商品交换（市场关系）来说明工场手工业分工的产生，而只是把商品交换和社会分工理解为工场手工业分工的前提条件。他指出：因为商品生产和商品流通是资本主义生产方式的一般前提，所以工场手工业的分工要求社会内部的分工已经达到一定的发展程度。

这就是说，工场手工业内部分工的产生并不能单纯从市场关系（社会分工）的一体化得到说明，而只能从资本主义生产方式的特殊历史规定性中得到解释。马克思认为："整个社会内的分工，不论是否以商品交换为媒介，是各种社会经济形态所共有的，而工场手工业分工却完全是资本主义方式的独特创造。"[②]

那么，为什么只能用资本主义生产方式的特殊规定性才能说明工场手工业内部分工的产生呢？这是因为，如前所述，工场手工业是从简单协作发展而来的，因此，说明工场手工业内部分工的产生实际上包含两个层次的问题：一是资本主义简单协作是怎样产生的，二是在简单协作的基础上

---

① 自20世纪80年代以来，罗纳德·科斯运用"交易费用"范畴来解释企业的产生的理论观点在西方经济学界产生了很大影响，并成为科斯获得诺贝尔经济学奖的依据之一。通过比较我们可以看到，马克思对于企业的产生比科斯做了更为符合实际的分析。在笔者看来，"交易费用"范畴只能用作解释企业规模变动的工具之一，而不能完全用于解释企业的产生。企业与市场既有可替代的一面，但也有根本不可相互替代的一面，马克思的经济学理论对此做了全面的分析说明。

②《资本论》第1卷，北京：人民出版社1975年版，第397—398页。

又怎样产生了工场手工业内部的分工。对于这两个问题，马克思都是从生产力的发展和资本主义生产关系的特殊属性这两个方面来加以说明的。

所以，与西方经济学不同，马克思不是把企业的特殊社会经济关系这个核心内容抽象掉，单纯从资源配置效率的角度去说明企业及其内部分工的产生原因。应该说，马克思的理论说明不仅更加科学，而且更加符合历史实际。

既然工场手工业内部的分工会不断发展成社会分工，那么，是否会出现社会分工最终完全取代工场内部分工；从而使工场或企业变成一种没有结构的原子型单位的结局呢？马克思的分析否认了这种可能性。

马克思通过比较社会分工与工场内部分工的“程度上的”和“本质的”区别，进一步说明了它们之间的“互相制约”的关系，从而说明了为什么社会分工不可能完全取代工场内部分工；换一个角度来说，如果说工场内部分工分化或分离为社会分工的过程，也就是企业规模变小的过程；那么，工场内部分工的存在及其规模也就决定了企业本身的规模。因此，对工场内部分工存在的说明，也就是对企业最小规模的说明。

从生产的组织性、计划性来说，基于社会分工的社会生产和市场经济同基于工场内部分工的企业生产相比而言，它呈现出“无政府状态”，使社会生产本身所需的平衡经常遭到破坏，并且市场竞争使人与人之间“发生正如在动植物界中一切反对一切的战争”。因此，基于社会分工的市场经济既不能实现资源的最优配置，又不能促进所有人的福利的共同增进。而工场内部的分工虽然以资本家对工人的专制剥削为基础，以工人的个人劳动力受到“侵袭”并成为“畸形物”为代价，但它毕竟是一种计划生产，从这一点来说，它具有社会分工所缺乏的相对优越性，因而也就不可能完全被社会分工所替代。

总之，马克思是从“生产的组织性”和“计划性”的角度来比较社会分工和工场内部分工的，并从这一层面实际说明了为什么企业不可能完全被市场所取代的原因。应该说，马克思的分析是极为客观而深刻的，某种意义上可以说，一百多年以后西方新制度主义经济学关于企业和市场的关系的理论分析，不过是重新“发现”早就被马克思所揭示过的东西而已。

同时我们还要指出，马克思绝没有对工场分工即资本主义企业的结构持绝对肯定的态度。整部《资本论》都是批判资本主义经济制度的，而对资本主义企业制度的分析批判则是《资本论》的重点和第1卷的主题，因此，工场内部分工由于生产的组织性而不能被社会分工完全取代的结论，只有在资本主义制度以内才具有合理性和必然性。在马克思看来，商品生产（社会分工）连同资本主义经济制度（以企业制度为基础）都将最终被未来的社会生产方式所取代。在这一点上，马克思与西方经济学家（包括新制度学派）的观点又是绝对不同的。

如果把马克思对社会分工和工场分工的关系的分析看作是关系市场与企业的关系的理论，那么我们可以说，马克思的这一理论分析不仅具有无可争辩的现代意义，而且具有深刻的前瞻价值。同时，我们完全有理由把这一部分理论看作马克思关于企业规模发展规律理论的重要组成部分。因为它为我们理解当代发达国家所出现的生产集中化和分散化并存的现象提供了重要的分析工具。马克思通过分析工场内部分工如何导致生产效率的提高，揭示了企业内部分工发展、生产集中化从而企业规模扩大的深刻原因，并且通过分析工场内部分工向社会分工转化的过程，揭示了社会分工和市场关系不断发展，从而生产分散化和小型化的趋势。马克思的分工理论中，包含着生产和企业的规模效益同生产和企业分散化和小型化趋势同时并存的辩证论题，从而为我们进一步分析当代发达国家市场结构和组织的发展规律，提供了重要的理论线索。

（三）马克思论机器大工业时代的生产规模问题

马克思对18世纪产业革命的全过程进行了详细考察，揭示了在这一过程中各个产业部门是怎样在机械工具的发明推动下相继发生革命性变革的。

马克思的研究表明，社会生产各部门之间具有内在的联系，并力图保持一定的数量关系，一旦某个部门的劳动生产率由于技术革命而得到巨大的提高，那么，各生产部门之间原有的平衡就会被打破，其他部门也会或快或慢地发生技术变革，以形成社会生产各部门新的平衡；而这个普遍的变革过程使全部主要产业部门的技术基础发生了革命性的变化，从而表现为“产业革命”。

产业革命的结果，使工业、农业、交通运输业等主要产业，在动力上由机械力代替了人力、畜力等自然力，在生产工具上由手工工具转变为机械工具，制造工具的原料由以木材为主转变为以钢铁为主，从而不仅使已有的各产业部门的劳动生产率获得了巨大的提高，而且产生了一些新的生产部门，例如煤炭、冶金、化工、机械制造、铁路运输等，而所有这些部门一开始就是“大规模生产方式”，这完全是由生产本身的技术要求所决定的。总之，产业革命使“大生产”成为占统治地位的生产方式。现在，已经不再是单纯由资本家的“钱袋”来决定生产的“协作规模”了，而是相反，是生产的技术规模对资本家的“钱袋”提出了要求。

产业革命所确立的机器生产体系，不仅对其中的无产阶级产生深刻的影响，而且对其他一切旧的生产方式产生了革命性的作用。首先，机器消灭了以手工业为基础的协作和以手工业分工为基础的工场手工业。例如，收割机代替了收割者的协作，制针工厂代替了制针工场。即便是手工业生产与机器相结合，那也只是“向工厂生产的过渡”，尽管这种过渡的过程在不同情况下是不同的。其次，机器生产使传统的家庭工业发生了变革，这个变革首先表现为妇女、儿童、非熟练工人的劳动成为“分工的计划”的“基点”；与此相适应，“这种所谓的现代家庭工业，与那种以独立的城市手工业、独立的农民经济，特别是以工人家庭的住宅为前提的旧式家庭工业，除了名称，毫无共同之处。现在它已经变成了工厂、手工工场或商店的分支机构”[①]。我们可以看到，这种家庭经济与大企业之间的“分包”关系和从属关系，在当代发达资本主义国家仍然是大量存在的。

总之，以机器生产为基础的“大工业”生产方式到处排挤和消灭以手工劳动为基础的“小生产”，或者使后者从属自己，这就是产业革命以后产业组织发展变化的基本趋势。正是基于这一客观事实，马克思进一步提出了资本积累和资本集中的理论。

三、 马克思的结论——关于资本积累和资本集中问题

马克思不仅从生产力发展角度，系统地考察了工场手工业到机器大工业发展过程中所呈现的产业组织变动的主要倾向及其对工人阶级的影响，而且进一步从资本主义经济制度及资本主义所特有的经济运行机制出发，对资本主义生产规模、企业规模和资本规模的发展规律和历史趋势，进行了理论总结，这一工作正是在他的资本积累理论中进行的。

马克思对资本积累的全部理论分析，都是以剩余价值规律为基础的。因此，追求剩余价值的最大化，被理解为资本家进行资本积累和资本集中，从而扩大生产规模和组织规模的持续不变的动机和动力。同时，马克思从自由竞争的前提出发，进一步指明了竞争对于生产规模和企业规模发展的影响。

首先，我们看一下资本积累同生产规模发展之间的内在联系。由于资本家总是追求剩余价值的最大化，而在其他条件相同或不变的前提下，剩余价值量与资本量成正比，也就是说，要想取得更大的剩余价值，就必须不断地增大资本量，于是，把剩余价值的一部分再转化为资本就成为每一个资本家的必然选择。因此，在马克思看来，资本积累和生产规模的扩大就是资本发展的必然的内在趋势。

---

①《资本论》第1卷，北京：人民出版社1975年版，第506页。

但是，单纯的货币资本的积累，并不直接就是剩余价值的增加，其中必须要通过扩大再生产过程。全部过程包含两个阶段；一个阶段是将产品出卖，实现商品的价值和剩余价值；一个阶段是将已经积累的一部分剩余价值（货币形态）再转化为生产资料或劳动力（如果不能从内涵或外延方面增加对就业工人的剥削，就必须雇用追加的劳动力），即必须购买到用于扩大生产规模的追加生产资料或劳动力。这两个阶段不仅不是一回事，而且它们也并不是总能自动实现的。生产过程的实现完全依赖社会再生产所需要的内在秩序和比例是否能够得到保持，马克思在《资本论》第二卷第三篇中对此进行了严格的科学论证。不仅如此，单个资本家是否把已经积累的货币资本再投入到实际的生产过程中去，还取决于他们的投资是否能够给他们带来至少不低于平均水平的资本利润率。然而，马克思关于平均利润率趋向下降的规律的理论表明，资本会像人口一样出现过剩问题。资本的过剩也就意味着资本在货币形态上的滞留，意味着资本运动的中断和停止。

可见，资本积累和扩大再生产的实现并不是自动的、无条件的。相反，它会经常遭受挫折和阻碍。因而，通过资本积累、扩大生产规模和企业规模虽然是一般的必然趋势，但是它并不是一条直线发展的道路。在研究资本积累对于工人阶级状况影响的时候，马克思事实上是在假设资本积累和扩大再生产都能实现的前提下展开自己的研究的。这是一种合理的抽象。但是如上所述，我们绝不能把理论上的合理假设直接视为客观事实本身。

对于每一个单个资本家来说，产品的市场规模是他实现资本积累和扩大生产规模不可逾越的界限；而市场规模本身，从根本上来说，不是取决于流通和广告，而是取决于由社会再生产的内在规律所决定的比例关系。因此，从直接的意义上说，资本生产的产品的市场规模决定了生产规模、资本规模和企业规模。如果说社会对产品最终需求规模是不同的，那么，生产这些产品的最终生产规模也是不同的。对于一部分资本家来说，在特定的生产领域内，他并不能无限制地扩大自己的生产规模和资本规模，这一点，不仅对资本积累是一种限制，对于资本集中同样也是一种制约。

我们再看一下资本集中同生产规模、资本规模和企业规模之间的关系。资本集中就是资本合并，就是“资本吸引资本”。资本集中的直接结果，同样是单个资本的增大。与资本积累相比而言，资本集中的特点在于，“集中的进程绝不限于社会资本实际增长量”。通过资本集中来实现单个资本的增大比资本积累要快得多。马克思指出：“假如必须等待单个资本增长到能够修建铁路的程度，那么恐怕直到今天世界上还没有铁路。”① 在马克思的资本积累理论中，资本集中占有重要的地位。

资本集中的动力是什么呢？从根本上来说仍然是资本家对剩余价值最大化的追求。那么为什么对剩余价值最大化的追求就必然导致资本集中呢？马克思对此所做的理论解释是“同资本积累的原因一样，剩余价值量与资本量成正比，所以，追求剩余价值最大化必然通过资本最大化来实现”。因此，资本最大化既是竞争的手段，也是竞争的结果。在竞争中之所以总是“较大的资本战胜较小的资本”，是因为“竞争斗争是通过使商品便宜来进行的。在其他条件不变时，商品的便宜取决于劳动生产率，而劳动生产率又取决于生产规模”②。马克思进一步指出：“工业企业规模的扩大，对于更广泛地组织许多人的总体劳动，对于更广泛地发展这种劳动的物质动力，也就是说，对于使分散的、按习惯进行的生产过程不断地变成社会结合的、用科学处理的生产过程来说，到处都成为起点。”③

马克思分析了资本集中的趋势“比以往任何时候都更加强烈”的原因：一是随着资本主义生产和积累的发展，竞争和信用——集中的两个最强有力的杠杆，也以同样的程度发展起来；二是资本的增进又使可以集中的材

①《资本论》第1卷，北京：人民出版社1975年版，第688页。

②《资本论》第1卷，北京：人民出版社1975年版，第686—687页。

③《资本论》第1卷，北京：人民出版社1975年版，第688页。

料即单个资本增加，而资本主义生产的扩大，又替那些要有资本的预先集中才能建立起来的强大工业企业，创造了社会需要和技术手段。

我们可以看到，马克思对于资本集中的分析，一方面是以产业革命以后所呈现的工业生产规模与近代科学技术的应用特点紧密相关的客观事实为依据的，另一方面又是从资本主义经济规律的作用出发来进行的。我们认为，马克思的这种历史唯物主义分析方法和思路是科学的，同时，这种分析方法也决定了马克思对资本集中所得出的结论必然是历史的。

正是根据产业革命以后生产和资本集中化的主要趋势，马克思提出了资本集中的“极限”：“在一个生产部门中，如果投入的全部资本已融合为一个单个资本时，集中便达到了极限。在一个社会里，只有当社会总资本或者合并在唯一的资本家手中，或者合并在唯一的资本总公司手中的时候，集中才算达到极限。”[①] 马克思以资本集中和生产社会化的发展趋势作为重要的依据之一，从资本主义的内在矛盾出发，得出了资本主义必然灭亡的结论。

事实证明，我们只能把这种集中的极限理解为每一个资本家的主观愿望，而不能把它理解为必然的客观结果，因为在这种集中的极限出现以前，又有一系列因素在促进资本的分散和小型化，从而起着抵消资本集中的作用。甚至在资本主义限度内，资本集中是不可能达到它的“极限”的，也正是因为生产集中和企业大型化受到生产分散化和企业小型化的抵消，从而使“资本主义必然灭亡”的结论在现实中还只是表现为一种“历史的发展趋势”。

---

①《资本论》第1卷，北京：人民出版社1975年版，第688页。

论马克思劳动价值理论的二重功能

一、 劳动价值理论的实质性问题：二重功能问题

20 世纪 90 年代以来，我国经济学界掀起了新一轮关于劳动价值理论的大讨论。这次讨论涉及许多问题，包括生产劳动与非生产劳动的划分问题，科学和管理劳动、物化劳动与价值的形成问题以及与此相关的剥削问题，第三次产业与价值的形成问题，劳动价值理论与我国的收入分配问题，社会主义社会的劳动和劳动价值问题，转型问题，等等。随着讨论的不断深入，人们将会在一些问题上逐步达成原则上的共识。例如，能够被多数人接受的将是这样一些认识：生产价值的不仅是生产商品的劳动，还应该包括提供具有社会使用价值的商业性服务；参与商品生产和商业性服务的管理劳动和科技劳动也是创造价值的；商品价值是由劳动这一单一要素构成的，而物质财富则是所有生产要素（包括劳动及其社会结合、生产资料、技术、自然资源等）共同作用的结果，并且在不同的生产过程中这些生产要素的作用是不同的；商品价值是由劳动形成的，但是商品的价值以及物质财富的分配则是按生产要素的所有权来进行分配的。

但是，我们看到，即使人们在这些问题上达成了原则性的共识，劳动价值理论仍然面临着尖锐的质疑。例如，有一种观点认为，马克思的劳动价值理论不能解释交换价值或价格，也不能作为解决我国分配问题的理论

依据，价格和我国分配问题最终都必须由要素价格理论来解决。[①] 这样一种结论，显然无异于从根本上否定了马克思的劳动价值理论在当代的意义以及发展这一理论的可能性。这是坚持马克思主义的人所不能回避的重大问题，因为我们都知道，如果一个经济学理论不能解释价格，那么这种理论就很难被人接受，甚至可以说这种理论就不成其为经济学理论了。围绕这一观点所进行的争论表明，人们对于马克思的劳动价值理论的功能的认识和判断是不一致的。劳动价值理论的功能问题涉及对马克思的劳动价值理论及整个马克思经济学理论的根本评价问题，因此，需要进行更深入的讨论。

我们认为，关系到如何评价马克思的劳动价值理论在当代的地位的根本问题包括这样两个层次：一个层次的问题是，马克思的劳动价值理论与商品价格究竟是什么关系，它究竟能不能说明商品的价格，它是如何说明商品价格的；另一个层次的问题是，除了解释商品价格以外，劳动价值理论在马克思经济学中还具有什么特定的功能，马克思运用劳动价值理论说明了什么，马克思运用劳动价值理论所提出的理论在今天究竟还是不是有效的。仅仅是为了讨论的方便，我们把前一个层次的问题归结为劳动价值理论的经济学功能问题，把后一个层次的问题归结为劳动价值理论的政治经济学功能问题。本文对劳动价值理论的这两个方面的功能及其相互关系进行一些探讨。

必须指出，尽管经济学和政治经济学并不是两种不同的学科，因此不可能对它们做出绝对的区分，但这并不妨碍我们对经济学和政治经济学做相对的区分。不管人们对这两个概念有何不同的理解，一个客观的事实是，西方主流经济学是一种经济学，而马克思主义经济学是一种政治经济学。现代西方经济学主要研究资源配置问题，均衡价格理论是其理论基础。而马克思主义政治经济学主要研究生产关系问题，劳动价值理论是其基石。

---

① 晏智杰先生在他的《劳动价值理论新探》一书和一系列论文中反复申述了这一观点。

因此，经济学和政治经济学的确是具有不同功能的两种经济理论。从某种意义上可以说，经济学是一种经济技术学，而政治经济学则是一种经济社会学。前者侧重于从技术层面解释交换中的各种现象（新制度经济学把分析的范围扩展到了新古典经济学所抽象掉的企业内部关系，这是一种进步；但是，从理论范式的角度看，它仍然只是新古典经济学的进一步扩展，并非科学意义上的“革命”），而后者则侧重于从社会层面解释人们之间的生产关系（包括不同阶级之间的关系以及同一个阶级内部不同集团或群体之间的关系）及其对历史变迁的影响。由于劳动价值理论既涉及商品的价格问题，同时又被马克思用来分析社会生产关系，因此，我们也可以把前者叫劳动价值理论的技术功能，把后者叫劳动价值理论的社会历史功能。马克思的劳动价值理论是将二者统一起来的理论，也只有从这种统一性出发，才能正确理解和评价马克思的劳动价值理论。

二、 把马克思归入古典经济学家的行列是错误的

众所周知，马克思的劳动价值理论是在古典经济学的劳动价值理论基础上发展起来的。人们经常会因此而认为马克思也属于古典经济学家的行列，并进而根据古典经济学最后破产了的事实来怀疑和否定马克思的劳动价值理论。

我们认为，把马克思划入古典经济学家的行列肯定是不能成立的，因为“古典经济学”这一概念是“古典政治经济学”的一个简称，而后一概念正是马克思本人第一个提出来的。他说：“我所说的古典政治经济学，是指从威廉·配第以来的一切这样的经济学，这种经济学与庸俗经济学相反，研究了资产阶级生产关系的内部联系。”“古典政治经济学的根本缺点之一，就是它始终不能从商品的分析，而特别是商品价值的分析中，发现那种正是使价值成为交换价值的价值形式。”① 马克思把亚当·斯密和大卫·李嘉

①《资本论》第1卷，北京：人民出版社1975年版，第98页。

图看成是“古典政治经济学的最优秀的代表人物”。显然，根据马克思本人对古典政治经济学的定义和评价，我们不可能把马克思本人也划入古典政治经济学家的行列。当然，也许人们会说，我们现在所说的古典经济学不是马克思的那个定义。但是，我们还不曾看见有人明确地提出这样一个能够被大家公认的定义，而且更重要的是，不管人们怎样重新定义“古典经济学”这个概念，把马克思归入古典经济学家的行列在理论上都是错误的。

根据马克思继承了古典经济学的劳动价值理论就认为马克思是古典经济学家，这种观点显然是错误的，因为持这种看法的人只看到了马克思在劳动价值理论上对古典经济学的劳动价值理论的继承，而没有看到马克思在劳动价值理论上有一系列创新和突破。主要表现在：①彻底克服了古典经济学家经常混淆使用价值与价值、交换价值与价值的缺点，对它们的相互关系进行了严格的界定；②首创了劳动二重性理论，把历史唯物主义的理论结构（具体劳动反映人与物的关系，抽象劳动反映人与人的关系）引入价值理论之中；③克服了古典经济学家由于不懂得辩证法和范畴的历史性而产生的“内在观察法”与“外在观察法”之间的矛盾与冲突，不是把价值范畴当作静态的概念去理解，而是把它当作历史的、发展的范畴，从而创立了生产价格和价值转型理论；④提出了系统的价值形式理论，第一次科学地说明了货币的本质和起源；⑤独创了商品拜物教理论，再一次凸显了马克思自己研究价值的旨趣所在，即要通过价值理论揭示经济生活中人与人之间的生产关系（包括了交换关系和分配关系）。

那么马克思为何能够创新劳动价值理论呢?

马克思发表《资本论》第一卷的时候还说，“在德国，直到现在，政治经济学一直是外来的科学”（第二版跋）。可是，正是这个德国的思想家却把由英国和法国经济学家首创的劳动价值理论发展成为一种系统的、全新的理论。那么，马克思何以能够完成上述劳动价值理论上的推进和革新呢?显然，不能用德国同英国、法国的经济社会状况的对比来说明，也不能用马克思的个人智商来解释。一个合理的解释就是，当时的德国虽然在经济上落后于英、法，但是，德国有了黑格尔的辩证法和费尔巴哈的唯物主义，而且当马克思开始研究政治经济学的时候，他已经完成了对黑格尔思想的突破，提出了黑格尔所没有的历史唯物主义理论。马克思本人的思想和理论形成的过程表明，马克思作为一个德国思想家，在价值理论上与英、法古典经济学家的根本区别，正在于他把和恩格斯共同创立的历史唯物主义引入了政治经济学。于是，政治经济学同哲学联姻，政治经济学成为一门历史的科学。可以说，马克思在价值理论上绝不只是完善古典经济学的理论而已，而是完成了一场经济学价值理论的革命。列宁曾经说过，不懂黑格尔，就不可能理解《资本论》。我们可以进一步说，不懂马克思的历史唯物主义，也就不可能懂得马克思的劳动价值理论。

应该看到，马克思的劳动价值理论同英、法古典经济学的价值理论之间存在一种承继关系，马克思本人有时对于古典经济学家的评价也是很高的，但是，我们也要看到马克思的劳动价值理论同古典经济学的价值理论是存在重大的、根本的区别的。只有认识到马克思的劳动价值理论的特质，我们才能对它进行正确的评价，也才有可能发现这个理论在今天所遇到的问题究竟何在。否则，只是把马克思当作英法古典经济学家在价值理论上的单纯继承人，不仅对马克思不公正，而且容易造成对马克思的劳动价值理论的认识和评价上的偏差。有人把马克思归入“古典经济学家”的行列而加以否定，不正是这种偏差的反映吗？事实上，西方主流经济学的发展所否定的是英法古典经济学的劳动价值理论，而绝不是马克思经济学的劳动价值理论。

三、 劳动价值理论的经济学功能：价值理论与商品价格

政治经济学或经济学的任何价值理论，首先必然同商品的价格有关。

不能对商品的价格现象做出正确反映和科学说明的价值理论必然遭到怀疑和否定。现在我们要进一步探究马克思的劳动价值理论同古典经济学的价值理论的关系，以说明马克思的劳动价值理论的第一个功能：它是如何反映和说明商品价格的。

针对一些人的观点，我们把这里的讨论分为两步：第一步，首先我们要说明，马克思的价值理论同样是一种反映交换价值和价格的理论；第二步，再来说明马克思的价格理论的特点。

由于《资本论》更多的是运用价值理论来说明商品价格及其他许多范畴，而对价值概念的现实来源则论述较少，于是给人一种印象，好像马克思的价值概念纯粹是一种理论上的“个人选择”。[①] 其实不然。

我们说马克思的价值理论同样是一种反映价格的理论，可以用马克思本人的有关论述来证明。

在《〈政治经济学批判〉导言》中，马克思曾经系统分析过古典经济学的研究思路，并在这种分析的基础上确定了自己的研究路径。他说，政治经济学“从实在和具体开始”，例如从人口开始，是“错误的”。因为“如果我从人口着手，那么，这就是一个混沌的关于整体的表象，经过更贴近的规定之后，我就会在分析中达到越来越简单的概念；从表象中的具体达到越来越稀薄的抽象，直到我达到一些最简单的规定。于是行程又得从那里回过头来，直到我最后又回到人口，但是这回人口已不是一个混沌的关于整体的表象，而是一个具有许多规定和关系的丰富的总体了”[②]。

接着，马克思明确指出：“第一条道路是经济学在它产生时期在历史上

---

① 有人根据马克思经济学的阶级性，认为劳动价值理论是劳动者的经济观（参见刘永佶：《劳动价值论与社会主义》，北京：中国经济出版社2002年版）。我们认为，这种观点容易造成劳动价值理论和马克思经济学的科学性与阶级性的对立，因此，是我们不能完全赞同的。经济理论的确立固然存在价值观的作用，但是，我们不能因此就把经济学理论的阶级性置于科学性之上，不能让经济学理论的科学性被阶级偏见所淹没。把马克思主义经济学伦理化、道德化，这正是我们今天必须克服的一种背离马克思主义科学本质的倾向。

②《马克思恩格斯全集》第46卷上，北京：人民出版社1979年版，第38页。

走过的道路。例如 17 世纪的经济学家总是从生动的整体，从人口、民族、国家、若干国家等等开始；但是他们最后总是从分析中找出一些有决定意义的抽象的一般的关系，如分工、货币、价值等。这些个别要素一旦多少确定下来和抽象出来，从劳动、分工、需要、交换价值等这些简单的东西上升到国家、国际交换和世界市场的各种经济学体系就开始出现了”。“后一种方法显然是科学上正确的方法”。“在第一条道路上，完整的表象蒸发为抽象的规定；在第二条道路上，抽象的规定在思维行程中导致具体的再现。”如果把马克思这里所说的两条道路分别用“从具体到抽象”和“从抽象上升到具体”来加以概括的话，那么，我们就必须理解马克思肯定后者而否定前者是从什么角度上说的。

“从具体到抽象”和“从抽象上升到具体”，其实包含了三层含义，一是指人的认识形成的过程，二是指政治经济学发展的不同阶段，三是指马克思自己安排范畴顺序的原则。从前一过程来说，从具体到抽象和从抽象到具体，这是人类认识事物的两个相互联系的必然的阶段。认识事物不从具体开始，难道只能从概念出发？显然，马克思绝不是从这个角度来否定“从具体到抽象”的。从后一过程来说，从具体到抽象，是政治经济学幼年时期走过的道路，而对于这一点，马克思也没有加以否定。因此，马克思这里所说的“错误的”“正确的”，是指自己如果按照从具体到抽象的顺序安排范畴次序，那就是“错误的”，只有按照从抽象上升到具体的路径安排范畴的次序，才是“科学上正确的方法”。

从抽象上升到具体的方法，是马克思从黑格尔那里批判地继承下来的。从形式上来说，《资本论》的体系与黑格尔的逻辑体系有相似之处，但是，马克思敏锐地指出了黑格尔的根本错误：“黑格尔陷入幻觉，把实在理解为自我综合、自我深化和自我运动的思维的结果，其实，从抽象上升到具体的方法，只是思维用来掌握具体并把它当作一个精神上的具体再现出来的方式。但绝不是具体本身产生的过程。”①

我们之所以要引述和讨论马克思的以上论述，是因为它与马克思的价值理论有极大的关联，它涉及价值与交换价值（价格）的关系问题。

近代经济学的产生，正是从交换价值的研究开始的（威廉·配第、布阿吉尔贝尔），并形成了价值概念的萌芽，古典经济学进一步提出了劳动价值理论（亚当·斯密、大卫·李嘉图），马克思的经济学更是发展和创新了劳动价值理论。

如上所述，无论是从抽象与具体的关系来说，还是从经济学产生和发展的实际历史来看，毫无疑问，价值概念不能离开交换价值，因为价值是从交换价值中抽象出来的，而且价值范畴必须是交换价值的抽象。脱离了交换价值的价值概念就不成其为经济学的价值范畴了。这就是马克思在《资本论》第一卷第一章第一节从商品这个实体出发，并从交换价值这个市场中的现象形态引出抽象的价值范畴的原因。马克思的这样一种做法非常值得我们关注。因为正是这一简单的逻辑结构，浓缩了马克思对近两百年经济学发展的总结和承继关系，即“从具体到抽象”的逻辑发展过程。这一结构表明，马克思并不是脱离了现象去规定什么“本质”，并不是脱离了交换价值去“规范”价值范畴。马克思的价值范畴首先是一个实证性的概念，它不是来源于马克思的“无产阶级立场”，不是来源于马克思的道德观念，马克思的价值理论首先并不是劳动本位论，而是来源于对交换价值的总结。认为马克思的价值理论本来就不是解释价格的理论，是不符合实际的。②

如果把马克思的理论结构与古典经济学的产生结合起来，那么在逻辑上就构成了一个完整的过程：从具体（交换价值）到抽象（价值概念）［古

①《马克思恩格斯全集》第46卷上，北京：人民出版社1979年版，第38页。

② 晏智杰说：“以为马克思的价值论的本意在于说明价格决定，这是一种误解。”（晏智杰：《劳动价值学说新探》，北京：北京大学出版社2001年版，第55页）他认为马克思的价值理论只能用于说明原始的物物交换，这不仅不符合《资本论》全书的实际，而且也是源于对马克思的方法论的不理解。

典经济学走过的道路］［马克思理论的第一阶段，极为简略］——从抽象上升到具体［马克思理论的第二阶段，理论重点］。认识这一点很重要，因为它表明了马克思的劳动价值理论第一个功能的第一项，即对交换价值的反映。我们确认了这一点，也就是确认了马克思的价值范畴的客观性。

那么，把马克思的劳动价值理论理解为同样是说明交换价值的理论，是不是必然得出以下的结论呢？即由于马克思的一元的劳动价值理论说明不了本来就由多元力量决定的交换价值及价格，从而它在理论上是无效的，必须予以抛弃。我们认为，这种结论是不符合实际的，是错误的。

在说明马克思的价格理论的根本特点之前，我们首先遇到的一个问题是，经济学理论对商品价格解释到何种程度才是科学的？判断经济学理论对商品价格解释的有效性的标准是什么？与此相关的问题是：经济学理论上可能解释的“价格”究竟指什么？是指商品的时点价格还是指商品的价格运动（变化或波动），是指某个或某类商品的价格还是指商品整体的价格，是指贵金属货币条件下的价格还是指纸币制度下的价格？进一步说，所谓价格理论究竟应该解释什么？是解释商品价格的绝对值还是解释商品价格的相对关系，还是解释商品价格的短期水平还是解释价格变化的长期趋势（这里又包含短期和长期如何划分的问题）？

毫无疑问，经济学的价格理论作为一种理论，它所要解决而且只能解决的是价格运动的一般规律，而不可能是作为现象的价格。作为现象，商品和服务的价格五花八门，千奇百怪，要求一种理论解释所有的价格现象显然是不合理的，是不切实际的苛求。价格理论所能解释的只能是商品价格的一般规律。因此，价格理论是以对商品的价格现象进行合理的抽象为前提的。明确了这一点，那么我们也就可以说：价格理论不能承担解释单一商品的时点价格的绝对值的任务，而应解释商品整体价格的长期变动趋势。进一步说，只要一种价格理论能够解释甚至能够预测商品价格整体的长期变动趋势，那么它在理论上就是科学的。至于如何解释单一商品价格的短期水平的问题，则属于价格理论的应用问题了。把商品价格理论本身与价格理论的应用这两个不同层次的问题混为一谈，就像要求物理学的量子理论必须直接用于制造计算机一样的不合理。①

如果上述观点能够成立，那么我们就可以进一步讨论：马克思的价值和价格理论是否揭示了商品价格变化的一般规律，它是如何揭示商品价格运动的一般规律的？我们认为，必须充分认识马克思的价值和价格理论的如下特点：

第一，马克思的劳动价值理论本身是一种抽象的价格理论，它反映的只是商品价格变动的一般规律。劳动价值理论认为，由抽象劳动形成的商品价值是决定商品价格变动（而不是价格绝对值）的最基本动力，商品价格是商品价值的货币表现。我们只能把这样一种规定理解为对现实商品进行合理抽象的结果，因为社会生活中的绝大多数商品都是劳动的产物。但是，现实中也确实存在没有凝结或极少凝结人类劳动的东西成了商品（例如处女地及其自然产物），并且具有价格甚至较高价格的现象。我们不能用这种现象来否定劳动价值理论及其对价格的理解，因为这种不包含劳动而成为“商品”的东西在商品世界中从来就不占主流，并且随着社会的发展，这类“商品”将会越来越少。② 不仅如此，在理论上，马克思用“地租的资本化”对这类“商品”的价格进行了合理的解释。

第二，马克思的劳动价值理论是一种整体性的理论，价值概念也是一种社会性的概念。一说劳动价值理论，人们就容易误以为只要是劳动就形成价值。其实不然。因为劳动价值理论认为，劳动形成价值的过程是一个社会过程，而不是某一个生产者的个体行为。形成商品价值量的不是个别

---

① 现代西方经济学的价格理论的根本问题在于它存在着循环论证的严重缺陷，它对于供给和需求的定义都是以价格为前提的，然后用供给和需求解释价格。参见斯蒂格里茨：《经济学》（中国人民大学出版社 1997 年版）第四章关于供给和需求的定义以及对于价格的说明。

② 我们要注意作为理论范畴的“商品”和现实生活中的“商品”的区别。否则，把“商品”理解为“用于交换的劳动产品”，一开始就会被一部分“商品”并不是劳动产品的事实所否定。

劳动时间，而是社会必要劳动时间。社会必要劳动时间这一范畴，可以在逻辑上合理地解释为什么有的商品虽然花费的劳动多而其价值反而低（例如当代的很多初级制造品），有的商品花费的劳动少而其价值反而高（例如某些具有创新性的高科技产品）的现象。马克思还进一步用“简单劳动”和“复杂劳动”这对范畴以及第二重含义的社会必要劳动时间理论完善了这一解释。因而，马克思的劳动价值理论中的“劳动”是一个社会范畴，而不是自然范畴，劳动形成价值，不是指各个生产者自身的行为过程，而是一个社会过程。

第三，马克思的劳动价值理论是一种辩证的理论，而不是直线决定论。必须充分估量马克思的价值形式（交换价值）理论对于商品价格解释的特殊重要性。马克思的价值形式理论表明，劳动形成的价值，与商品的交换价值（价格）在数量上本来就不是一种线性关系，这里不仅涉及货币价值与商品价值的相对变动关系，而且也涉及供求关系变动的作用。因此，现实中经常存在的价值高而价格低、价值低而价格高的现象在劳动价值理论中亦可得到合理的解释。劳动价值理论从来都没有否定供求关系的变动对于商品价格运动的影响，但它并不满足于仅用供求关系来解释商品价格。

第四，马克思的劳动价值理论主要是一种关于商品价格的长期变动趋势的理论，而不是短期价格理论。劳动价值理论认为，随着生产商品的社会劳动生产率的提高，商品的平均价值（而不是商品价值总量）具有下降的趋势。由于社会劳动生产率的提高是一个长期的过程，因此，商品价值的变化也是一个长期的过程，如果以不变的货币来衡量，那么商品的长期价格从总体上来说也是趋于下降的。这一理论得到了当代社会商品价格变化的证实。少数的以及短期内的商品价格不降反升的现象并不能完全证伪马克思关于商品价值和价格长期发展趋势的结论，因为对于短期的价格变动，我们可以辅之以供求关系来解释。

第五，马克思的劳动价值理论是一种历史的理论。马克思的生产价格和市场价格理论表明，从根本上来说，商品价值是由劳动创造的，但是，商品价格与价值的关系以及价值形成的机制在小商品生产阶段和资本主义自由竞争阶段是不同的（对此，恩格斯专门写了《〈资本论〉第三卷增补》进行了历史的论证）。只有在小商品生产条件下，商品的价格才接近于由价值决定，而在资本主义自由竞争条件下，由于资本之间的竞争产生了剩余价值在部门之间的再分配，从而使商品的市场价格更多地由商品的生产价格来决定。而在马克思对商品生产价格形成的分析中，部门内部及部门之间的竞争、供求关系的变动都成为新的、十分重要的概念要素。马克思的地租理论中更是包含了垄断价格理论的萌芽。

总之，马克思的劳动价值理论是一种抽象的、整体的、辩证的、长期的、历史的理论。如果不能正确地认识劳动价值理论的这些特点，仅仅把《资本论》第一卷第一篇的内容理解为马克思劳动价值理论的全部，显然是对马克思理论的断章取义和阉割，是对劳动价值理论的严重误解。

如果考虑到马克思的《资本论》是一部未完成的著作，再考虑到列宁的垄断价格理论对劳动价值理论的发展，以及当代经济的日益全球化趋势，我们可以得出如下两点结论：

第一，劳动价值理论作为一种抽象的劳动本体论，虽然说明了价值及价格的本质及其总体规律，但是，并不能直接用于说明市场上的个别商品价格。即使是对于自由竞争条件下的商品价格的说明，也必须在劳动价值理论的基础上，结合供求关系、资本主义竞争等机制加以说明。而对于非自由竞争条件下的商品价格现象，则更是必须根据市场结构的不同，综合运用价值、供求关系、生产价格、资本主义竞争、寡头、垄断等范畴来进行分析。那种不顾条件地滥用劳动价值理论来解释商品价格的做法，其结果只能是导致劳动价值理论与复杂的商品价格现象的矛盾，进而产生对劳动价值理论的怀疑和否定。①

第二，当代世界经济的日益全球化，使我们必须从全球化的角度来说明许多商品的价格，因而，创立马克思主义的国际价值理论成为发展马克思的劳动价值理论的现实要求。

自20世纪80年代以来，理论界就提出过这样的问题：在自动化生产条件下，商品的价值还能用劳动来解释吗？显然，如果自动化只是社会生产的局部现象，那么，它并不会导致对劳动价值理论的否定，因为在这种情况下，我们只要把直接生产商品的劳动理解为复杂劳动，把形成商品价值的劳动进一步理解为社会的全体劳动而不是企业的局部劳动，问题照样可以得到说明。于是，有人进一步提出：从现在的发展趋势来看，将来自动化生产肯定会越来越普及，如果有一天整个社会生产基本上都是用机器来进行，劳动几乎可以忽略不计了，那时候还可以用劳动来解释商品的价值吗？对于这一点，其实马克思早就做了回答："一旦直接形式的劳动不再是财富的巨大源泉，劳动时间就不再是，而且必然不再是财富的尺度，因而交换价值也不再是使用价值的尺度。"② 也就是说，如果整个社会生产绝大部分甚至全部都自动化了，那么，问题就不再是商品的价值由什么决定，而是商品生产以及商品价值作为一个历史范畴是否还存在了。显然，现在以及未来相当长的时期内，劳动仍然是主要的生产要素，从而，商品的价值范畴仍然存在，并且，它仍然是由劳动创造的。③

现在，我们还要进一步讨论的是，既然自由竞争资本主义时期商品的

---

① 应该承认，劳动价值理论的抽象性决定了它对于复杂的商品价格在解释能力上的有限性。如何把马克思的劳动价值理论发展成为一种具体的价格理论，这一点是当代马克思主义经济学必须进一步解决的问题。在这方面，白暴力教授关于价格层次的划分及其理论研究，是发展马克思的价值和价格理论方面的重要成果。参见白暴力：《价值与价格理论》，北京：中国经济出版社1999年版。

②《马克思恩格斯全集》第46卷下，北京：人民出版社1980年版，第218页。

③ 第三次产业的发展同样只涉及形成价值的劳动概念的扩展问题，但不会导致对劳动价值理论的根本否定。在新的历史条件下，如何给生产劳动与非生产劳动确立一个合理的划分标准，的确是当代马克思主义经济学面临的一个任务。但是，这两种劳动的具体划分本身究竟有何经济学意义确实是值得怀疑的。

价值也并不是决定交换价值的唯一因素和力量，马克思又何以要坚持劳动价值理论呢？这里我们就要讨论马克思劳动价值理论的另一个功能了。

四、劳动价值理论的政治经济学功能：价值理论与历史唯物主义

本来，商品的价格并非只是决定于劳动形成的价值这一个因素和力量，但是，在理论上，马克思却坚持运用劳动价值理论来建立自己的全部政治经济学理论体系，这样一个问题，仅仅从劳动价值理论的经济学功能方面是得不到解释的。而全部问题的答案，正好包含在劳动价值理论的政治经济学功能方面。

一般认为，马克思经济学的研究对象是生产关系。无论《资本论》的具体内容多么丰富，也无论当代的马克思主义政治经济学除了生产关系外还需要研究什么，有一个基本事实是应该得到公认的：马克思的《资本论》是一部完整的关于资本主义生产关系的政治经济学鸿篇巨制。在《资本论》中，劳动价值理论起着“基石”的作用，而劳动二重性理论又是理解马克思的“全部政治经济学的枢纽”。正如马克思本人所指出的，生产商品的劳动二重性首先是由马克思证明的。劳动二重性理论，本质上正是马克思的历史唯物主义理论中生产力与生产关系的辩证关系的政治经济学表达：

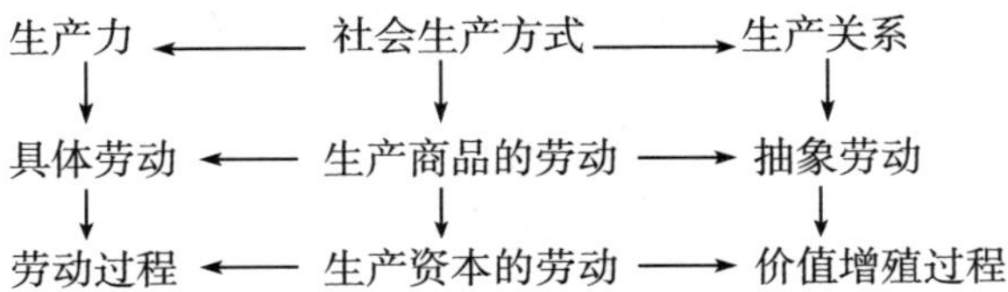

马克思的理论发展过程表明，马克思首先通过批判黑格尔的法哲学特别是他的国家理论，创立了历史唯物主义，发现了物质生产和生活以及人们的物质利益关系在整个社会历史进化中的基础地位，从而在理论上奠定

了进一步研究政治经济学的逻辑基础。马克思本人把他发现的历史唯物主义理论作为“指导”他的政治经济学研究的“总的结果”。马克思的历史唯物主义与他的政治经济学理论存在着不可分离的内在联系。当马克思通过创立历史唯物主义发现了人类社会历史发展的一般规律之后，剩下的任务就是要进一步揭示“现代社会”即当时的资本主义社会的特殊发展规律了，而这一点，构成了《资本论》的“最终目的”。因此，劳动价值理论也只能从马克思给自己确立的这样一个最终目的出发进行解读。

这里我们必须再度提起马克思理论发展过程中的一个重要现象，即马克思在1843—1844年上半年的时候是否定古典经济学家的劳动价值理论的（《伦敦笔记》）。然而，进一步的理论研究使马克思转而接受了劳动价值理论（1844年下半年的《神圣家族》和1847年的《哲学的贫困》）。这个转变究竟是为何以及如何发生的，是值得进一步探讨的问题①，但有一点显然是肯定的，即马克思当时在哲学思想上的变革是发生这个转变的重要思想动力。早期马克思的哲学研究和政治经济学研究是交叉进行，齐头并进的，因此，我们必须充分认识马克思的哲学思想的进步对于他的经济学理论发展的推动作用。事实上，如果没有马克思与恩格斯在1844—1846年合作的《神圣家族》和《德意志意识形态》，也就不可能有马克思于1847年写的《哲学的贫困》和《雇佣劳动与资本》，而这两个理论成果的一个重要特点，就在于马克思已经开始运用劳动价值理论来说明资本与劳动的关系了。从此以后，马克思就更加自觉地以历史唯物主义来“指导”他的政治经济学理论研究了。②

---

① 关于这一点，国内学术界存在着不同的看法，一种观点认为马克思在《神圣家族》中已经开始转向接受劳动价值论，而另一种观点则认为该著作仍然是否定劳动价值论的。参见田光、陆立军：《〈资本论〉创作史简编》，杭州：浙江人民出版社1992版，第38—39页。马健行、郭继严：《〈资本论〉创作史》，济南：山东人民出版社1983年版，第42—43页。

② 列宁认为：“使马克思的理论（指马克思的唯物主义、辩证法和阶级斗争理论———引者注）得到最深刻、最全面、最详尽证明和运用的是他的经济学说。”《列宁选集》第2卷，北京：人民出版社1995年版，第428页。

我们认为，正是把历史唯物主义贯彻到了政治经济学理论之中，才使马克思经济学根本不同于资产阶级古典政治经济学，才使马克思的劳动价值理论具有了不同于古典政治经济学劳动价值理论的新的理论功能，即马克思运用劳动价值理论主要是为了揭示剩余价值规律，从而揭示现代资本主义社会阶级对立和阶级斗争的经济根源，以及资本主义经济发展的历史规律。恩格斯把马克思一生的理论贡献总结为唯物主义历史观和剩余价值理论这两个“伟大发现”，我们同样可以从恩格斯的这种总结中去体悟劳动价值理论在全部马克思经济学中的作用。

我们发现，在劳动价值理论的讨论中，有很多人是从劳动价值理论的技术功能方面去评判它的，而对于它在马克思经济学理论中所具有的政治经济学功能则认识不足，这应该看作劳动价值理论研究中的一个方向性缺陷。我们以为，即便是马克思的劳动价值理论存在技术上的某些需要进一步完善的地方，但这些都不能从根本上动摇它的科学性。因为从劳动价值理论的政治经济学功能方面来看，它起到的作用是别的经济学理论所无法替代的，马克思依据劳动价值理论和剩余价值理论对资本主义经济制度的系统分析所达到的理论境界是西方主流经济学家所没有也不可能达到的。对于资本主义经济制度的分析，特别是对于其中的社会结构的分析，以劳动价值理论和剩余价值理论为基础的马克思经济学仍然是无可替代的理论工具。

马克思经济学在政治经济学方面的许多理论是得到历史证明的。例如，关于自由竞争资本主义必然产生两极分化的理论、关于资本主义失业的理论、关于自由竞争必然产生垄断的理论、关于资本主义生产力和科学技术发展的理论、关于资本全球化趋势的理论、关于自由竞争必然产生经济危机的理论、关于阶级斗争推动资本主义社会发展的理论等。这些理论都被资本主义的实际发展所证实，这正是虽然马克思的劳动价值理论历经怀疑，但是作为整体的马克思经济学仍然具有强大的生命力的根本原因。

当然，马克思经济学在政治经济学方面的某些理论也需要进一步发展和完善。例如，马克思关于资本有机构成变化趋势的理论、关于经济波动和经济周期的理论、关于利润率下降规律的理论、关于社会分工和商品生产必将消亡的理论等，都需要当代的马克思主义经济学家根据实际情况进行更深入的研究，使之得到完善和发展。

五、小　结

马克思的劳动价值理论具有双重功能，对于商品价值和价格的本质的、整体的、长期的、辩证的、历史的说明是其经济学或技术功能，对于资本主义经济结构的分析则是其政治经济学或社会历史功能，这两个方面的功能完整地统一于马克思经济学理论体系之中，从而使马克思经济学超越了古典经济学，并且成为不可替代的经济学理论。无论是劳动价值理论的经济学功能还是政治经济学功能，我们都必须承认它们的有效性的一面，同时也必须承认它们还存在需要发展和完善的一面。我们认为，马克思劳动价值理论研究在当代面临的两个最重要的任务是：一方面，必须把劳动价值理论进一步发展成为可直接用于分析商品市场价格的经济学；另一方面，必须把基于劳动价值理论的一系列政治经济学理论发展成为可直接用于分析宏观经济运行的经济学，并且必须把这两个方面的工作有机地结合起来。这两个任务的完成，将是对马克思的劳动价值理论和整个马克思主义经济学的科学性和实用性的最有力证明，并且这是时代和实践的需要。在这两个方面，国内外马克思主义经济学家已经开始了有益的探索。

正确认识马克思的经济学理论与资本主义发展的关系①

——兼谈马克思的“丧钟论”与“扬弃论”的关系

20世纪90年代以来，随着东欧演变和苏联解体，世界社会主义运动陷入新的低潮。与此同时，尽管有美国对伊拉克的战争，有日本经济的持续萧条，但总体来说，发达国家继续处于和平稳定的发展状态之中，资本主义全球化得到了前所未有的新发展。所有这一切，似乎昭示了资本主义的最终胜利和社会主义（制度和理论）的彻底失败，“历史终结”了。在我国思想界，马克思主义理论又成为人们争论的焦点，在各种各样的争论中，一个核心问题就是马克思关于资本主义必然被社会主义或共产主义所代替的理论观点是不是已经被实践否定了，过时了。与此相关的另一个问题就是马克思关于无产阶级革命的理论是不是也过时了，有人甚至把20世纪以来的世界历史总结为科学社会主义的失败和民主社会主义的胜利，过去苏联、中国等国家的社会主义革命根本就是一个历史的错误，而且认为，马克思在《资本论》第三卷基于对股份公司的分析所提出的关于资本主义自我扬弃的理论“推翻”了《资本论》第一卷的关于“资本主义私有制的丧钟就要响了”的结论，“和平地长入社会主义，才是《资本论》的最高成

---

① 本文为国家社科基金项目（项目编号：06BJL010）的阶段性成果。

果，才是马克思主义的主题，才是马克思主义的正统”。并认为民主社会主义才是“真正科学”的社会主义。上述观点所涉及的理论问题是非常复杂的，限于篇幅，本文主要讨论的是，究竟如何正确理解马克思的经济学理论同资本主义发展的关系？究竟如何正确理解马克思《资本论》第一卷的“丧钟论”同第三卷的“扬弃论”之间的关系？

一、马克思的经济学理论同资本主义发展的关系

在理解当代资本主义的发展与马克思的经济学理论的关系时，首先必须弄清楚的一个基本问题就是，马克思的经济学理论究竟是关于资本主义静止不变甚至倒退的理论，还是关于资本主义发展的理论？大概认为马克思的经济学理论是一个关于资本主义静止不变或倒退的理论的人不多，因为这种看法显然根本不符合马克思经济学理论的实际，甚至可以说是对马克思经济学理论的无知。熟悉马克思经济学理论的人都知道，马克思在《资本论》中开宗明义地讲到：本书的最终目的，就是揭示现代社会（即资本主义）的经济运动（即发展）规律①。如果认为马克思的经济学正是关于资本主义发展的理论，那么，根据资本主义发展变化的事实来否定马克思的理论，至少在逻辑上是不周严的。因为既然马克思的经济学理论就是关于资本主义发展的理论，那么，除非资本主义的实际历史是一种倒退的历史，从资本主义退回到了封建社会或其他什么社会，我们才可以说历史否定了马克思。然而事实与此相反，资本主义经济在实际上确实是发展的，甚至有时发展得非常快，变化非常大；而这种发展和变化，与马克思的经济学理论之间并不是一种对立关系，恰好相反，现代资本主义的经济发展在一些最根本和最重要的方面，正好同马克思在经济理论上的分析是完全一致的，在总体方向上证实了马克思的理论。比如：

① 参见《马克思恩格斯全集》第44卷，北京：人民出版社2003年版，第10页。括号内文字为引者所加。

马克思在理论上论证了资本主义剩余价值规律和资本积累规律的作用，必然造成财富分配的两极分化，甚至可能引起社会革命[①]。马克思的这个理论，不仅是对当时的英国资本主义经济现实的理论总结，而且也是对资本主义发展一般规律的理论概括。事实证明马克思的这个理论是完全正确的。一百多年来，由于发达国家工人阶级有组织的斗争，以及世界社会主义国家的示范作用，当代发达国家无一例外地建立了社会福利制度（其实质是国民收入的再分配），从而在一定程度上缓解了收入分配的极化效应，极大地提高了无产阶级和广大公民的物质生活水平，从而避免了工人革命和社会危机的全面爆发。可以想见的是，如果没有国家作为资产阶级的总代表来出面进行国民收入的再分配，任凭资本主义经济规律自由发挥作用，任凭财富分配的两极分化自由发展下去，恐怕发达资本主义国家早无一例外地就发生社会主义革命了。从这个意义上来说，现代资本主义的国家政府，不仅是资本主义经济的"守夜人"，而且也是整个资本主义经济制度的"保护神"。但是，发达资本主义国家政府所改变的，只是国民收入的分配结果，而不是资本主义财富分配两极分化的自然规律和趋势。

马克思在理论上论证了，以社会分工为基础的社会化大生产，客观上要求社会经济资源按照一定的比例配置到各个生产中去。然而，在自由竞争的资本主义市场经济中，社会资源主要是由市场机制进行自发配置的，社会生产的系统上的无政府状态，必然导致社会再生产比例的失调，从而在一定的条件下会引发经济危机，造成社会资源的巨大浪费[②]。事实证明马克思的这个理论也是完全正确的。经历了多次经济危机，特别是20世纪30年代大危机的沉痛教训之后，现代资本主义国家都建立了国家宏观调控制度和政策体系，从而在一定程度上缓解了由自由竞争产生的生产无政府状态造成的经济发展的巨幅波动。同样可以想见，如果没有国家政府在一定

① 参见《马克思恩格斯全集》第44卷，第七篇，北京：人民出版社2003年版。

② 参见《马克思恩格斯全集》第45卷，第三篇，北京：人民出版社2003年版。

程度上对社会资源的自觉配置，资本主义经济将如同历史上曾经一再出现的那样，周期性地受到危机的困扰和破坏。但是，发达资本主义国家的宏观调控制度和政策并没有取消社会资本再生产的规律，现代资本主义经济制度（自由竞争与国家调控相结合的“混合经济体制”）也并没有完全解决资源的最优配置问题，市场和政府，“看得见的手”和“看不见的手”都存在着“失败”，只要整个社会生产不是处在全社会的自觉的计划控制之下，并且仍然受到剩余价值规律的支配，事情也必然如此。

马克思在理论上论证了，在剩余价值规律特别是相对剩余价值规律的作用下，资本家之间的竞争会在客观上不断推动社会劳动生产率的提高和技术进步，劳动生产力的提高表现为资本主义发展的一个必然趋势①。事实证明，马克思的这个理论也是正确的。经过几次科学技术革命和产业革命，当代发达资本主义国家的劳动生产力水平和科学技术水平都有了巨大的提高。但是另一方面，资本主义生产力的发展并不是具有无限的趋势，资本主义经济制度也不是发展社会生产力的绝对的生产方式。从人与自然的关系来说，资本主义生产力的发展已经造成了严重的全球性的资源和环境危机，从人与人的关系来说，资本主义在全球的发展，造成了民族之间贫富差距的进一步扩大和新的紧张关系。

马克思甚至还在《资本论》中直接预言了，资本主义的自由竞争必然会产生垄断和金融寡头，以至于会进一步产生“国家的干涉”。现代资本主义经济的发展，与马克思的理论预言几乎是惊人的一致。

由此可见，仅仅把马克思的极为丰富而深刻的经济学理论简化为一个“资本主义必然灭亡，社会主义必然胜利”的“结论”，看不到现代资本主义的发展同马克思经济学理论之间的实质性的内在联系，实在是一种形而上学的浅见。

另一方面，现代资本主义经济虽然在许多方面不同于马克思时代的资本

---

① 参见《马克思恩格斯全集》第44卷，第四篇，北京：人民出版社2003年版。

主义，发生了巨大的变化，但是，所有这些变化，仍然是在资本主义生产方式内的扬弃，而不是资本主义的自我否定和革命。虽然发达国家通过国民收入再分配，在一定程度上使收入分配达到工人阶级和广大公民可以忍受甚至乐于接受的水平，但是，发达国家仍然存在着财富分配的明显分化。在美国，直到今天，20%的人掌握着80%的国民财富，除北欧少数国家贫富差距比较小以外，其他发达国家都存在着财富分配上的不均衡甚至严重的不均衡现象。把发达国家看成是收入已经完全公平化、平等化的社会，只不过是某些人的幻想而已。虽然发达国家都建立了国家政府调节国民经济的宏观经济制度和政策体系，但是，这并不意味着发达国家完全实现了经济资源的最优配置，20世纪70年代出现的“滞胀”以及80年代后期以来日本经济的长期低迷，还有世界范围的货币金融秩序的不稳定和动荡，都表明了资本主义国家宏观调控制度和政策的局限性。虽然发达资本主义国家的企业多数都采取了股份公司的形式，但是，纯粹私有的或家族式的企业仍然占有相当大的比重，不能说现代资本主义由于“股权分散化”（股份公司在实质上是资本集中的形式，股权分散化正是实现资本集中的形式和手段）而变成了所谓的“人民资本主义”了。可以肯定的是，正像当初资产阶级革命没有消灭土地私有制（资产阶级革命只是消灭了封建地主阶级在政治上和经济上的特权）一样，现代资本主义国家也不可能去消灭生产资料私有制本身。

总之，在当代发达国家，资本主义私有制的内核并没有根本的变化，资本主义的基本矛盾仍然存在，资本主义经济发展仍然受到马克思的经济学理论所揭示的那些基本规律的支配和调节。无论西方发达国家的宏观经济调控政策和手段如何发达，也无论其社会福利达到怎样的水平；无论这些国家的无产阶级的物质生活水平有多高，也无论持股公民达到怎样的比例；无论是右派政党掌权，还是社会民主党或工党执政，都没有也不可能从根本上改变这些国家的资本主义性质。因为当代西方发达国家的生产资料所有制仍然是以私有制为基础，雇佣劳动制度仍然是整个市场体系的核心。所谓资本主义，从经济上来说，就是建立在生产资料私有制和雇佣劳动制度基础上的一种社会经济制度①，无论是哪一种生产方式，只要存在这样的特点，就必然是资本主义的生产方式，而不可能是别的什么生产方式。只有取消了生产资料私有制和雇佣劳动制度，我们才可以说，这个社会的生产不再是资本主义性质的了。仅仅因为资本主义在形式上的某些变化，就断言资本主义不再是资本主义了，进而认为马克思主义理论过时了，这只不过是表明持有这种观点的人根本不懂得究竟什么是资本主义，也根本不懂得马克思经济学理论的核心究竟是什么②。

可以预言的是，只要人类社会还处在资本主义发展阶段，只要全人类还没有获得彻底的解放，马克思的理论必将仍然是人类研究和争论的对象，马克思的经济学理论仍然有着无可争辩的现实适用性，仍然是我们全人类从中获取精神财富和社会力量的理论宝库，仍然是我们正确分析和看待当代资本主义的科学武器。在资本主义经济越来越统治全世界的当下，我们全人类还面临资本主义的发展所带来的各种严重的经济社会问题的时候，马克思主义理论决没有过时，相反，是马克思主义理论“过时论”本身过时了。

二、马克思关于资本主义的“丧钟论”与“扬弃论”的关系

如前所述，马克思的经济学理论就是关于资本主义发展的理论。马克

① 什么叫资本主义？马克思并没有给资本主义下一个明确的定义，但是，他的一部《资本论》正是关于资本主义经济的理论。马克思在《资本论》第三卷中明确指出，资本主义生产方式有两个典型的特征：第一，它是一种商品生产，第二，剩余价值的生产是生产的直接目的和决定动机（参见《马克思恩格斯全集》第46卷，北京：人民出版社2003年版，第995—997页）

② 现代西方的一些学者，创造了“后工业社会”（丹尼尔·贝尔）、“后资本主义社会”（彼德·德鲁克）、“后现代社会”（戴维·哈维）、“后市场时代”（杰里米·里夫金）、“知识经济”等各种不同的名词来反映现代资本主义的变化。但是，他们的一个共同的缺陷在于，没有深刻认识到资本主义生产方式的内核的不变性。其中，德鲁克虽然号称“管理学权威”，但他对于马克思理论的评论很肤浅，而且充满了明显的敌意和自负。

思的经济学理论全面地揭示了资本主义生产方式的历史起源，资本主义生产力和生产关系、经济基础和上层建筑的发展机制和规律，整个资本主义经济制度发展的历史趋势等。关于资本主义生产方式向新的社会生产方式的演进问题，也构成了马克思关于资本主义发展的理论的一个重要组成部分，在这个方面马克思先后在《资本论》第一卷和第三卷提出了两种观点，即“丧钟论”和“扬弃论”。有人认为马克思自己在《资本论》第三卷提出的“扬弃论”否定了第一卷的“丧钟论”。那么，马克思提出的这两种观点究竟是什么含义呢？它们果真是相互矛盾的，一个否定了另一个吗？

所谓“丧钟论”，就是指马克思在《资本论》第一卷第七篇《资本积累的过程》中的第七节《资本主义积累的历史趋势》中所提出的关于资本主义生产方式的一个总结论。在这里，马克思从辩证法的“否定之否定”规律出发，从历史发展的角度，总结了资本主义大私有制对小私有制的否定，并从资本集中的发展导致资本对资本的剥夺的事实出发，指出了资本主义生产方式最终会由于“生产资料的集中和劳动的社会化，达到了同它们的资本主义外壳不能相容的地步”。于是，“这个外壳就要炸毁了。资本主义私有制的丧钟就要响了。剥夺者就要被剥夺了。”①

显然，这里的“丧钟论”是基于对资本的生产过程，特别是资本积累过程的理论分析所提出的关于资本主义生产方式的历史趋势的一个总结论，而不是一个关于资本主义生产方式采取何种具体方式向新的生产方式演进的理论。作为一部政治经济学著作，《资本论》虽然在理论上论证了工人阶级的有组织的斗争作为一种经济力量在推进资本主义生产方式演进中的巨大作用，但是，《资本论》毕竟不是一部政治学著作，工人革命的问题并不是《资本论》的主题，甚至在整个《资本论》中，马克思几乎没有讨论过工人革命的问题。因此，把马克思关于资本主义生产方式历史发展趋势的总结论即“丧钟论”理解为马克思的工人革命甚至暴力革命的理论，事实

①《马克思恩格斯全集》第44卷，北京：人民出版社2003年版，第874页。

上并不符合马克思理论的实际，甚至可以说是一种误解或曲解。马克思的“丧钟论”不是“工人革命论”，而是关于资本主义生产方式最终将由更高级的社会生产方式所代替的一个政治经济学结论①。

当前，由于整个世界经济越来越受到资本主义生产方式的统治，应该说，马克思关于资本主义的“丧钟论”还没有全部被实践所证明。甚至也可以说，世界上曾经在相对落后国家发生的社会主义革命，也并不是对马克思的这个结论的直接证实，因为毕竟马克思的“丧钟论”是基于发达资本主义国家的理论分析得出的结论。事实上，像苏联和中国的社会主义革命也并不是马克思的“丧钟论”的直接运用的结果，而更多地是以列宁的理论为指导的。实事求是地指明这一点，并不有损于马克思理论的光辉。正如本文前面的分析，资本主义的发展已经在根本的主要的方面很好地证实了马克思经济学理论的科学性。马克思的理论在如此多的方面被历史所证实，这在理论史上已经是堪称奇迹了。即使我们承认马克思关于资本主义发展的最终结论还有待未来整个世界经济发展的证实，这也丝毫无损于马克思作为一个伟大的社会科学家的荣耀。马克思提出了资本主义必然向新的生产方式演进的理论结论，但并没有提出关于资本主义究竟以何种方式向新的社会生产方式演进的明确的理论（事实上这也不是经济学理论所能够和应该解决的问题）。资本主义以何种方式向新的社会生产方式演进的问题，与其说这是个理论问题，不如说是个实践问题。即使我们根据变化了的社会现实，承认工人阶级暴力革命的方式在当前可能过时了，但这并不能构成对马克思关于资本主义生产方式的总结论的任何实质性的否定。换句话说，即使“暴力革命论”过时了，也并不意味着马克思的“丧钟论”过时了。把马克思的“丧钟论”曲解为“暴力苣命论”，再通过否定“暴力革命论”来否定马克思关于资本主义发展的总结论，这纯粹是一种理论上

① 马克思提出了“重新建立个人所有制”的观点。在马克思的理论中，个人所有制与私有制是完全不同的概念（参见《马克思恩格斯全集》第44卷，北京：人民出版社2003年版，第874页）。

的偷梁换柱①。

所谓“扬弃论”，指的是马克思在《资本论》第三卷第五篇第二十七章中提出的关于资本主义的股份资本和股份公司性质的一种理论观点。在那里，马克思认为股份公司的成立，由此：

1. 生产规模惊人地扩大了，个别资本不可能建立的企业出现了。同时，以前曾经是政府企业的那些企业，变成了社会的企业。

2. 那种本身建立在社会生产方式的基础上并以生产资料和劳动力的社会集中为前提的资本，在这里直接取得了社会资本（即那些直接联合起来的个人的资本）的形式，而与私人资本相对立，并且它的企业也表现为社会企业，而与私人企业相对立。这是作为私人财产的资本在资本主义生产方式本身范围内的扬弃。

3. 实际执行职能的资本家转化为单纯的经理，别人的资本的管理人，而资本所有者则转化为单纯的所有者，单纯的货币资本家……在股份公司内，职能已经同资本所有权相分离，因而劳动也已经完全同生产资料的所有权和剩余劳动的所有权相分离。资本主义生产极度发展的这个结果，是资本再转化为生产者的财产所必需的过渡点……另一方面，这是再生产过程中所有那些直到今天还和资本所有权结合在一起的职能转化为联合起来的生产者的单纯职能，转化为社会职能的过渡点。

这是资本主义生产方式在资本主义生产方式本身范围内的扬弃，因而是一个自行扬弃的矛盾，这个矛盾明显地表现为通向一种新的生产形式的单纯过渡点。它作为这样的矛盾在现象上也会表现出来。它在一定部门中

---

① 当然，根据现代资本主义国家社会经济政治发展的现实，提出“暴力革命论”在发达国家过时了，并进而否定前社会主义国家的社会主义革命的历史必然性和合理性，这同把过去的社会主义国家曾经进行的暴力革命非要强于发达资本主义国家的工人阶级一样，都是一种错误的观点。其根本的错误，在于混淆了发达资本主义国家与不发达国家的重大区别。在理论上，马克思提出了发达国家和不发达国家向新的生产方式演进的两种不同的模式（参见邱海平：《马克思恩格斯关于不发达国家向共产主义过渡的理论及其现实意义》，《当代经济研究》1997 年第 1 期）。

造成了垄断，因而引起国家的干涉。它再生产出了一种新的金融贵族，一种新的寄生虫——发起人、创业人和徒有其名的董事；并在创立公司、发行股票和进行股票交易方面再生产出了一套投机和欺诈活动。这是一种没有私有财产控制的私人生产。①

从以上所引马克思关于股份公司性质的完整论述可以看出，马克思对于资本主义股份公司和股份资本的认识是二重的。一方面，马克思看到了股份公司和股份资本作为社会企业和社会资本与单纯的私人企业和私人资本的不同，因为在股份公司中，发生了资本的所有权与使用权的分离，资本所有权和资本所有者不再对资本的再生产过程发生直接的作用，资本的实际运作交由经理这个特定的阶层来执行了。也正是从这个意义上来说，从资本的所有权开始与实际的再生产过程相分离的角度来说，股份公司和股份资本成为资本主义生产方式向联合起来的生产者的生产方式的一个过渡点，是一种资本主义生产方式的自我扬弃。但是另一方面，马克思绝没有认为股份公司和股份资本本身是对资本主义生产方式的一种自我否定，因为股份公司的产生并没有从根本上否定和消灭资本的所有权，它仍然是一种“私人生产”，也正是在这个意义上，马克思认为股份公司的建立，只是“资本主义生产方式在资本主义生产方式本身范围内的扬弃”。

毫无疑问，把资本主义条件下的股份公司和股份资本直接理解为完全不同于私人企业和私人资本的公有制企业和公有资本，这并不是马克思的意思。

同样地，把马克思对于股份公司和股份资本的一种定性分析所提出的“扬弃论”理解为关于资本主义生产方式如何向新的生产方式演进的具体途径或方式的理论也是不符合马克思的原意的，是错误的。因为马克思关于股份公司和股份资本的论述是在“信用在资本主义生产中的作用”的总标题下来进行的，这里丝毫不涉及整个资本主义生产方式究竟采取何种方式

①《马克思恩格斯全集》第46卷，北京：人民出版社2003年版，第497页。

向新的生产方式过渡或演化的问题，何况马克思并不认为股份公司就是什么公有制企业了。把马克思关于股份公司和股份资本的“扬弃论”当作资本主义可以和平地、自动地演化到社会主义的理论依据，这是对马克思理论本身的断章取义，是为我所需的滥用，在学术上是很不严肃的。

从以上所述马克思的“丧钟论”和“扬弃论”的具体内容可以看出：“丧钟论”是马克思关于资本主义生产方式或经济制度的一个总结论，而不是什么“暴力革命论”，而“扬弃论”是马克思关于股份公司和股份资本二重性质的一种观点，而不是什么“和平过渡论”。这两个理论观点讨论的是两个完全不同的问题，根本不存在相互之间的矛盾，更不存在所谓马克思用自己的“扬弃论”否定了自己的“丧钟论”，《资本论》第三卷否定了第一卷的问题。

应该承认，在新的历史条件下，如何重新认识资本主义及其演化的问题，如何重新认识究竟如何在资本主义高度发展的成就上建立一种更好的社会生产方式和社会经济制度或体制的问题，是值得我们认真研究的重大问题。马克思已经在理论上证明，并且已经经过历史的一再检验，资本主义生产方式在一定历史阶段具有其合理性，是发展社会生产力的必要形式；但是，资本主义生产方式和经济制度绝不是社会生产力发展的绝对方式，它一定会被更高级的社会生产方式所取代。那种认为马克思的经济学理论就是简单地、一味地否定资本主义的观点是对马克思经济学理论的极大的误解，那种认为资本主义的发展已经否定了马克思关于资本主义的总结论的观点更是一种形而上学的短见。我们认为，无论资本主义经济在现象上有什么变化，只要资本主义生产资料私有制和雇佣劳动制度仍然是整个社会生产的基础，那么，它仍然是一种资本主义经济，马克思在理论上所揭示的那些经济规律也仍然会以各种各样的形式发生作用。经济现象的变化所能改变的，只是经济规律发生作用的形式和程度，但绝不会消除经济规律本身。

论马克思经济学的核心[①]

一、 正确认识马克思经济学理论的实质和核心的重要性

20世纪90年代以来，随着东欧演变和苏联解体，资本主义伴随着全球化的发展得到了前所未有的新发展，中国市场化改革的不断深化，以及西方主流经济学在中国的广泛传播，在我国经济理论界，以及大众的意识形态中，马克思主义“过时论”再度兴起。另一方面，长期以来人们对马克思经济学的核心存在一些不正确的认识，也为马克思主义“过时论”提供了主观基础。本文就是针对这些不正确的认识重新探讨马克思经济学的核心究竟是什么。

首先我们要明确地指出，马克思主义经济学与马克思经济学虽然有联系，它们并不完全是相同的概念。马克思经济学，就是指马克思本人的经济学理论。而马克思主义经济学，则是一个在含义和范围上并不那么十分清晰的概念，根源在于人们对于“马克思主义”有着不同的理解和定义。[②]为了讨论的方便，作者首先申明，本文所要讨论的是马克思经济学理论的核心问题。应该说，马克思经济学的内容本身是什么，这是明白无误的，

① 本文是国家社科基金项目（06BJL010）的阶段性成果，同时受到中国人民大学“985”工程中国经济研究哲学社会科学创新基地的支持。

② 张宇，柳欣：《论马克思主义经济学的分析范式》，北京：经济科学出版社2005年版，第27页。

也是无须争辩的。但是，究竟如何理解马克思经济学的很多具体理论及其相互关系，特别是如何理解作为整体的马克思经济学以及马克思经济学的各个具体理论与现实发展的关系问题，等等问题，却在国内外学术界存在着广泛的争论。在关于马克思经济学的核心或本质究竟是什么这一基本问题上，人们的认识也并不是完全一致的，有些甚至是错误的。比如，最常见的一种观点认为，马克思经济学就是批判资本主义的经济学，而且这里的“批判”一词，是汉语中的“否定”的意思。持这种观点的人，往往也会以《资本论》为依据来证明自己的观点。例如，他们会说，整个《资本论》都是在讲资本家对工人的剥削，而剥削当然是不道德的、不合理的，马克思正是通过分析资本家和地主阶级对工人阶级的剥削来证明资本主义制度的不合理性，从而在理论上提出了资本主义必然被无剥削的社会主义所代替的结论。很多人都会引用马克思的这样一句名言来说明马克思对于资本家和资本主义的“敌意”和“否定”：“资本来到世间，从头到脚，每个毛孔都滴着血和肮脏的东西”①。毫无疑问，否认马克思经济学理论对于资本主义经济剥削的理论分析和批判，当然是不对的，但是，由此而推论马克思经济学就是而且只是一种“批判的经济学”，却是错误的。因为这种理解不符合马克思经济学理论的实际。这里我们可以指出如下两点事实：

第一，马克思的全部理论包括他的经济学理论并不是简单地以工人阶级的利益为出发点建立起来的，马克思也不是单纯为了维护工人阶级和劳动人民的利益而主张劳动创造价值的观点。马克思的思想发展过程告诉我们，马克思首先创立的是历史唯物主义理论。历史唯物主义是关于人类社会历史发展一般规律的理论，这个理论并没有包含任何具有意识形态色彩的阶级偏好，也并没有包含肯定或否定历史上的哪个阶级的结论，而是对历史上的每一个阶级都从历史发展的角度，说明了其产生的根源和具体条件，并且从根本上说明了阶级存在本身只是一种历史的现象。“阶级斗争”

①《马克思恩格斯全集》第44卷，北京：人民出版社2001年版，第87页。

的观点不是马克思创立的，更不是马克思的思想起点。在马克思之前，资产阶级历史学家基佐和米涅已经开始运用阶级分析的方法来总结英国革命史和法国革命史了。马克思1852年4月20日致信恩格斯指出：“无论是发现现代社会中有阶级存在或发现各阶级间的斗争，都不是我的功劳。”“我的新贡献就是证明下列几点：①阶级的存在仅仅同生产发展的一定历史阶段相联系；②阶级斗争必然要导致无产阶级专政；③这个专政不过是达到消灭一切阶级和进入无阶级社会的过渡。”① 资产阶级思想家之所以拒绝接受和反对这种关于历史发展的理论，恰好是由于他们的阶级本能所使然，因为这种理论在客观上确实不利于资产阶级。马克思把历史唯物主义理论运用于研究资本主义生产方式，从而创立了自己的政治经济学理论体系。马克思的经济学与资产阶级古典经济学的首要区别，不是阶级出发点的不同，而是世界观和历史观的差别。马克思的社会主义理论与空想社会主义以及空想共产主义的根本区别同样源于此。马克思主义并不仅仅是关于无产阶级革命的理论，更是关于人类彻底解放和全面发展的理论。

第二，马克思的确运用劳动价值理论证明了资本家与工人的剥削与被剥削的关系（剩余价值理论），但是，马克思并没有根据资本主义存在剥削的事实来直接批判资本家和否定资本主义。马克思在《资本论》的序言中明确指出，“我的观点是：社会经济形态的发展是一种自然历史过程。不管个人在主观上怎样超脱各种关系，他在社会意义上总是这些关系的产物。同其他任何观点比起来，我的观点是更不能要个人对这些关系负责的。”② 马克思并不同意空想社会主义者直接利用古典经济学的劳动价值理论来批判和否定资本主义的观点。因为从根本上来说，从劳动创造价值的观点出发，进而运用存在剥削的事实来否定资本主义，实际上这不仅是一种历史唯心主义，而且是一种历史虚无主义，因为有阶级以来的历史都是存在剥

①《〈资本论〉书信集》，北京：人民出版社1976年版，第67页。

②《马克思恩格斯全集》第44卷，北京：人民出版社2001年版，第10页。

削与被剥削的关系的，因而，根据存在剥削的事实来批判和否定，那么，被否定的就不仅是资本主义，而是整个人类文明史。显然，这种观点不仅不是马克思的观点，而且是同历史唯物主义直接对立的。马克思的劳动价值理论和剩余价值理论绝不是“剥削有罪论”。

在我国民主革命和社会主义革命以及相当长的社会主义建设过程中，为了调动人民群众的革命积极性，马克思主义被理解和宣传为只是对资本主义进行简单的否定的理论，马克思主义理论被自觉地政治化、意识形态化了。然而，随着社会主义经济体制改革的展开，这种意识形态上的宣传所产生的负面作用就日益突出了，甚至产生了人们思想意识上的一种“逆反”。由于我国现阶段以及今后一个相当长的历史时期，都必须在坚持公有制经济为主导的前提下大力发展多种所有制经济，其中包括一部分真正意义上的资本主义经济成分。于是，在人们的思想意识中产生了一种混乱，似乎如果坚持马克思主义理论，就只能搞社会主义计划经济，要发展社会主义市场经济，就必须否定马克思主义理论。不仅如此，过去人们往往过分强调了马克思关于资本主义必然灭亡的结论，当人们看到发达国家仍然在资本主义制度下获得新发展的时候，自然就开始怀疑马克思经济学理论的科学性和正确性了。

显然，如果不能正确理解马克思经济学理论的实质和核心，人们思想上的混乱就不可能得到彻底清理。现在，确实有必要恢复对马克思经济学的实质和核心的科学认识了，在此基础上，我们才能科学认识马克思经济学理论与当代资本主义经济发展之间的关系，才能进而科学地认识马克思经济学理论与当代中国社会主义市场经济发展之间的关系。

二、 马克思经济学理论的实质和核心究竟是什么

马克思经济学的实质或者核心究竟是什么呢？关于这一问题，人们可

以从不同的角度进行不同的概括，而且人们也往往根据理论的和实际的需要进行了不同的归纳。

我们认为，只有以马克思经济学理论同整个世界经济发展史的联系为背景，把马克思经济学的方法论、研究对象、研究目的和作为整体的全部理论统一起来，才能对马克思经济学的实质或核心获得比较全面、正确的认识。

从马克思的方法论来看，应该说，历史唯物主义是马克思经济学的最直接的也是最根本的方法论。这一点，在马克思总结自己的思想发展历史的《〈政治经济学批判〉序言》中有明确表达，他把自己通过批判黑格尔法哲学而得到的关于社会运行和发展规律的历史唯物主义理论当作“用于指导我的研究工作的总的结果”,[①] 并在这篇序言中对历史唯物主义的核心内容进行了经典的表述。历史唯物主义的创立，对于马克思经济学理论的产生具有极为重要的意义。可以说，如果没有历史唯物主义的创立，也就不会有马克思的经济学。这一点，可以从马克思早年的思想发展史中得到证明。

马克思并非天生就是经济学家。在大学时代，甚至在大学毕业后的一段时间，马克思曾经是一个青年黑格尔主义者。只是当马克思观察到的社会现象与他所“信仰”的黑格尔哲学，特别是黑格尔的法哲学发生了矛盾的时候，他才于1843年夏天在克罗茨纳赫重新研究了黑格尔法哲学，写出了《黑格尔法哲学批判》，提出了与黑格尔法哲学相反的观点：“法的关系正像国家的形式一样，既不能从它们本身来理解，也不能从所谓人类精神的一般发展来理解，相反，它们根源于物质的生活关系，这种物质的生活关系的总和，黑格尔按照18世纪的英国人和法国人的先例，概括为市民社

①《马克思恩格斯选集》第2卷，北京：人民出版社1995年版，第32页。

会，而对市民社会的解剖应该到政治经济学中去寻求。”[①] 正是关于社会存在与社会意识，特别是关于经济与政治的关系的重新认识，推动着马克思于1843年10月中旬在法国巴黎开始研究政治经济学。

如果说历史唯物主义是关于人类社会历史发展一般规律的理论，那么，马克思的经济学理论就是关于资本主义社会发展的特殊规律的理论。从历史唯物主义到剩余价值理论，存在着从一般到特殊的逻辑关系。在这里，一般是特殊的理论前提，而特殊又是一般的理论证实。因此，揭示资本主义经济运动规律自然就成为马克思经济学的真正的核心。而这一点，马克思本人也给予了再明确不过的说明，他在《资本论》第一卷的序言中指出：“本书的最终目的就是揭示现代社会（即资本主义社会——引者所加）的经济运动规律。”[②]

那么，什么是资本主义社会的经济运动规律呢？对这一问题可以有两个层次的理解。一个层次的理解是，把《资本论》中所揭示的各个具体的经济规律都当作资本主义社会的经济运动规律，比如，我们可以把价值规律，剩余价值规律，工资运动规律，资本积累规律，社会资本再生产规律，平均利润率规律等等这些规律都理解为资本主义经济运动规律。显然，这种理解当然是没有错的。另一个层次的理解，即从总体上来理解资本主义社会的经济运动规律，也就是从所有这些具体的经济运动规律的内在联系和统一性方面来理解。换一个角度来看，从总体上理解资本主义社会的经济运动规律，也就是理解《资本论》的内在统一性问题，也就是理解全部马克思经济学理论的核心究竟是什么的问题了。毫无疑问，从这种总体性或整体性方面对于马克思经济学理论的理解要比对马克思经济学的个别理论的理解要重要得多了。判断马克思经济学在当代有效与否，只能进行总

---

① 参见马克思《〈政治经济学批判〉序言》，《马克思恩格斯全集》第13卷，北京：人民出版社1965年10月版，第7—11页。

②《马克思恩格斯全集》第44卷，北京：人民出版社2001年版，第10页。

体的判断，而不能用局部代替整体，更不能用局部去否定整体。如果说马克思经济学是真理，一定是因为马克思经济学理论在整体上得到了历史的验证；反之，如果说马克思经济学已经过时，一定是因为马克思经济学理论出现了系统性的错误，而绝不是仅仅因为马克思经济学的个别具体理论已经失效。在评价马克思经济学在当代的有效性方面，恰好存在着对上述两种不同情况的大量的严重的混淆。有些人往往会依据当代社会经济发生的一些新变化来否定马克思经济学的某个具体理论，进而否定整个马克思经济学，例如，一些人依据当代社会经济结构出现的服务化现象置疑马克思的劳动价值理论，并据此认为整个马克思经济学理论过时了。这样的观点在逻辑上是不成立的。因为在概念和理论上，劳动价值理论并不就是马克思经济学理论本身，它只是马克思经济学理论的一个部分（而且是极为重要的一部分）而已。如果马克思经济学的所有的或大部分的具体理论都是错误的，都过时了，当然也就谈不上马克思经济学本身的真理性和在当代的有效性了。然而，国内外马克思经济学理论研究的结果表明，马克思经济学理论与当代经济的关系方面存在着复杂的情况，即马克思经济学理论的一部分理论可能被历史和实践否定或超越了，而另一些理论则被证明仍然是正确的。在这种情况下，如何从总体上认识和评价马克思经济学在当代的有效性问题就显得困难了。而科学地解决这一认识问题的一个重要前提，就是必须对马克思经济学理论的实质和核心有一个正确的理解。毫无疑问，如果把马克思经济学理论的核心等同于马克思经济学的某个具体理论，或者对马克思经济学理论的实质和核心缺乏正确的理解，都可能导致对马克思经济学在当代的有效性的错误判断。

从马克思经济学的整体内容上来看，作为马克思经济学代表作的《资本论》正是围绕着资本主义社会的经济运动规律来展开的。三卷《资本论》

构成了一个相对完整的理论体系①，它紧紧抓住剩余价值这一资本主义经济的核心，分别研究了它的生产、实现和分配过程，揭示了由剩余价值规律支配所产生的不同层次的资本主义经济运动规律，即资本主义积累发展的规律和趋势，资本主义再生产的规律和内在矛盾，资本主义竞争所产生的目的和手段之间的矛盾。而全部《资本论》所要解决的核心问题，就是要论证资本主义生产方式是一种历史的生产方式，从而完成对资产阶级古典经济学认为资本主义经济制度是一种自然的、永恒的社会生产方式的理论观点的批判。我们不应该忘记，《资本论》实际上只是《资本论·政治经济学批判》的一个简称。而其中的“政治经济学批判”就是对古典政治经济学的批判，这一批判，不仅包含着马克思对古典经济学一系列具体理论例如劳动价值理论的批判，而且更重要的是马克思通过系统的理论分析，从根本上论证并提出了与古典经济学关于资本主义的总体结论相反的观点，即资本主义生产方式不是一种所谓自然的、永恒的、超历史的经济制度，而是一种历史的生产方式。事实上，马克思的这一基本观点和理论结论，不仅与古典经济学的观点相对立，而且也与当时以至当代一切正统的资产阶级意识形态相对立。如果我们把全部马克思的理论作为一个整体来看待，那么，可以说，马克思的经济学同他的历史唯物主义所要说明的是同一个核心观点，这两个理论，分别从历史哲学和经济学的角度，同样论证了资本主义的历史性，区别只在于唯物史观属于抽象的历史哲学，而马克思的经济学则将逻辑与历史相统一，对资本主义的历史性做了更具体的论证。马克思在《资本论》第一卷“第二版跋”中谈到自己的方法时强调了自己的辩证法与黑格尔的辩证法之间的区别，尤其强调了“辩证法在对现存的事物的肯定的理解中同时包含着对现存事物的否定的理解，即对现存事物

① 无论如何，我们都只能把三卷《资本论》理解为马克思经济学的核心和主要内容，而不能理解为马克思经济学的全部内容。《资本论》是马克思根据自己曾经提出的“六册计划”中的第一册第一篇“资本一般”的一个扩展。“六册计划”所包含的内容比三卷《资本论》所讨论的内容要广泛得多，也全面得多。

的必然灭亡的理解；辩证法对每一种既成的形式都是从不断的运动中，因而也是从它的暂时性方面去理解。”① 一定意义上，我们也可以把马克思的这一观点理解为他的经济学理论所要表达的核心思想，即全部马克思经济学的实质和核心就是要证明资本主义生产方式是一种历史的生产方式，就是要证明资本主义只不过是人类社会发展历史中的一个阶段，就是要证明资本主义是不断发展的。我们认为，相对于这一核心内容和思想而言，剥削的问题，阶级斗争的问题，经济危机的问题，工人革命的问题，都不构成马克思经济学本身所要回答的核心问题。事实上，在马克思的经济学理论中，由剩余价值生产而产生的剥削、阶级斗争以及工人革命，由社会化大生产所引起的经济危机，都只是被理解为资本主义的具体的发展机制（作为经济社会发展机制，它们是可变的，而不是固定不变的），这些内容本身并不构成马克思经济学理论的实质和核心，只有将所有这些内容置于马克思经济学的实质和核心之下，才能求得合理和科学的理解与评价，片面地强调它们在马克思经济学理论中的重要性，很容易将马克思经济学与当代资本主义的发展置于矛盾的境地之中。总之，我们认为，马克思的经济学理论的核心在于：一方面在理论上证明了，资本主义生产方式在一定历史阶段具有其合理性，是发展社会生产力的必要形式，这一点，使马克思经济学与一切从道德和正义出发而妖魔化资本主义的思想和观点相区别和对立；另一方面马克思经济学在理论上又证明了，资本主义生产方式和经济制度只是人类历史发展中的一个阶段，而不是社会生产力发展的绝对方式，它一定会被更高级的社会生产方式所取代，这一点，又使马克思经济学与一切美化资本主义的资产阶级正统意识形态及受其影响而形成的各种思想与观念相区别和对立。那种认为马克思的经济学理论就是简单地、一味地否定资本主义的观点是对马克思经济学理论的极大的误读和误解，那种认为资本主义的发展已经否定了马克思关于资本主义的总结论的观点

①《马克思恩格斯全集》第44卷，北京：人民出版社2001年版，第22页。

更是一种形而上学的短见。事实是，当代资本主义的发展从根本上证实了马克思经济学的科学性。

三、 资本主义的发展证实了马克思经济学的核心和主要结论

自马克思时代以来，资本主义经济确实获得了巨大的发展和变化。而这种发展和变化，与马克思的经济学理论之间并不是一种对立关系，恰好相反，现代资本主义的经济发展在一些最根本和最重要的方面，正好同马克思在经济理论上的分析是完全一致的，在总体方向上证实了马克思的理论。具体来说：

马克思在理论上论证了，资本主义剩余价值规律和资本积累规律必然造成财富分配的两极分化，甚至可能引起社会革命。马克思的这个理论，不仅是对当时的英国资本主义经济现实的理论总结，而且也是对资本主义发展一般规律的理论概括。事实证明马克思的这个理论是完全正确的。一百多年来，由于发达国家工人阶级有组织的斗争，以及世界社会主义国家的示范作用，当代发达国家无一例外地建立了社会福利制度（其实质是国民收入的再分配），从而在一定程度上缓解了收入分配的极化效应，极大地提高了无产阶级和广大公民的物质生活水平，从而避免了工人革命和社会危机的全面爆发。可以想见的是，如果没有国家来出面进行国民收入的再分配，任凭资本主义经济规律自由发挥作用，任凭财富分配的两极分化自由发展下去，恐怕发达资本主义国家无一例外地早就发生社会主义革命了。从这个意义上来说，现代资本主义的国家政府，不仅是资本主义经济的“守夜人”，而且也是整个资本主义经济制度的“保护神”。但是，发达资本主义国家政府所改变的，只是国民收入的分配结果，而不是资本主义财富分配两极分化的自然规律和趋势。

马克思在理论上论证了，以社会分工为基础的社会化大生产，客观上

要求社会经济资源按照一定的比例配置到各个生产中去，然而，在自由竞争的资本主义市场经济中，社会资源主要是由市场机制进行自发配置的，社会生产的系统上的无政府状态，必然导致社会再生产比例的失调，从而在一定的条件下会引发经济危机，造成社会资源的巨大浪费。事实证明马克思的这个理论也是完全正确的。经历了多次经济危机，特别是20世纪30年代大危机的沉痛教训之后，现代资本主义国家都建立了国家宏观调控制度和政策体系，从而在一定程度上缓解了由自由竞争产生的生产无政府状态造成的经济发展的巨幅波动。同样，如果没有国家政府的一定程度上的对社会资源的自觉配置，资本主义经济将如同历史上曾经一再出现的那样，周期性地受到危机的困扰和破坏。但是，发达资本主义国家的宏观调控制度和政策并没有取消社会资本再生产的规律，现代资本主义经济制度（自由竞争与国家调控相结合的“混合经济体制”）也并没有完全解决资源的最优配置问题，市场和政府，“看得见的手”和“看不见的手”都存在着“失败”，只要整个社会生产不是处在全社会的自觉的计划控制之下，并且仍然受到剩余价值规律的支配，事情也必然如此。

马克思在理论上论证了，在剩余价值规律特别是相对剩余价值规律的作用下，资本家之间的竞争会在客观上不断推动社会劳动生产率的提高和技术进步，劳动生产力的提高表现为资本主义发展的一个必然趋势。事实证明，马克思的这个理论也是正确的。经过几次科学技术革命和产业革命，当代发达资本主义国家的劳动生产力水平和科学技术水平都有了巨大的提高。但是另一方面，资本主义生产力的发展并不是具有无限的趋势，资本主义经济制度也不是发展社会生产力的绝对的生产方式。从人与自然的关系来说，资本主义生产力的发展已经造成了严重的全球性的资源和环境危机，从人与人的关系来说，资本主义的发展造成了阶级之间、国家之间贫富差距的进一步扩大和新的紧张关系。马克思甚至还在《资本论》中直接预言了，资本主义的自由竞争必然会产生垄断和金融寡头，以至于会进一步产生“国家的干涉”。

现代资本主义经济的发展，与马克思的理论预言几乎是惊人的一致。

由此可见，仅仅把马克思的极为丰富而深刻的经济学理论简化为一个“资本主义必然灭亡，社会主义必然胜利”的“结论”，看不到现代资本主义的发展同马克思经济学理论之间的实质性的内在联系，实在是一种形而上学的浅见。

在当代发达国家，资本主义私有制的内核并没有根本的变化，资本主义的基本矛盾仍然存在，资本主义经济发展仍然受到马克思的经济学理论所揭示的那些基本规律的支配和调节。无论西方发达国家的宏观经济调控政策和手段如何发达，也无论它们的社会福利达到怎样的水平；无论这些国家的无产阶级的物质生活水平有多高，也无论持股公民达到怎样的比例；无论是右派政党掌权，还是社会民主党或工党执政，都没有也不可能从根本上改变这些国家的资本主义性质。因为当代西方发达国家的生产资料所有制仍然是以私有制为基础，雇佣劳动制度仍然是整个市场体系的核心。所谓资本主义，从经济上来说，就是建立在生产资料私有制和雇佣劳动制度基础上的一种社会经济制度，无论是哪一种生产方式，只要存在这样的特点，就必然是资本主义的生产方式，而不可能是别的什么生产方式。只有取消了生产资料私有制和雇佣劳动制度，我们才可以说，这个社会的生产不再是资本主义性质的了。仅仅因为资本主义在形式上的某些变化，就断言资本主义不再是资本主义了，进而认为马克思主义理论过时了，这只不过是表明持有这种观点的人根本不懂得究竟什么是资本主义，也根本不懂得马克思经济学理论的核心究竟是什么。

四、 立足当代世界和资本主义的新变化，发展和创新马克思经济学

我们在理论上已经说明，当代资本主义的发展在根本上证实了马克思

经济学理论核心的科学性。但是，这绝不意味着马克思经济学不需要发展和创新了。我们必须看到，马克思之后的一百多年的世界历史的发展的确在某些方面超越了马克思经济学的理论分析和结论。我们只有发展和创新马克思经济学，才能使之更好地适应人类社会发展的需要。概括起来说，当代世界特别是资本主义的发展变化主要在如下几个最重要的方面可能超越了马克思经济学，需要我们重新进行研究：

第一，马克思根据18世纪以来的产业革命的实际发展和机器大工业的特点，认为资本集中具有无限发展的趋势，从而认为生产的社会化同资本主义生产资料私有制发生了矛盾，并依据这一点得出了关于资本主义必然灭亡的结论。后来，恩格斯在《反杜林论》中对马克思的这一基本理论观点进行了更具体的阐发。列宁的垄断和帝国主义理论也是基于马克思的资本集中理论而发展起来的。然而，马克思的这一基本观点并没有完全被历史所证实。我们看到，当代资本主义在经济组织上存在着二重的特征。一方面，在自由竞争的基础上产生了生产集中化、企业的大型化和垄断，大型跨国公司的发展是其最重要的标志；另一方面，又存在着生产的分散化、企业小型化和自由竞争，在这方面，以中小企业的广泛发展为表征。显然，如何在资本集中与资本分散并存、生产和企业大型化与生产和企业小型化并存、生产一体化与生产专业化并存和共进发展的事实基础上，重新理解资本主义的“基本矛盾”以及由这一矛盾决定的资本主义的历史趋势问题，就成为一个全新的重大理论课题。下面的分析将会进一步使我们认识到，当代资本主义经济在其他方面对于马克思经济学的超越正是以这一点为基础而发生的。

第二，正是根据资本集中所导致的企业的集中化和大型化的发展趋势和结论，马克思认为：“随着那些掠夺和垄断这一转化过程的全部利益的资本巨头不断减少，贫困、压迫、奴役、退化和剥削的程度不断加深，而日益壮大的、由资本主义生产过程本身的机制所训练、联合和组织起来的工人阶级的反抗也不断增长。"[①] 或许马克思的这一结论正是对 19 世纪中叶西欧特别是英国实际发生的历史现象的理论概括。然而，当代资本主义经济和社会并不是沿着马克思指出的这一单一逻辑发展的。在当代资本主义的发展中，资本巨头在数量上并不是越来越少，而工人阶级的"联合和组织"随着生产和企业的分散化和小型化受到了严重的削弱。当代资本主义发展的一个重要变化，就是随着市场组织结构的复杂化和经济结构的多元化，社会阶级和阶层结构也随之多元化和多层次化，以至于"阶级"的概念和分析方法还是否适用于对当代资本主义的马克思式的整体分析（不是局部分析，在局部上，我们必须承认，阶级仍然是存在的，而且资本家阶级与雇佣工人阶级的界限也是十分鲜明的。）都成为一个问题。[②] 如果把工人阶级的"联合和组织"理解为马克思经济学理论中关于资本主义的发展特别是向新的生产方式的发展的重要因素，那么，当"工人阶级"这一概念的内涵和外延都发生了重大变化的时候，如何理解资本主义发展的社会结构的动力问题，自然也就成为一个全新的理论课题了。换句话说，我们必须重新研究由当代资本主义经济结构的变化所引起的社会结构的变化，重新构造关于资本主义发展的社会结构动力学理论。如果考虑到当代发达资本主义国家建立的社会保障和福利制度对于"工人阶级"和其他社会阶层的广泛和深刻的影响，那么，这一点就更显重要了。

第三，同样是基于生产社会化等于生产集中化和大型化并将无限发展的逻辑和理论观点，马克思在理论上认为，随着资本主义的灭亡，商品生产最终也将"消亡"，"在共产主义社会高级阶段上，迫使人们奴隶般地服从旧分工的情形已经消失"，资本主义生产和整个经济的无政府状态将由全社会的计划生产所代替。这一观点在《哥达纲领批判》中得到了最明确的

---

①《马克思恩格斯全集》第 44 卷，北京：人民出版社 2003 年版，第 874 页。

② 何建章：《当代社会阶级结构和社会分层问题》，北京：中国社会科学出版社 1990 年版。C·赖斯·米尔斯：《白领——美国的中产阶级》，杭州：浙江人民出版社 1987 年版。蔡声宁、王枚编：《当代发达资本主义国家阶级问题》，石家庄：河北人民出版社 1987 年版。

表达，在马克思的其他所有关于未来社会的论述中，也都是以商品生产和资本主义的最终的一同被消灭或消亡（当然马克思明确指出过，商品生产在从资本主义向社会主义社会的过渡时期是不能被立即取消的）为前提。在马克思的理论结构中，存在着这样一个总体的理论逻辑，即：社会分工是商品生产的前提——商品生产为经济危机提供了形式上的可能性——生产社会化的发展产生了同资本主义私有制的矛盾——经济危机的周期爆发是资本主义生产方式内在矛盾尖锐化的集中表现——经济危机会引发由阶级矛盾的日益尖锐化而产生的工人革命——工人革命是导致资本主义向新的社会生产方式发展的社会因素和经济力量——在资本主义和商品生产的一同被消灭的基础上建立起生产资料的社会公有制和整个社会的计划生产（社会主义和共产主义）。我们不得不指出，不仅马克思的上述理论逻辑还没有被历史所证实，而且事实上在马克思的理论逻辑中存在着一个严重的疏漏，即马克思虽然在《资本论》中严格地区分了商品、货币和资本，并恰当地揭示了它们之间的内在联系，但是，在论及资本主义的历史趋势的时候他又在事实上将商品生产同资本主义生产完全等同了，从而提出了商品生产最终将同资本主义生产一起退出历史舞台的结论。马克思之后的一百多年的世界经济的发展实践表明，社会分工不仅没有被“工场内部分工”不断取代（即生产的大型化和一体化代替市场关系）的必然趋势，相反，随着生产分散化和专业化的发展不断得以深化，以至于在全球化的时代出现了国际间的产品内的分工。[①] 尽管当代资本主义生产方式和制度还存在着各种各样的矛盾和问题，但是，我们看不到社会分工和商品生产行将被消灭的任何迹象和依据（苏联、东欧等国家的传统社会主义体制的最终失败与社会分工和商品生产的顽强的生命力有着深刻的内在联系）。于是，在理论上，我们必须重新思考社会分工、商品生产和市场经济的历史命运问题，进而必须重新思考是否应该在社会分工、商品生产和市场经济的基础上实

① 张苏：《论新国际分工》，中国人民大学博士学位论文，2005 年。

现人的全面发展的问题，必须重新思考真正的社会主义生产方式如何同市场经济有机结合的问题。

总之，当代资本主义经济在许多现象上不同于马克思时代，而其中最重要的是当代社会生产力以生产社会化的二重发展为特征①，并由此引发了当代资本主义生产关系与社会生产力、经济基础与上层建筑的新关系，以及马克思经济学理论与当代资本主义经济现实的差异性。我们认为，在新的历史条件下，当代马克思主义经济学家最重要的任务，就是必须在上述最重大的问题上发展马克思经济学，从而创立马克思主义经济学的新范式，以更好地适应人类社会发展的需要。

① 邱海平：《生产社会化的二重发展与企业规模的变化》，《教学与研究》2001 年，第 4 期。

马克思对古典经济学劳动价值论的认识究竟是如何转变的

马克思主义经济学是在批判资产阶级古典经济学的基础上逐步建立起来的。在这一理论创建过程中，马克思（包括恩格斯）对古典经济学价值理论的认识是逐步深化的，但对这一过程学术界存在不同的理解。

一、1844年上半年马克思真的完全否定了古典经济学的价值论吗？

马克思是在批判黑格尔法哲学理论的基础上，得出了不同于黑格尔关于市民社会和国家、政治、法律的关系的结论后，转向了政治经济学研究。具体来说，马克思是在1843年到巴黎编辑《德法年鉴》时开始研究政治经济学的。[①] 当马克思开始初步研究政治经济学时，他对古典经济学的看法更多地受到了恩格斯的影响。

大约在1843年底或1844年1月，恩格斯将他的《政治经济学批判大纲》（以下简称《大纲》）寄给了作为《德法年鉴》杂志编辑之一的马克思。因而，在《德法年鉴》未出版之前，马克思就读到了恩格斯的这部著

① 参见马克思《〈政治经济学批判〉序言》，《马克思恩格斯全集》第13卷，北京：人民出版社1965年10月版，第7—11页。

作，并做了详细的摘录。[①] 在1859年的《〈政治经济学批判〉序言》中，马克思称恩格斯的这部著作是“天才的大纲”。后来，在1867年出版的《资本论》第一卷中，马克思再次援引了恩格斯的这本书。这些基本事实表明，马克思在政治经济学上的最初观点，包括他对古典经济学的最初态度明显受到恩格斯的影响。因此，我们有必要首先说明恩格斯在《政治经济学批判大纲》中是怎样评价古典经济学及其劳动价值论的。

在19世纪40年代，无论是恩格斯还是马克思，他们用“经济学”“政治经济学”“国民经济学”“现代经济学”等不同术语来讨论所有的资产阶级经济学，他们都没有将“古典经济学”与“庸俗经济学”区别开来。马克思和恩格斯对资产阶级经济学家的理论做出的评价达到怎样合理的程度，是衡量他们自己在政治经济学理论上达到什么水平的重要尺度。《大纲》对政治经济学评价的总体倾向是否定的。恩格斯之所以否定政治经济学，是因为他认为，“政治经济学没有想到提出私有制的合理性的问题”，从而在理论上是“诡辩和伪善”“矛盾和不道德的”。由于恩格斯在总体上否定了资产阶级经济学，因此他对资产阶级经济学的价值论也给予了明确的否定。恩格斯在《大纲》中对英国人（亚当·斯密、麦克库洛赫、大卫·李嘉图）的“生产费用决定价值”的观点与法国人让·巴蒂斯特·萨伊的“效用决定价值”的观点进行了双重否定，提出了“价值是生产费用对效用的关系”的观点。恩格斯论证说：“价值首先是用来解决某种物品是否应该生产的问题，即这种物品的效用是否能抵偿生产费用的问题。只有在这个问题解决之后才谈得上运用价值来进行交换的问题。如果两种物品的生产费用相等，那么效用就是确定它们的比较价值的决定性因素。”[②] 恩格斯的这一观点是很模糊的，对“生产费用”（即生产中耗费的劳动）和“效用”与商品价

① 马克思写下这个摘录的具体时间究竟是在《德法年鉴》出版（1844年2月）之前，还是之中或之后，目前还没有充分的相关材料佐证。

②《马克思恩格斯全集》第1卷，北京：人民出版社1965年10月版，第603—605页。

值的关系，并没有提供一个清晰论证。不仅如此，恩格斯在对价值理论究竟是解决什么的这个问题本身的理解也是错误的。恩格斯在《反杜林论》（1876—1878 年）中的一个小注中说："在决定生产问题时，上述的对效用和劳动耗费的衡量，正是政治经济学的价值概念在共产主义社会中所能余留的全部东西，这一点我在 1844 年已经说过了（《德法年鉴》第 95 页）。但可以看到，这一见解的科学论证，只是由于马克思的《资本论》才成为可能。"① 恩格斯在《大纲》中关于效用和生产费用的理解主要是针对"决定生产问题"的，而事实上，古典经济学的生产费用或劳动价值论主要不是解决这个问题的，而是解决商品交换规律的。正是出于对古典经济学的价值论的一种误解，从而使恩格斯完全否定了生产费用价值论："抽象价值以及抽象价值是由生产费用来决定的说法，都只不过是一些抽象的不实际的东西。"② 在关于价值与价格关系的理解上，恩格斯更是提出了错误的看法："作为基本东西和价格泉源的价值倒要从属于它自己的产物——价格了。"③

总体上看，恩格斯的《大纲》虽然在某些方面提出了超越古典经济学的创见，但必须承认，这是一部不成熟的著作。1871 年 4 月 13 日，恩格斯在给卡尔·李卜克内西的信中说："现在把《德法年鉴》上我的那篇旧文章重新刊登在《人民国家报》上是无论如何不行的。这篇文章已经完全过时，而且有许多不确切的地方，只会给读者造成混乱。加之它还完全是以黑格尔的风格写的，这种风格现在也根本不适用。这篇文章仅仅具有历史文件的意义。"④ 1884 年 6 月 26 日，恩格斯在写给叶·埃·帕普利茨（她写信给恩格斯，打算把恩格斯的《大纲》翻译成俄文）的回信中说："虽然我至今对自己的这第一本社会科学方面的著作还有点自豪，但是我清楚地知道，

①《马克思恩格斯全集》第 20 卷，北京：人民出版社 1965 年 10 月版，第 335 页。

②《马克思恩格斯全集》第 1 卷，北京：人民出版社 1965 年 10 月版，第 604 页。

③《马克思恩格斯全集》第 1 卷，北京：人民出版社 1965 年 10 月版，第 606 页。

④《马克思恩格斯全集》第 33 卷，北京：人民出版社 1973 年 12 月版，第 209 页。

它现在已经完全陈旧了，不仅缺点很多，而且错误也很多。我担心，它引起的误解比带来的好处多。”① 没有谁比恩格斯对自己的《大纲》所做的这种评价更准确和实事求是了。如果有人过高地评价恩格斯早年提出的“价值是生产费用和效用的关系”的观点，甚至把它作为论证效用价值论的依据，那就是对恩格斯的明显误解甚至是故意曲解。

马克思最初的政治经济学研究，不仅受到恩格斯的影响，而且在观点上也直接受到恩格斯的影响。像恩格斯一样，马克思对资产阶级经济学也是基本上持否定态度的，这一点首先表现在马克思的第一个政治经济学研究成果——《1844 年经济学哲学手稿》中。关于“国民经济学”，马克思认为：“国民经济学从私有财产的事实出发，但是，它没有给我们说明这个事实……它把私有财产在现实中所经历的物质过程，放进一般的、抽象的公式，然后又把这些公式当作规律。它不理解这些规律，也就是说，它没有指明这些规律是怎样从私有财产的本质中产生出来的。国民经济学没有给我们提供一把理解劳动和资本的分离以及资本和土地分离的根源的钥匙。”可以看出，马克思和恩格斯一样，确认了资产阶级政治经济学以私有制为基础。他们之间的区别在于，恩格斯批评政治经济学没有说明私有制的合理性问题，而马克思则批评政治经济学没有说明私有制是如何产生的问题。无论马克思是否最终解决了这个问题，单就问题的提出本身来说，马克思在理论上比恩格斯更进了一步。恩格斯提出问题的方式，更多地带有费尔巴哈的痕迹，而马克思提出问题的方式，更多地显示了一种历史的、理性的眼光。

马克思指出了古典政治经济学家在方法论上的错误，他说：“我们不像国民经济学家那样，当他想说明什么的时候，总是让自己处于虚构的原始状态。这样的原始状态什么问题也说明不了。”马克思提出了自己解决问题的思路和方法——“我们从当前的经济事实出发吧”。而资本主义最主要的

①《马克思恩格斯全集》第 33 卷，北京：人民出版社 1973 年版，第 172 页。

"经济事实"就是劳动与财富的对立及由此而产生的两极分化问题。马克思在此概括的资本主义"经济事实"与恩格斯在《大纲》中所说明的"事实"也是惊人的一致。不同的是恩格斯用以私有制为基础的竞争来解释资本主义的各种矛盾，而马克思则集中分析了资本主义中的"劳动异化"。马克思提出异化劳动理论，试图回答和解决私有制的产生问题。在马克思看来，起初是异化劳动产生了私有财产，然后，私有财产进一步产生了劳动异化。

值得注意的是，虽然像恩格斯一样，马克思在手稿中对古典经济学基本是持否定态度的，但我们看不到马克思直接评述古典经济学的价值理论的任何文字。因此，并不能以这个手稿为直接依据来说明马克思在那个时候对古典经济学的劳动价值论的态度。要了解马克思在1844年上半年对劳动价值论的态度，只有通过考察马克思的《巴黎笔记》中的其他文本才能找到直接依据。[①] 恰好在这一点上，国内外学者存在不同看法。如，苏联的经济学说史专家卢森贝及我国的马健行、郭继严教授认为，马克思在笔记中"实际上"是否定了劳动价值论；而苏联阿·伊·马雷什认为，马克思并没有完全摒弃劳动价值论。[②]

全面地分析马克思所做的评论可看出，马克思对亚当·斯密、大卫·李嘉图、让·巴蒂斯特·萨伊、约翰·雷姆赛·麦克库洛赫等经济学家观点的评论存在许多模糊地方。在价值理论方面，马克思虽然既不完全同意李嘉图的生产费用理论，又不赞成萨伊的效用理论，但这不表明马克思完全否定李嘉图的价值论。[③] 马克思所不同意的是李嘉图将"生产费用"与

---

① 王辅民教授第一次将马克思这个笔记中的大部分内容翻译成为中文。参见《〈资本论〉研究资料和动态》第六集，江苏人民出版社1985年版。

② 参见阿·伊·马雷什《马克思主义政治经济学的形成》，四川人民出版社1983年版，第72页。马健行、郭继严《〈资本论〉创作史》，山东人民出版社1983年1月版，第35—38页。

③ 马克思并没有明确提出"价值是生产费用与效用的关系"的观点。马健行、郭继严教授认为马克思提出了这样的观点，这只是他们的一种推测，并不能找到直接的文字依据。

“产品价格”完全等同的观点。马克思确实提出过这样的观点：“价格由竞争决定 = 价格是偶然的。”[①] 但这一句话显然不能成为马克思全盘否定生产费用价值论的依据，因为说供求关系决定价格是一码事，而说供求关系决定生产费用则是另一码事（马克思没有这种说法）。同样，从总体上否定古典经济学，同全盘否定古典经济学的价值理论，也并不是一码事。因此，马克思在 1844 年上半年对古典经济学的价值论的态度是模糊的，可能更加符合马克思在那个时候的理论认识的实际。这一点恰好是马克思与恩格斯在同一问题认识上的区别。

二、马克思在《神圣家族》中真的“接近劳动价值的理论”吗?

1844 年 9—11 月，马克思和恩格斯共同写作了《神圣家族》。在谈到资产阶级政治经济学把私有制当作基本前提而产生的矛盾时，马克思认为：“最初，价值看起来确定得很合理：它是由物品的生产费用和物品的社会效用来确定的。后来却发现，价值纯粹是偶然确定的，它无论和生产费用或者社会效用都没有任何关系。”[②] 这表明，马克思在这里存在一个误解，他把恩格斯在《大纲》中提出的商品价值由“生产费用”和“效用”共同决定的观点当成了资产阶级经济学家的看法。在后面的论述中，马克思又说：“生产某个物品所必须花费的劳动时间属于这个物品的生产费用，某个物品的生产费用也就是它值多少，即它能卖多少钱（如果撇开竞争的影响）……”皮埃尔—约瑟夫·蒲鲁东把劳动时间当作工资和规定产品价值的度量，马克思认为蒲鲁东的这一观点是“正确”的，并且把它同亚当·斯密在《国富论》中提出的这样一个观点相提并论：“在私有制确立以前，也

①《〈资本论〉研究资料和动态》第六集，江苏人民出版社 1985 年版，第 49 页。

②《马克思恩格斯全集》第 2 卷，北京：人民出版社 1965 年 10 月版，第 39 页。

就是在不存在私有财产的条件下，劳动时间曾经是工资以及与工资尚无区别的劳动产品的价值。”马克思还提出了这样一个观点：“在直接的物质生产领域中，某物品是否应当生产的问题即物品的价值问题的解决，本质上取决于生产该物品所需要的劳动时间。因为社会是否有时间来实现真正人类的发展，就是以这种时间的多寡为转移的……甚至精神生产的领域也是如此”。①

马克思对价值理论所要解决的问题的看法同恩格斯在《大纲》中的看法完全一样，即把价值问题理解成了“物品是否应当生产”的问题。正如在上面我们评论恩格斯的相同观点时所指出的，马克思这样来看待价值问题并没有接近劳动形成价值的观点。如果认为马克思的这一观点是“接近”劳动价值论了，那么我们就得承认恩格斯在《大纲》里也是接近劳动价值论了。显然不能做出这样的结论。因此，列宁认为在《神圣家族》中“马克思接近劳动价值论了”② 的观点是值得商榷的。在写作《神圣家族》的时候，马克思还处在创立历史唯物主义的过程中，当时他对商品价值问题的理解也是不成熟的，有时甚至是不正确的。

三、马克思对古典经济学及其价值论的真正肯定

在写作《神圣家族》和《德意志意识形态》之间的时间里，马克思在布鲁塞尔又阅读了大量的经济学著作，并写下了大量的笔记（连同马克思后来写的一些笔记，合称《布鲁塞尔笔记》）。其间，马克思写作了《评弗里德里希·李斯特的〈政治经济学的国民体系〉》一文（生前并未发表，保留下来的文稿也有残缺）。马克思对李斯特歪曲“国民经济学”的一系列做法都给予了批判，从而表现了马克思对“国民经济学”即古典政治经济学

①《马克思恩格斯全集》第2卷，北京：人民出版社1965年版，第61—62页。

② 参见《列宁全集》第55卷，北京：人民出版社1990年版，第13页。

的明显的肯定态度。此外，马克思还明确指出："像经济学这样一门科学的发展，是同社会的现实运动联系在一起的，或者仅仅是这种运动在理论上的表现。"① 毫无疑问，这是他把已经形成的唯物主义思想自觉地运用于政治经济学理论评价的重要表现。

1845 年 9 月至 1846 年 4 月，马克思和恩格斯合作撰写了《德意志意识形态》，它认为马克思主义政治经济学理论的形成所具有的重大意义首先表现在方法论上。正是历史唯物主义原理的确立使马克思后来的政治经济学研究具有了科学的理论基础、明确的研究对象和思路，从而取得了快速的进步。同时，《德意志意识形态》真正标志着马克思对古典经济学及其价值论的明显的肯定。关于商品价值的观点，马克思明确提出："在竞争的领域中面包的价格是由生产成本决定的，而不是由面包师任意决定的……金属货币的价值也完全是由生产成本即劳动所决定的。"② 马克思所说的"生产成本"是指生产某种商品所花费的劳动，不过马克思并没有对此展开论述，但在理论观点上，马克思毕竟在实际上开始承认了古典经济学的劳动形成商品价值的看法。

由于马克思和恩格斯在《德意志意识形态》中已阐明了历史唯物主义的基本原理，从而使马克思对政治经济学的认识获得了快速进展，这种飞速的进展首先表现在马克思于 1847 年 7 月出版的批判蒲鲁东的政治经济学观点的《哲学的贫困》一书中。马克思在政治经济学上的一系列正确看法的形成，包括他对古典经济学的价值论接近正确的看法，正是从这部著作开始的。马克思在这部著作中第一次将经济学家划分为"宿命论学派"（包括古典派和浪漫派）、"人道学派""博爱学派"等，并且对李嘉图的理论，特别是他的价值理论进行了大体正确的评价。马克思在批判蒲鲁东的所谓"构成价值"理论时明确指出："李嘉图已科学地阐明作为现代社会即资产

①《马克思恩格斯全集》第 42 卷，北京：人民出版社 1979 年 9 月版，第 242 页。

②《马克思恩格斯全集》第 3 卷，北京：人民出版社 1965 年 10 月版，第 430 页。

阶级社会的理论……李嘉图及其学派在很早以前就提出作为二律背反的一方面即交换价值的科学公式……”“在李嘉图看来，劳动时间确定价值这是交换价值的规律……李嘉图的价值论是对现代经济生活的科学解释……李嘉图从一切经济关系中得出他的公式，并用来解释一切现象，甚至如地租、资本积累以及工资和利润的关系等那么骤然看来好像是和这个公式抵触的现象，从而证明他的公式的正确性；这就使他的理论成为科学的体系。”① 马克思同意李嘉图对斯密二元价值论的批评（斯密时而认为劳动时间是价值的尺度，时而认为“劳动价值”是价值的尺度），指出“像任何其他的商品价值一样，劳动价值不能作为价值尺度”。② 马克思还讨论了形成商品价值的劳动时间究竟是如何形成的及商品价值变化的一般趋势问题。他认为，“任何一种新发明，只要能在一小时内生产出过去两小时才生产的东西，都会使市场上所有这一类的产品跌价……竞争实现了产品的相对价值由生产它的必要劳动时间来确定这一规律。劳动时间成为交换价值的尺度这一情况因而也就成了劳动不断跌价的规律。不仅如此，跌价的不仅是运到市场上去的商品，而且连生产工具以及整个企业也都在内”。③ 可以看出，马克思几乎已经揭示出了单位商品的价值量与劳动生产率成反比的规律，并且正确地认识到商品价值的形成并不只是生产过程的事情，而是由“竞争实现的”。但另一方面，马克思在说明“必要劳动时间”时说：“一种东西的价值不是由生产它的时间来确定，而是由可能生产它的最低限度的时间来确定。”马克思解释说：“因为最便宜而效率又最高的生产工具可以无限增加，而自由竞争必然产生市场价格，就是说，产生一种一切同类产品的共同价格。”显然，这一看法并不是完全正确的，它与后来马克思进一步表述的“社会必要劳动时间”的概念还有一定的距离。

---

①《马克思恩格斯全集》第4卷，北京：人民出版社1965年版，第89—93页。

②《马克思恩格斯全集》第4卷，北京：人民出版社1965年版，第97页。

③《马克思恩格斯全集》第4卷，北京：人民出版社1965年版，第106页。

列宁认为，《哲学的贫困》是第一批成熟的马克思主义著作之一，这个看法是正确的。1880 年这部著作再版时马克思说："在该书中还处于萌芽状态的东西，经过二十年的研究之后，变成了理论，在《资本论》中得到了发挥。所以，阅读《哲学的贫困》以及马克思和恩格斯于 1848 年发表的《共产党宣言》，可以作为研究《资本论》和现代其他社会主义者的著作的入门……"虽然这只是一部论战性的著作，但马克思的这部著作确实已论及后来在《资本论》中详细讨论的大部分问题。

四、 马克思对劳动价值论的初步运用

1847 年 12 月下旬，马克思在布鲁塞尔德意志工人协会做了几次政治政治经济学的讲演，根据这些讲演的部分内容，马克思于 1848 年写作了《雇佣劳动与资本》，这是马克思开始运用劳动价值理论说明资本与劳动的关系的第一个文献。马克思首先说明了工资是什么，他认为，工人出卖的是"劳动"，工人的"劳动"是商品。① 既然工人的劳动是商品，那么"商品的价格是怎样决定的呢?"马克思认为"它是由买主和卖主之间的竞争即供求关系决定的"，而且他认为决定商品价格的竞争还包括买主之间及卖主之间的竞争。接着马克思问："那么供求关系又是由什么决定的呢?"他认为，"供给和需求的波动，每次都把商品的价格引导到生产费用的水平"，"只有在这种波动的进展中，价格才是由生产费用决定的……"而且马克思指出，经济学家们认为平均价格等于生产费用的观点是错误的，他正确地指出："商品的实际价格始终不是高于生产费用，就是低于生产费用；但是，上涨和下降是相互抵销的，因此，在一定时间内，如果把工业中的资本流入和流出汇总起来看，就可看出各种商品是依其生产费用互相交换的，所以它

①《马克思恩格斯全集》第 6 卷，北京：人民出版社 1965 年版，第 475 页。

们的价格是由生产费用决定的。”[1] 可见，马克思已经开始把竞争和供求关系理解为商品价值形成的机制了。然后，马克思运用生产费用决定商品价值的观点，进一步分析了工人的工资即“劳动本身的生产费用”是怎样决定的问题。他继续沿袭了“最低工资”的观点，认为“工人的劳动的价格是由必需生活资料的价格决定的”，“这样决定的工资就叫作最低工资”。马克思基本上正确地理解了构成工资的三个部分，即维持生存、受训练和延续后代的费用，而且正确地认为单个工人的工资是随着供求关系的变动而变动的，只是从总体上来看工资是由生产费用决定的，这就等于把作为范畴的工资与实际的个别工资区别开来了。不仅如此，马克思还进一步区分了“名义工资”与“实际工资”，并提出了“相对工资”和“比较工资”的概念（即同资本家的利润相对比的那种工资），还提出了“工资和利润是成反比的”看法，由此得出结论：“资本的利益和雇佣劳动的利益是截然对立的。”[2] 后来马克思在《资本论》中进一步阐明了工资与剩余价值之间更为复杂的关系。

①《马克思恩格斯全集》第 6 卷，北京：人民出版社 1965 年版，第 483 页。

②《马克思恩格斯全集》第 6 卷，北京：人民出版社 1965 年版，第 484—497 页，第 475 页。

全球化时代的中小企业

——重新审视马克思的生产社会化理论

20世纪90年代以来，全球化问题引起了世界学术界的巨大关注。有关全球化问题的所有讨论都与资本主义这一对象具有不可分割的联系。众所周知，马克思和恩格斯是最早认识和论述全球化问题和趋势的理论家。[①]在理论上，马克思认为资本主义从来就是全球化的，这是因为从历史起源上来说，商业资本的发展是产业资本建立的前提之一，而商业利润主要来源于国际贸易。18世纪中叶开始，经过产业革命，产业资本确立了统治地位。产业资本的发展同样必须以国际市场为前提。对于任何一个资本或每一种形式的资本（商业资本、产业资本、金融资本等）来说，民族国家的范围永远是不够的。这是由资本的本性，即追求无止境的剩余价值所决定的。马克思的剩余价值理论为我们理解资本主义时代全球化的发展提供了科学的理论基础。马克思在理论上揭示的剩余价值规律，是推动当代全球化发展的根本动力。

从马克思主义政治经济学的角度来看，我们关注的不仅是全球化对于不同国家的影响，更重要的是全球化的发展对于整个人类社会生产方式的影响。对于人类社会生产方式发展趋势的研究，而不仅仅是对工人阶级利益和历史地位的关怀，也正是马克思全部理论的焦点。而恰好在关于人类

① 参见马克思恩格斯《共产党宣言》，载《马克思恩格斯全集》第4卷，北京：人民出版社1965年版。

社会生产方式的理论分析和预言中，马克思的理论既有正确的一面，同时也存在一定的缺陷，后一点正是本文所要讨论的问题。概括地说，这个问题就是，马克思在理论上认为资本主义生产社会化的发展趋势就是生产集中化、大型化的趋势，这一趋势发展到极致，最终将与资本主义生产关系和制度相冲突，从而必然导致工人有组织的革命，并极为容易地改变资本主义组织，建立起一个没有旧的社会分工的新的社会和经济组织。① 然而，直到今天为止，我们所观察到的实际现象是，生产分散化和小型化，与生产集中化和大型化是同时并存的；在企业形态上，表现为全球化背景下中小企业与大型企业是并存共生的，中小企业并没有被大企业所消灭。本文的核心就在于讨论马克思的生产社会化理论与现实之间的这一冲突或矛盾。

一、 马克思生产社会化范畴和理论的要义

在马克思的理论中，“生产社会化”是用来表达资本主义生产力主要特征的范畴。“生产的社会化”是与“生产个人化”“生产分散化”相对立的，生产社会化在生产规模上造成的结果和主要特征就是生产的集中化、大型化，因而它又是与“生产小型化”相对立的。实际上，马克思主要是在生产集中化和大型化这一含义上运用生产社会化范畴的。因此，马克思的生产社会化理论，也就是一种生产规模理论。顺便指出，马克思的全部理论都是建立在资本主义生产从来都是社会化大生产基础之上的。

马克思在《资本论》中系统地表达了他的生产社会化理论的主要观点。我们可以看到，整个《资本论》的理论都贯穿着生产社会化的思想。

首先，马克思提出了货币转化为资本必须达到一定的最低限额的观点。马克思认为，任何一个资本家，只有雇佣到足够数量的工人，才可以使其

①《资本论》第1卷，北京：人民出版社2001年版，第872—875页。

生产成为真正的资本主义生产，否则，他只是一个“小业主”。[1]

历史也正是如此。马克思指出，“人数较多的工人在同一时间、同一空间（或者说同一劳动场所），为了生产同种商品，在同一资本家的指挥下工作，这在历史上和逻辑上都是资本主义生产的起点。就生产方式本身来说，例如初期的工场手工业，除了同一资本同时雇佣的工人较多以外，和行会手工业几乎没有什么区别。”[2]马克思不仅系统地论述了协作生产相对于分散的个体生产的优越性，而且进一步论述了在简单协作基础上发展起来的企业内部分工在提高资本的生产效率方面的优越性。同时，在关于分工的理解上，马克思比亚当·斯密更进了一步，他正确地区分了企业内部分工和社会分工，以及它们之间的相互影响和相互转化的关系。[3] 马克思关于协作生产和分工的理论，为我们提供了理解社会生产方式发展规律和趋势的基本线索。

在关于机器生产的分析中，马克思认为，过去的劳动协作和劳动分工已经让位于机器的协作和机器的分工，“主观的分工原则消失了”[4]，工人在实际上隶属于资本。在机器生产中，机器“只有通过直接社会化的或共同的劳动才发生作用”，因此，“劳动过程的协作性质，现在成了由劳动资料本身的性质所决定的技术上的必要了”[5]。与此相适应，生产规模和企业规模都得到惊人的扩大，而货币转化为资本的最低限额也提高了。

马克思系统地描述过机器生产在技术上和规模上对于传统生产方式的巨大革命作用，从而为进一步提出他的资本积累理论奠定了历史基础。

在《资本论》第一卷的资本积累理论中，马克思更是明确地表达了他关于资本主义生产社会化的最终结论。其中，资本集中占有特别重要的地位。资本集中以资本积累为基础，竞争和信用是它的两大杠杆。马克思认

---

①《资本论》第1卷，北京：人民出版社2001年版，第356—358页。

②《资本论》第1卷，北京：人民出版社2001年版，第374页。

③《资本论》第1卷，北京：人民出版社2001年版，第406—416页。

④《资本论》第1卷，北京：人民出版社2001年版，第437页。

⑤《资本论》第1卷，北京：人民出版社2001年版，第443页。

为，正是在这两大杠杆的作用下，资本集中的发展速度远远超过了资本积累的发展速度。而资本集中，就是资本对资本的剥夺。“随着这种集中或少数资本家对多数资本家的剥夺，规模不断扩大的劳动过程的协作形式日益发展，科学日益被自觉地应用于技术方面，土地日益被有计划地利用，劳动资料日益转化为只能共同使用的劳动资料，一切生产资料因作为结合的、社会的劳动的生产资料使用而日益节省，各国人民日益被卷入世界市场网络之中，从而资本主义制度日益具有国际的性质。随着那些掠夺和垄断这一转化过程的全部利益的资本巨头的不断减少，贫困、压迫、奴役、退化和剥削程度的不断加深，而日益壮大的、由资本主义生产过程本身的机制所训练、联合和组织起来的工人阶级的反抗也不断增长。资本的垄断成了与这种垄断一起并存在这种垄断之下繁盛起来的生产方式的桎梏。生产资料的集中和劳动的社会化，达到了同它们的资本主义外壳不能相容的地步。这个外壳就要炸毁了。资本主义私有制的丧钟就要响了。剥夺者就要被剥夺了。”①

顺便指出，恩格斯以马克思的《资本论》为依据，在《反杜林论》中对生产社会化从生产资料、劳动过程、劳动产品等各个方面做了全面的论述，明确地表达了生产的社会化就是生产的集中化和大型化的观点。② 列宁的帝国主义理论也直接受到马克思理论的影响。③

显然，马克思正是通过生产的社会化同资本主义生产资料私有制的矛盾得出资本主义制度必然灭亡的重大结论的。

如果资本主义生产社会化的实际历史完全按照马克思的理论逻辑来发展，那么，我们相信，马克思关于资本主义生产方式的最终结论也将是完全正确的。

然而，观察一百多年来资本主义经济发展的实际状况，我们会发现，

①《资本论》第1卷，北京：人民出版社2001年版，第874页。

②《马克思恩格斯选集》第3卷，北京：人民出版社1995年版，第619—634页。

③ 列宁：《帝国主义是资本主义的最高阶段》，《列宁选集》第2卷，北京：人民出版社1995年版。

资本主义生产社会化的发展呈现出比马克思的理论更为复杂的情况，即在生产的大型化和集中化不断发展的同时，生产的小型化和分散化也得到了几乎同样的发展。而生产的小型化和分散化正是以中小企业的大量建立和发展为基础的。

二、 当代中小企业的发展与生产的小型化、 分散化趋势

如果说在马克思时代、列宁时代，资本主义生产发展的主要特征是生产的集中化和大型化，那么当代资本主义经济的一个显著特征在于：生产和资本分散化与集中化这两种相反的趋势同时并存。特别是 1970 年以来，这一特征表现得尤为突出。就当代资本主义经济来说，突出的特点并不在于集中和垄断的无限发展，而是相反，集中和垄断的发展受到分散化和小型化的某种抵消或限制，从而使整个资本主义生产和市场组织在结构上表现出复杂性。

发达国家对中小企业的划分标准有所不同，各个国家的中小企业在发展历史、行业分布、平均规模、技术水平、经济绩效、国际化程度、存活率等方面各有区别，但一个基本的共同特点是，中小企业的数量在企业总数中占绝对多数，平均占到 95% 以上。①在全球化迅猛发展的今天，这一态势也基本没有发生根本的变化。换句话说，全球化的发展并没有成为中小企业的坟墓；相反，在新的科学技术的推动下，特别是在微电子技术和网络技术的基础上，全世界的中小企业都获得了进一步的新的发展。

在全球化发展的时代，中小企业仍然保持着顽强的生命力，主要有以下几个方面的原因：

第一，由于中小企业在提供税收、创造就业、维护竞争、促进技术创新、扩大出口、实现机会均等、缩小贫富差距和促进社会稳定等方面都有

① 李玉潭：《日美欧中小企业理论与政策》，沈阳：吉林大学出版社 1992 年版。

不可忽视的作用，所以，各个国家都高度重视在法律上和政策上对中小企业的支持。在这方面，美国和日本是典范。发达国家在实行中小企业政策的时间、主要目的、具体政策及措施等方面是各有区别的，但是，制定积极扶持中小企业的政策却成为所有发达国家20世纪70年代以来的一个共同趋势和特点。

第二，现代生产体制的变化为中小企业的生存和发展提供了新的机遇。适应市场需求多元化和快速变化的特点，出现了小批量灵活性的生产体制，这种所谓“后福特制”的生产体制的一个重要特征就在于把原来是企业内部生产的某些部分外包给众多的中小企业，从而为中小企业的发展提供了巨大的空间和机会。日本的系列生产体制（或者叫“下包制”）是这方面的典型。[①]同时，这一趋势以不同的方式普遍地存在于各个发达国家。在这一变化中，企业内部分工明显地转化为市场分工或者准市场分工关系（中间组织）。

第三，现代中小企业的发展与当代生产技术的特点具有明显的关联性。传统的机械化技术和电气技术本身要求资本和企业的大型化，而当代新技术的基础是微电子技术。微电子技术最突出的特点就是小型化。在微型计算机产业兴起的初期都是“小本经营”的中小公司唱着主角戏，微软公司、英特尔公司是这方面的典型。[②] 在当代新技术革命中，围绕计算机发展出一个相关的技术群，通过一种类似“食物链”的关系，形成了一个具有极大市场的电子计算机产业。计算机技术群的兴起，正是计算机行业涌现出大量中小企业的基础。

在计算机行业中，无论是硬件制造，还是软件的发明，都存在着大企业与中小企业和平共处的现象。规模经济与专业化的发展同时并存，相互促进，并不存在完全的互相替代。

---

① 西口敏宏：《战略性外包的演化》，范建亭译，上海：上海财经大学出版社2007年版。

② 比尔·盖茨：《未来之路》，辜正坤译，北京：北京大学出版社1996年版；虞有澄：《我看英特尔》，北京：北京大学出版社1995年版。

网络技术的发展为生产和经营的分散化、经济组织的小型化提供了新的强有力的技术支持，从而为中小企业的发展提供了全新的技术基础。国际互联网给中小企业提供了发现市场、开展国际合作的廉价工具，因此，当代的全球化本身就应该包含着中小企业经营的国际化。

第四，经济结构多元化的出现，为工业以外部门企业规模的小型化提供了土壤。传统工业部门，特别是机械制造、运输、电力、电气等都具有大型化的特点。在现代工农业发展和居民消费水平大幅度提高的基础上，现代服务行业获得了巨大的发展，例如，饮食行业、文化娱乐行业、旅游、教育培训、专业化服务、咨询业等，国民经济结构、就业结构呈现出多元化特征。而在这些新型行业中，一方面存在着众多的大规模企业，另一方面中小企业在数量上占有绝对的优势。

第五，管理方面的原因。企业规模的大型化固然有许多优点，但是，“大企业病”成为导致许多巨型企业解体的痼疾。在技术快速变化、市场竞争日趋激烈的环境下，随着企业规模的扩大化，往往会出现企业管理中的官僚主义和低效率。相反，中小企业由于内部结构简单，具有决策灵活、反应灵敏的特点，能够更好地适应市场的变化。①

另外，在发达国家中小企业的发展历史过程中，20 世纪 70 年代初爆发的石油危机是一个重要的转折点。在石油涨价之前，以廉价石油为燃料和原料的相关产业获得了巨大的发展，带来了发达国家二战以后长达 20 多年的持续经济增长。以大规模石油消耗为基础建立起来的现代工业各部门，如石油开采、石油化工、电力机械、汽车制造等都是大规模、大批量生产方式，与此相适应，带来了商业的大规模化和“高消费”。石油危机的爆发，直接带来了发达国家的经济滞胀，刺激了发达国家高新技术的发展，产业结构的调整、经济增长方式的转变与中小企业政策的变化随之而来。是曾经忽视中小企业的国家，例如英国、法国都开始高度重视中小企业的

---

① 参见 E · F · 舒马赫：《小的是美好的》，北京：商务印书馆 1984 年版。

发展。正是中小企业的发展，为缓解经济滞胀所带来的各种经济社会问题发挥了巨大的作用。

在当代社会生活中，大企业在各个国家起着极为重要的作用，并且仍然处在发展过程中。但是，我们也应看到，中小企业同样也是各个国家经济和社会发展不可缺少的支柱。从某种程度上说，如果忽视了中小企业的作用，就不可能理解当代资本主义经济。当然，认为全球化的发展必然带来中小企业消亡的观点更是一个杞人忧天的想法。

三、 立足当代中小企业重新审视马克思的生产社会化理论

我们可以清楚地看到，中小企业在各个国家特别是发达国家蓬勃发展的现象和事实，与马克思关于资本主义生产社会化发展的理论预言之间存在着明显的不协调或矛盾。当理论与实际发生矛盾的时候，有必要认真反思理论。

那么，马克思的生产社会化理论的问题究竟何在呢？

本来，马克思对于生产社会化的理解曾经是全面的、正确的。即他一方面认为生产规模的扩大就是生产社会化的发展，另一方面认为生产专业化的发展也是生产社会化的发展。生产专业化的发展，其实也就是社会分工的发展。当马克思把社会分工或者生产专业化的发展理解为生产社会化的发展的时候，他在理论上无疑是正确的。

例如，马克思曾经把由社会分工所造成的劳动的私人性与社会性的矛盾理解为商品生产产生的原因。他通过提出私人劳动与社会劳动的概念，实际上已经正确认识到生产社会化的准确含义。正是通过交换，私人劳动转化为社会劳动。通过交换，生产商品的劳动所具有的潜在的、间接的社会性才能转化为现实的、直接的社会劳动。交换的过程也就是生产商品的私人劳动“社会化”得以最终完成的过程。马克思在论述商品的使用价值时明确地指出，“要生产商品，他不仅要生产使用价值，而且要为别人生产使用价值，即

生产社会的使用价值。”[①]马克思：甚至曾经直接把社会分工同“生产的社会性”看作是一回事，他认为分工的发展就是生产的社会化的发展。[②]

然而，马克思在分析资本主义矛盾时所使用的“生产社会化”这一范畴，则只包括了唯一的特定含义，即生产的集中化、大型化。虽然我们可以理解马克思这样做的原因，但我们不得不指出，这正是马克思在理论上的一个失误，甚至是一个严重的失误。

我们认为，根据现代社会中大企业与中小企业共同存在和发展、规模经济与社会分工和专业化同时发展的事实，必须恢复马克思的生产社会化概念的二重含义，即，我们必须把生产集中化和大型化与生产分散化和小型化都理解为生产社会化的表现和发展。[③]

接下来的问题就在于必须以生产社会化的这一二重含义为基础，对马克思的许多重大理论，特别是关于资本主义发展的历史趋势的最终结论进行全新的评价和重建。这是一个重大课题，是复活马克思的理论和方法，并将之正确运用于分析当代许多现实问题的重要切入点。如果我们承认生产社会化的二重发展（生产集中和分散同时并存）而非一元发展（单一的集中化）是人类社会生产发展的必然趋势，那么，我们就要重新思考和审视马克思关于消灭旧分工并在此基础上建立一个没有商品生产的自由人联合体的理论；我们就要重新理解马克思的“重建个人所有制”的理论，以及马克思的社会主义与共产主义的含义，使之真正符合人类社会发展的客观趋势；我们就要重新理解马克思的理论与中国当代社会发展的内在联系，为中国特色的社会主义理论提供一个真正的、具体的马克思主义理论基础，而不是仅仅将马克思主义理论空置于一个方法论的地位。所有这些，都需要当代马克思主义理论家进行系统的研究和创新。

---

① 马克思：《资本论》第 1 卷，北京：人民出版社 2001 年版，第 54 页。

② 马克思：《政治经济学批判（1857—1858 年草稿）》，《马克思恩格斯全集》第 46 卷（上），北京：人民出版社 1979 年版，第 91 页。

③ 邱海平：《中小企业的政治经济学》，经济科学出版社 2002 年版。

马克思主义关于共同富裕的理论及其现实意义

近年来，随着我国经济社会形势的不断发展，“共同富裕”问题越来越成为人们关注的焦点，学者们对此有各种不同的理解。我们认为，只有坚持以马克思主义的共同富裕理论为指导进行全面深化改革，才能真正实现我们党制定的全面建成小康社会的奋斗目标。

从一定意义上来说，实现所有人的共同富裕是自古以来人类的梦想，这一点明显地体现在古代中国关于大同世界的理想和近代西方世界关于乌托邦的设想之中。但是，在马克思主义产生以前，共同富裕只不过是人类的一种幻想而已。马克思主义理论第一次科学地揭示了人类社会特别是资本主义社会的发展规律，论证了社会主义和共产主义最终必然代替资本主义和一切私有制社会的规律性和历史趋势，系统地阐述了共同富裕的历史性、实现共同富裕的物质前提与社会制度前提、社会途径以及共同富裕与人的全面发展的关系、实现共同富裕的阶段性等方面内容，从而揭示了共同富裕的发展规律。从一定意义上来说，马克思主义理论就是关于人类共同富裕的理论。认真学习马克思主义关于共同富裕的理论具有重要的现实意义。

一、 马克思主义揭示了实现共同富裕的一般物质基础和前提

马克思主义的历史唯物主义理论揭示了人类从贫穷走向共同富裕的最一般基础和前提，即社会物质生产力的不断发展。与其他一切理论相比，历史唯物主义理论第一次揭示并突出强调了人类物质生产力及其发展对于人类社会和人的发展所具有的重要性。历史唯物主义把人类的生产活动理解为人类最基本的也是最重要的实践活动，而人类生产活动的主要内容就是不断发展社会的物质生产力，人类从事物质生产活动以及其他一切社会活动的一般的主要目的和动机，就是为了获得一定的物质利益，即追求物质福利和富裕水平的提高。马克思指出："人们奋斗所争取的一切，都同他们的利益有关。"[①] 不仅如此，历史唯物主义还进一步揭示了人类追求物质利益和物质福利的历史性和阶级性。众所周知，资产阶级意识形态也强调物质利益对于每一个人的重要性，但是，它将所有人理解为抽象的人，这一点突出地反映在当代西方主流经济学关于"经济人假设"的理论中。与资产阶级的意识形态和理论不同，马克思主义不仅强调了物质利益对于所有人的重要性，同时还揭示了在阶级社会中物质利益所具有的阶级性以及在人类历史发展过程中表现出来的历史性。具体来说，马克思主义认为，在阶级社会中，生产资料私有制决定了不同的阶级具有不同的经济地位和社会地位，从而具有不同的物质利益和阶级利益以及不同的富裕水平。从历史实际来看，一切统治和剥削阶级都具有比被统治和被剥削阶级高得多的物质福利和富裕水平。

①《马克思恩格斯全集》第1卷，北京：人民出版社1956年版，第82页。

二、 马克思主义揭示了共同富裕的发展规律

历史唯物主义理论从生产力与生产关系、经济基础与上层建筑之间的对立统一关系出发，揭示了人类社会发展的一般规律，从而揭示了共同富裕的历史发展规律。根据社会生产力的不同发展阶段以及不同阶段的社会生产关系的不同，历史唯物主义把人类社会的发展划分为五个历史阶段，即原始共产主义社会、奴隶社会、封建社会、资本主义社会和共产主义社会（包括社会主义社会）。其中原始共产主义社会虽然是一个无阶级的社会，但是，由于那个历史阶段的社会生产力极其低下，因而，不可能实现所有人的共同富裕。当原始社会的物质生产力发展到一定阶段并产生了社会剩余产品的时候，随之就出现了社会分工、阶级和阶级分化，于是人类进入到阶级社会。与社会生产力的不同发展阶段相适应，人类历史上先后产生了奴隶社会、封建社会和资本主义社会等不同形态的阶级社会。生产资料的私人占有制是所有阶级社会的共同特点，而在一切以生产资料私有制为基础的阶级社会中，都存在着生产资料的占有者剥削不占有生产资料阶级的劳动的共同特点，从而也就不可能实现所有人的共同富裕。恩格斯指出："在人类发展的以前一切阶段上，生产还很不发达，以致历史的发展只能在这种对立形式中进行，历史的进步整个说来只是成了极少数特权者的事，广大群众则注定要终生从事劳动，为自己生产微薄的必要生活资料，同时还要为特权者生产日益丰富的生活资料。"① 因此，只有当社会生产力发展到一定程度，并建立以生产资料公有制为基础的社会主义和共产主义社会，才能真正消灭剥削以及由此而产生的社会财富占有的不平等，从而实现全社会的共同富裕。由此可见，马克思主义理论深刻地揭示了共同富裕的两个方面的根本前提，即社会生产力的高度发展以及社会主义和共产

①《马克思恩格斯文集》第3卷，北京：人民出版社2009年版，第459页。

主义生产资料公有制的建立。

三、 马克思主义揭示了共同富裕的历史性

马克思主义理论不仅揭示了不同阶级社会的共同本质，而且还揭示了不同阶级社会之间的更替过程中所表现出来的人类社会的发展性以及共同富裕的历史性。具体来说，虽然从奴隶社会到封建社会再到资本主义社会，都是不同阶级社会之间的一种更替，但是，由于这几个不同的社会形态以不同的社会生产力发展水平和阶段为基础，而且这几种不同的阶级社会具有不同的生产关系，从而社会财富的占有和分配在阶级关系上也表现出明显的差别。具体来说，奴隶制条件下的奴隶主不仅占有一切生产资料，而且直接占有奴隶的人身，因而，奴隶社会是一种绝对的贫富两极分化的社会。封建制条件下的庄园主或地主虽然占有大部分生产资料，农民或农奴对地主阶级存在严重的人身依附关系，但是，由于农民占有一部分生产资料和拥有一定的人身自由，所以农民阶级的物质生活状况相比奴隶而言是大为改善了。资本主义条件下的资产阶级虽然因为占有资本从而占有绝大部分生产资料，因而，社会财富也就主要由资本家占有，但是由于劳动者获得了彻底的人身自由并成为劳动力的出卖者，所以，资本主义社会条件下的雇佣劳动阶级在物质生活条件方面相比封建社会条件下的农民阶级而言是进一步改善了。由此可见，我们必须辩证地看待阶级社会的更替过程，一方面需要认识一切阶级社会共同的阶级分化和阶级剥削的本质，另一方面又必须认识到从一个阶级社会到另一个阶级社会的发展仍然表现为一个历史进步的过程，而不能将所有阶级社会完全等量齐观。

四、 马克思主义揭示了实现共同富裕的历史必然性和发展趋势

马克思主义理论深刻地揭示了人类最终将走向共同富裕的社会主义和

共产主义社会的历史必然性和发展趋势，这一点主要体现在马克思的《资本论》对于资本主义社会经济运动规律的理论分析中。马克思在《资本论》第一卷序言中指出："本书的最终目的就是揭示现代社会的经济运动规律。"① 马克思这里所说的"现代社会的经济运动规律"，就是指资本主义社会的经济运动规律，也就是资本主义生产方式产生、发展和最终必然走向灭亡的规律。为了揭示这个规律，《资本论》全面分析了资本主义生产方式的内在矛盾及其所造成的必然结果。马克思从生产的社会化同生产资料的资本主义私人占有制之间的这一基本矛盾出发，从资本的直接生产过程、资本的流通过程以及资本主义生产的总过程等三个维度，深刻地揭示了由资本主义基本矛盾所造成的两个方面的必然结果。即一方面，随着资本积累以及由资本积累所推动的资本主义社会生产的发展，必然造成资产阶级和工人阶级之间财富占有和收入分配的两极分化，从而造成社会矛盾的日益深化和尖锐。另一方面，由于资本积累规律决定了工人阶级和广大人民的有支付能力的需求相对于资本主义生产具有的无限扩大的趋势而言始终不足；由于资本主义生产的无政府状态经常使社会总资本再生产所需要的各种比例关系遭到破坏，有时则是严重破坏；由于平均利润率趋向下降规律的作用而产生了与相对过剩人口同时并存的资本过剩，从而进一步加剧了生产与消费之间的矛盾以及社会再生产条件的破坏，并在此基础上产生了产业资本向虚拟资本和金融资本的转化以及资本主义信用的无限扩张；商业资本以及金融资本和资本主义信用的发展，一方面在一定程度上促进了资本主义生产的发展，另一方面又进一步加剧了生产与流通之间的矛盾以及产业资本与虚拟资本之间的矛盾，等等。所有这些条件叠加在一起，使资本主义经济危机和金融危机成为必然的周期性现象。经济危机和金融危机的周期性爆发，充分说明了资本主义生产方式并不是一种绝对的、永恒的社会生产方式，而是一种历史的、必然将被更高级的社会生产方式所

①《资本论》第1卷，北京：人民出版社1975年版，第11页。

替代的生产方式。当然，马克思的政治经济学理论并不认为资本主义生产方式和经济制度的消亡或者被取代是一个自动的过程，而是充分地揭示了工人阶级运动和革命在这个历史变革过程中的能动性和创造性作用。马克思的政治经济学理论也并不是从道义或者是仅仅从阶级立场出发，对资本主义生产方式进行一种简单的否定和批判，而是客观地揭示了资本主义生产方式在人类社会发展过程中的重要历史地位和巨大贡献，这个历史地位和贡献在于，正是通过资本主义生产方式，人类社会生产力获得了快速的发展，从而为建立社会主义和共产主义提供了物质基础和前提。马克思和恩格斯在《共产党宣言》中指出："资产阶级在它的不到一百年的阶级统治中所创造的生产力，比过去一切世代创造的全部生产力还要多，还要大。"①因而，马克思主义理论一方面揭示了资本主义社会条件下实现共同富裕的不可能，另一方面又揭示了资本主义的发展为最终实现共产主义和人类的共同富裕创造了物质基础和前提。

《资本论》的理论分析表明，资本主义生产方式的根本特征在于生产资料的私有制和劳动力成为商品。资本主义生产的本质和最终目的，是获得无止境的剩余价值，因而，剩余价值规律是资本主义的基本经济规律。在剩余价值规律的作用下，通过资本积累及其发展，社会财富必然在资本一方不断积累的同时而贫困则在劳动一方不断积累，因而，资产阶级和工人阶级的贫富两极分化是资本主义生产方式发展的内在趋势。即使在当代实行全面的社会保障体系的发达资本主义国家，仍然存在着严重的贫富两极分化现象。当代法国经济学家皮凯蒂在《21 世纪资本论》一书中，用无可辩驳的各国统计材料再一次证实了马克思在 100 多年前从理论上对资本主义社会财富占有和分配所做的深刻理论分析和预言。马克思的理论表明，在资本主义经济制度的前提下，无论采取什么样的社会财富和收入再分配的办法，都无法消除内生于资本主义生产方式的两极分化现象和趋势。因而，

①《马克思恩格斯文集》第 2 卷，北京：人民出版社 2009 年版，第 36 页。

不能因为西方发达国家的工人阶级和民众平均的物质生活水平比中国人高，就否定发达资本主义国家存在的贫富分化现象和事实，也不能因为一些发达国家例如北欧国家的贫富分化程度比另外一些资本主义国家例如美国、英国要低，就认为这些国家已经实现了真正意义上的社会主义。马克思主义理论和资本主义发展的实际都充分表明，要实现真正的全人类的共同富裕，只有在高度发达的社会生产力的基础上建立社会主义和共产主义的生产方式和经济制度。

五、 马克思主义揭示了实现共同富裕的阶段性

马克思主义理论深刻地揭示了实现共同富裕的历史渐进性，从而揭示了从阶级分化到共同富裕的过渡性。在《哥达纲领批判》中，马克思深刻地阐明了从资本主义社会到共产主义社会发展的阶段性特征，从而在事实上科学地说明了“共同富裕”本身所具有的两种内涵。马克思以当时的英国、法国等发达资本主义国家的现实状况为背景，把通过工人革命之后建立起来的共产主义社会分为两个阶段，即“共产主义社会第一阶段”和“共产主义社会高级阶段”,[①] 并全面分析了这两个阶段的收入分配原则和由此形成的劳动者之间在富裕程度上的关系和差异。

根据马克思的分析可以知道，共产主义社会第一阶段在分配上实行的是建立在生产资料公有制基础上的按劳分配制度。由于这个第一阶段“是刚刚从资本主义社会马克思主义理论研究中产生出来的”，“因此它在各方面，在经济、道德和精神方面都还带着它脱胎出来的那个旧社会的痕迹”。“所以，每一个生产者，在做了各项扣除以后，从社会领回的，正好是他给予社会的。他给予社会的，就是他个人的劳动量。”[②] 马克思深刻地阐明了

①《马克思恩格斯文集》第3卷，北京：人民出版社2009年版，第435页。

②《马克思恩格斯文集》第3卷，北京：人民出版社2009年版，第434页。

按劳分配的内涵和内容：“一种形式的一定量劳动同另一种形式的同量劳动相交换”，“显然，这里通行的是调节商品交换（就它是等价的交换而言）的同一原则。内容和形式都改变了，因为在改变的情况下，除了自己的劳动，谁都不能提供其他任何东西，另一方面，除了个人的消费资料，没有任何东西可以转为个人的财产”。在此基础上，马克思还进一步阐明了按劳分配的性质和特点，“在这里平等的权利按照原则仍然是资产阶级权利，虽然原则和实践在这里已不再互相矛盾，而在商品交换中，等价物的交换只是平均来说才存在，不是存在于每个个别场合。”“虽然有这种进步，但这个平等的权利总还是被限制在一个资产阶级的框框里。生产者的权利是同他们提供的劳动成比例的；平等就在于以同一尺度——劳动——来计量。但是，一个人在体力或智力上胜过另一个人，因此在同一时间内提供较多的劳动，或者能够劳动较长的时间。”“这种平等的权利，对不同等的劳动来说是不平等的权利。它不承认任何阶级差别，因为每个人都像其他人一样只是劳动者；但是它默认，劳动者的不同等的个人天赋，从而不同等的工作能力，是天然特权。所以就它的内容来讲，它像一切权利一样是一种不平等的权利。”“其次，一个劳动者已经结婚，另一个则没有；一个劳动者的子女较多，另一个的子女较少，如此等等。因此，在提供的劳动相同，从而由社会消费基金中分得的份额相同的条件下，某一个人事实上所得到的比另一个人多些，也就比另一个人富些，如此等等。要避免所有这些弊病，权利就不应当是平等的，而应当是不平等的。”①

马克思的上述分析充分表明，在共产主义社会第一阶段实行按劳分配原则的前提下，在保证劳动者之间的权利平等的同时，又会由于个人的各方面差异而造成事实上的个人消费资料占有量上的不平等。因而，这个阶段相比以前一切阶级社会而言无疑是一个劳动者或所有人共同富裕的社会，但是，这时的共同富裕仍然仅限于每个人获取个人消费资料的权利上的平

①《马克思恩格斯文集》第3卷，北京：人民出版社2009年版，第435页。

等，而不是指事实上的消费资料在量的占有上的完全相等。换句话说，在共产主义第一阶段仍然存在一定的个人消费资料分配和占有上的差别，而不是一种绝对的“均贫富”。马克思指出：“这些弊病，在经过长久阵痛刚刚从资本主义社会产生出来的共产主义社会第一阶段，是不可避免的。权利决不能超出社会的经济结构以及由经济结构制约的社会的文化发展。”①

在《哥达纲领批判》中，马克思进一步指出了实现共产主义高级阶段的前提条件：“在迫使个人奴隶般地服从分工的情形已经消失，从而脑力劳动和体力劳动的对立也随之消失之后；在劳动已经不仅仅是谋生的手段，而且本身成了生活的第一需要之后；在随着个人的全面发展，他们的生产力也增长起来，而集体财富的一切源泉都充分涌流之后——只有在那个时候，才能完全超出资产阶级权利的狭隘眼界，社会才能在自己的旗帜上写上：各尽所能，按需分配！”② 毫无疑问，共产主义社会高级阶段才是一个真正意义上的全社会所有成员共同富裕的社会。这个时候的人类共同富裕，已经不再仅仅体现为物质财富占有上的完全平等，而是由于社会生产力的高度发达以及社会文明程度的巨大提高，从而使物质财富的个人占有失去了过去所具有的意义。这就是说，一旦人类进入到社会生产力高度发达的共产主义高级阶段，原本意义上的物质财富分配和占有上的共同富裕，已经不再是人们追求的目标，而是已经实现的结果。由此可见，马克思主义的共产主义理论清晰地阐明了共产主义社会两个阶段的共同富裕的不同含义。

六、马克思主义指明了实现共同富裕是社会主义革命和建设的根本目的

马克思主义理论不仅把实现人类的共同富裕理解为一个历史发展的过

①《马克思恩格斯文集》第3卷，北京：人民出版社2009年版，第435页。

②《马克思恩格斯文集》第3卷，北京：人民出版社2009年版，第435—436页。

程和趋势，而且也把争取工人阶级的物质利益和经济权利理解为工人阶级及其政党进行社会主义革命的目的和内容之一。

在《共产党宣言》中，马克思和恩格斯明确地指出："共产党人为工人阶级的最近的目的和利益而斗争，但是他们在当前的运动中同时代表运动的未来。"[①] 马克思和恩格斯还提出了无产阶级革命胜利后为了"尽可能快地增加生产力的总量"首先在发达国家可能采取的一系列经济上的政策和措施，其中包括：①剥夺地产，把地租用于国家支出；②征收高额累进税；③废除继承权；④没收一切流氓分子和叛乱分子的财产；⑤通过拥有国家资本和独享垄断权的国家银行，把信贷集中在国家手里；⑥把全部运输业集中在国家手里；⑦按照共同的计划增加国家工厂和生产工具，开垦荒地和改良土壤；⑧实行普遍劳动义务制，成立产业军，特别是在农业方面；⑨把农业和工业结合起来，促使城乡对立逐步消灭；⑩对所有儿童实行公共的和免费的教育。取消现在这种形式的儿童的工厂劳动。把教育和物质生产结合起来等等。恩格斯指出："社会生产力已经发展到资产阶级不能控制的程度，只等待联合起来的无产阶级去掌握它，以便建立这样一种制度，使社会的每一成员不仅有可能参加社会财富的生产，而且有可能参加社会财富的分配和管理，并通过有计划地经营全部生产，使社会生产力及其成果不断增长，足以保证每个人的一切合理的需要在越来越大的程度上得到满足。"[②]

列宁指出：建设社会主义"不是直接依靠热情，而是借助于伟大革命所产生的热情，依靠个人兴趣、依靠个人利益、依靠经济核算"。[③]

马克思、恩格斯和列宁的以上论述都表明，无论是社会主义革命还是社会主义建设的根本目的，都是为了促进社会生产力的进一步发展、劳动

①《马克思恩格斯文集》第 2 卷，北京：人民出版社 2009 年版，第 65 页。

②《马克思恩格斯文集》第 3 卷，北京：人民出版社 2009 年版，第 460 页。

③《列宁全集》第 33 卷，北京：人民出版社 1957 年版，第 247 页。

人民物质生活水平的不断提高、全体社会成员的共同富裕以及人的全面自由发展。

七、 认真学习马克思主义共同富裕理论的重大现实意义

第一，从思想认识方面来说，只有坚持以马克思主义共同富裕理论为指导，才能克服一些关于共同富裕问题的片面和错误认识。例如，一些人错误地认为，在当代一些发达资本主义国家由于实行了普遍的社会福利和保障制度及政策，并且平均物质生活水平比中国高，因而，这些国家已经实现了共同富裕，资本主义能够实现共同富裕。因此，中国要真正实现共同富裕，也必须走资本主义道路。又比如，过去以及现在，一些人在极“左”思潮的影响下错误地认为，无产阶级革命和社会主义建设的目的就是为了实现共产主义，而不是为了满足人民群众日益增长的物质文化生活需要。在社会主义社会，人们只能讲究无私奉献，而不能追求任何物质利益即使是合理的物质利益，更不能追求物质生活上的不断富裕，追求物质生活的富裕是一种资产阶级思想和价值观。再比如，由于对社会发展规律和共同富裕缺乏科学的认识，一些人简单地认为共同富裕就是“均贫富”，也就是所有人在财富分配和占有上的绝对平等和同步发展，并且以此作为衡量社会主义的标准，只有实行了“均贫富”才是真正的社会主义，否则就是假的社会主义等等。

第二，从实践方面来说，认真学习并运用马克思主义共同富裕理论的重大意义在于：在全面深化改革的过程中，必须坚持中国特色社会主义基本经济制度，毫不动摇地进一步把公有制经济特别是国有经济继续做大、做强、做优，必须坚持把中国社会主义初级阶段进一步发展到社会主义中级、高级阶段的发展方向。应该承认，在改革开放初期，由于我国社会生产力水平比较落后，在这个特定的历史阶段，“让一部分地区、一部分人先

富起来”的发展思路和政策是符合发展生产力和提高人民生活水平需要的。经过30多年的改革开放，我国已经成为世界第二大经济体，人均收入虽然达到中等国家水平，但是，我国国民财富占有和收入分配已经出现了明显的两极分化现象，我国的基尼系数已经达到0.47左右的国际公认的警戒线水平。财富占有和收入分配的两极分化现象和趋势，不仅严重地制约了我国经济的持续发展，而且成为产生一系列社会矛盾和问题的重要根源。在全面深化改革的过程中，必须旗帜鲜明地坚持马克思主义和社会主义，高举马克思主义共同富裕的理论大旗，旗帜鲜明地反对新自由主义及其主张，只有这样，才能真正实现我们党制定的全面建成小康社会的奋斗目标。

下卷

中国经济改革问题

中国特色社会主义收入分配

分配是社会生产总过程的重要环节之一，分配关系是社会生产关系的重要内容和体现，在经济社会发展中具有重要地位，是政治经济学研究的重要内容。广义的分配包含生产资料的分配和消费资料的分配，狭义的分配则指消费资料在社会各成员之间的分配，在市场经济条件下，它表现为以货币形式实现的个人收入分配。马克思主义政治经济学认为，分配关系从根本上来说是由生产资料的分配即生产资料所有制决定的，不同性质和状况的生产资料所有制，决定了不同性质和状况的个人收入分配。同时，收入分配关系不仅是生产关系的重要实现形式，而且对生产资料所有制本身及其发展也会产生重要影响。

中国特色社会主义收入分配理论是中国特色社会主义政治经济学的重要内容。中国特色社会主义收入分配理论的任务是：以马克思主义政治经济学理论为指导，从中国特色社会主义基本经济制度和社会主义市场经济现实出发，说明中国特色社会主义收入分配制度的性质和特点，分析我国收入分配现状及其存在的问题，为进一步完善中国特色社会主义收入分配制度和改善收入分配状况提供理论基础和政策指导。

一、 按劳分配

改革开放以来，我国形成了中国特色社会主义基本经济制度和社会主义市场经济体制，并相应地形成了按劳分配为主多种分配方式并存的收入分配制度。这里首先阐述经典马克思主义按劳分配理论的基本内容，然后说明社会主义初级阶段按劳分配的特点以及坚持按劳分配制度和原则的重要意义。

（一）马克思的按劳分配理论

按劳分配理论是经典马克思主义关于共产主义第一阶段即社会主义阶段个人收入分配的基本理论，集中反映在马克思的《哥达纲领批判》这一著作中。马克思阐述的按劳分配理论包含如下主要内容：

1. 按劳分配的对象

针对拉萨尔提出的“劳动所得应当不折不扣和按照平等的权利属于社会一切成员”这一错误观点，马克思指出，“集体的劳动所得就是社会总产品。现在从它里面应该扣除：第一，用来补偿消费掉的生产资料的部分；第二，用来扩大生产的追加部分；第三，用来应付不幸事故、自然灾害等的后备基金或保险基金。”“剩下的总产品中的其他部分是用来作为消费资料的。在把这部分进行个人分配之前，还得从里面扣除。第一，和生产没有关系的一般管理费用。和现代社会比起来，这一部分将会立即极为显著地缩减，并将随着新社会的发展而日益减少。第二，用来满足共同需要的部分，如学校、保健设施等。和现代社会比起来，这一部分将会立即显著增加，并将随着新社会的发展而日益增加。第三，为丧失劳动能力的人等等设立的基金，总之，就是现在属于所谓官办济贫事业的部分。”

马克思的论述表明，按劳分配的对象是在做了各项扣除之后能够用于个人消费的那部分表现为消费资料的劳动产品，而不是商品的价值。因而，由于分配的是物质产品，所以分配的对象直接就是消费的对象。

2. 按劳分配的前提、含义和采取的形式。

马克思指出：“在一个集体的、以共同占有生产资料为基础的社会里，生产者并不交换自己的产品；耗费在产品生产上的劳动，在这里也不表现为这些产品的价值，不表现为它们所具有的某种物的属性，因为这时和资本主义社会相反，个人的劳动不再经过迂回曲折的道路，而是直接地作为总劳动的构成部分存在着。”“所以，每一个生产者，在作了各项扣除之后，从社会方面正好领回他所给予社会的一切。他所给予社会的，就是他个人的劳动量。例如，社会劳动日是由所有的个人劳动小时构成的；每一个生产者的个人劳动时间就是社会劳动日中他所提供的部分，就是他在社会劳动日里的一分。他从社会方面领得一张证书，证明他提供了多少劳动（扣除他为社会基金而进行的劳动），而他凭这张证书从社会储存中领得和他所提供的劳动量相当的一分消费资料。他以一种形式给予社会的劳动量，又以另一种形式全部领回来。”

马克思的论述表明，按劳分配的前提是生产资料的社会集体占有以及商品生产的消亡，其含义就是按每个劳动者给社会提供的个人劳动量（扣除他为社会基金而进行的劳动）分配个人消费资料，采取的形式就是劳动者从社会方面领得一张“证书”，并凭这张“证书”从社会领得和他所提供的劳动时间量相当的那部分消费资料。

3. 按劳分配的性质

马克思指出：“这里通行的就是调节商品交换（就它是等价的交换而言）的同一原则。内容和形式都改变了，因为在改变了的环境下，除了自己的劳动，谁都不能提供其他任何东西，另一方面，除了个人的消费资料，没有任何东西可以成为个人的财产。至于消费资料在各个生产者中间的分配，那么这里通行的是商品等价物的交换中也通行的同一原则，即一种形式的一定量的劳动可以和另一种形式的同量劳动相交换。”

马克思的论述表明，按劳分配体现的是等量劳动相交换的原则，但与存在于商品交换中的等价物相交换的原则是不同的。

4. 按劳分配的结果及其历史局限性

马克思指出：“在这里平等的权利按照原则仍然是资产阶级的法权，虽然原则和实践在这里已不再互相矛盾，而在商品交换中，等价物的交换只存在于平均数中，并不是存在于每个个别场合。虽然有这种进步，但这个平等的权利还仍然被限制在一个资产阶级的框框里。生产者的权利是和他们提供的劳动成比例的；平等就在于以同一的尺度——劳动——来计量。”“一个人在体力或智力上胜过另一个人，因此在同一时间内提供较多的劳动，或者能够劳动较长的时间……其次，一个劳动者已经结婚，另一个则没有；一个劳动者的子女较多，另一个的子女较少，如此等等。在劳动成果相同、从而由社会消费品中分得的份额相同的条件下，某一个人事实上所得到的比另一个人多些，也就比另一个人富些……这些弊病，在共产主义社会第一阶段，在它经过长久的阵痛刚刚从资本主义社会里产生出来的形态中，是不可避免的。”

马克思的论述表明，按劳分配相比历史上一切阶级社会的分配制度来说是一种历史的进步，但它体现的仍然是“资产阶级的法权”，其结果必然是形成劳动者之间个人消费资料占有上的差别，从而存在着一定的历史局限性。

5. 按劳分配的未来发展方向

马克思指出：“在共产主义社会高级阶段上，在迫使人们奴隶般地服从分工的情形已经消失，从而脑力劳动和体力劳动的对立也随之消失之后；在劳动已经不仅仅是谋生的手段，而且本身成了生活的第一需要之后；在随着个人的全面发展生产力也增长起来，而集体财富的一切源泉都充分涌流之后；——只有在那个时候，才能完全超出资产阶级法权的狭隘眼界，社会才能在自己的旗帜上写上：各尽所能，按需分配!”马克思的论述表明，在共产主义第一阶段实行按劳分配的基础上，在共产主义第二阶段将实行“各尽所能，按需分配”的原则。

马克思的论述表明，从按劳分配到按需分配的发展，需要社会生产力的高度发达、旧分工的消失、劳动不再是谋生手段而是人们生活的第一需要、人的全面自由发展、集体财富的源泉充分涌流等一系列历史条件。

综上所述，马克思阐述的按劳分配理论具有严格的历史前提和确切的含义，这一理论揭示了共产主义社会第一阶段个人消费品分配原则的本质、历史进步性和局限性。中国特色社会主义收入分配制度和原则以马克思按劳分配理论为基础和指导，同时通过实践实现了对马克思按劳分配理论的发展。

（二）社会主义初级阶段按劳分配的含义及其特点

我国社会主义制度起源的历史条件是社会生产力不发达，因而，相比马克思主义理论中的社会主义（即共产主义社会第一阶段）来说，我国将在相当长的一个历史时期处于社会主义初级阶段。改革开放以来，我国已经形成了社会主义初级阶段的以公有制经济为主体多种所有制经济共同发展的基本经济制度；同时，建立了中国特色的社会主义市场经济体制，与此相适应，形成了社会主义初级阶段的按劳分配为主的收入分配制度。相比马克思主义理论上的按劳分配而言，社会主义初级阶段的按劳分配具有一系列新的特点。

从按劳分配的基础和前提条件方面来看，我国社会主义初级阶段的按劳分配具有两个明显不同的基础和前提条件：在所有制上，我国社会主义初级阶段的生产资料公有制表现为国家所有制和集体所有制两种主要形式，而不是单一的社会所有制；在经济体制上，我国实行的是社会主义市场经济体制，而不是建立在全社会计划生产基础上的产品经济。这两个方面的基础和前提条件决定了社会主义初级阶段的按劳分配具有一系列新的特点。

从按劳分配的直接对象和实现工具来看，在社会主义市场经济体制下，无论是国有经济单位还是集体经济单位，所生产的产品绝大多数都表现为商品，从而使按劳分配的直接对象不再是社会总产品中用于个人消费的那部分产品，而是商品价值的一部分（即活劳动创造的新价值的一部分）。于是，产生了分配对象与消费对象的差异，即劳动者通过按劳分配首先得到的是以货币形式存在的收入，然后通过交换，货币收入才转化为实际可消费的各种消费资料即一定的商品和服务。在这里，按劳分配实现的工具不同于马克思说的那种“凭证”，而是货币（当然，货币也是一种特殊的“凭证”）。在这里，虽然“劳动”仍然是分配的尺度，但是劳动的含义在质上和量上都发生了变化，具体来说，作为分配尺度的，不再是每个人的直接个人劳动及其时间，而是由个人劳动转为商品价值的社会必要劳动和社会必要劳动时间。由于个人劳动并不直接等于社会必要劳动，因而，以社会必要劳动时间即价值为尺度进行分配所得到的个人收入与每个人的直接个人劳动量就不是完全相等的，而且在绝大多数正常情况下，二者也必然是不相等的。

不仅如此，在市场经济中，个人劳动转化为社会必要劳动的过程即商品价值的形成，不仅受到复杂劳动与简单劳动之间的差异及其相互换算或折算的影响，而且还受到生产资料状况、分工协作水平、自然条件以及生产技术等非劳动因素的重要影响，从而使每个人支出的劳动量与分配所得到的价值量和货币收入之间存在更为显著的不一致。同时，由于公有制经济中的劳动力也具有一定的商品性，从而使公有制经济中的劳动者个人收入也受到劳动力市场价值和市场价格的影响。这是市场经济条件下公有制经济中的按劳分配所具有的重要特点。

必须科学认识我国社会主义市场经济条件下按劳分配的实现以价值为尺度这一事实。一方面，以价值为尺度的分配与马克思按劳分配理论中的以个人劳动为尺度的分配是不相同的；但是另一方面，商品价值才是实现按劳分配的更为可行的尺度之一，这是因为即使在马克思设想的理论模型中，要准确地计量和计算每个人的劳动的质和量，是存在技术和操作上的困难的。从这个意义上来说，我国社会主义市场经济条件下的按劳分配，不是对马克思按劳分配理论的违背，而是将马克思理论更好地付诸实践，是马克思按劳分配理论的发展。

从按劳分配的实现范围和实现程度上来看，从理论上来说，按劳分配主要是体现在生产资料公有制经济中的个人收入分配制度，而我国社会经济结构中公有制经济在GDP总量、资产总量、企业数量、就业人数总量等指标中的比重都在50%以下，因此，即使是就上述意义的按劳分配而言，其实现范围和程度也不是覆盖整个国民经济的。在非公有经济形式中，劳动者的个人收入主要是由劳动力商品的价值和市场价格决定的。这就是说，从企业或微观经济单位层次上来看，我国大部分经济单位在个人收入分配上通行的并不是按劳分配，而是按劳动力商品价值或价格分配。这是我国社会主义初级阶段收入分配的基本格局，并由此决定了从宏观上坚持按劳分配为主的分配制度和原则的极端重要性。

正是因为社会主义初级阶段的按劳分配与马克思的按劳分配理论相比具有新的不同特点，一些人据此否定我国社会主义初级阶段公有制经济中存在按劳分配的客观事实。上述理论分析表明，社会主义初级阶段公有制经济中的个人收入分配在本质上仍然具有按劳分配的性质，不能因为按劳分配的尺度发生了变化而否认这一点。

另一方面，由于我国国有企业和国有经济单位的劳动力具有一定的商品性，从表面上来看似乎与非公有制经济单位的劳动力没有什么区别，一些人据此否定我国国有制经济中存在的按劳分配性质。事实上，由于我国社会主义国有制与非公有制存在着性质的不同，因此，其中的劳动者个人收入也具有不同的性质。具体来说，我国国有经济中的生产资料属于国家直接所有，但同时体现着劳动者的终极所有权，虽然国有经济中的劳动者可以自由流动，但国有经济中的劳动者在本质上并不是劳动力商品。在国有经济单位中，国家以所有者身份从国有经济单位总收入中所取得的上缴利润、承包和租赁收入、股权分红等收入，无论是用于投资还是国民收入再分配，实质上仍然代表着劳动者的共同利益，是体现为劳动者共同收入的部分。非公有制中的生产资料所有者所取得的资本收入则具有完全的私人性质，而其中的劳动者则是真正意义上的劳动力商品，劳动者所获得的收入本质上是劳动力商品价值或价格的转化形式。因此，不能因为国有经济单位的劳动者具有市场流动性，就将国有经济单位的劳动者个人收入也理解为劳动力商品的价值或价格，从而否定其按劳分配的根本属性。

综上所述，我国社会主义初级阶段的按劳分配是科学社会主义意义上的按劳分配的现实形式，是适应社会主义初级阶段特点和要求的必然的分配制度和原则。

（三）坚持按劳分配为主及其重大意义

上述分析表明，从我国微观层面的收入分配来看，按劳分配的实现程度和范围都是有限的，这就要求我们必须从整个国家宏观层面出发进一步认识坚持按劳分配为主这一制度和原则的重要性。

我国社会主义初级阶段实行按劳分配为主的收入分配制度，并不仅仅是指公有制经济中存在的收入分配原则，而且是指整个国家和社会层面的收入分配制度。也就是说，按劳分配不仅是客观地存在于公有制经济中的收入分配性质和基本特点，也是中国特色社会主义经济制度的重要内容和重要特征。由于我国现有公有制经济中的按劳分配本身会产生个人劳动与实际收入的明显差距，而且实行按劳分配的微观经济单位在整个国民经济结构中的比重也很有限，从而在客观上存在由于非按劳分配发挥了更大的作用从而形成了个人收入差距过大的现象，而这是与社会主义制度的性质和本质要求是相矛盾的。这就在客观上要求国家必须从宏观层面贯彻按劳分配为主的制度和原则，对收入分配进行有效的宏观管理和调节，从而使个人收入差距控制在一个合理的范围之内。这是中国特色社会主义经济制度优越性的重要表现。

坚持按劳分配为主的分配制度和原则对于巩固和发展中国特色社会主义制度具有十分重要的意义。一方面，按劳分配体现的是劳动主权，使劳动成为劳动者个人占有消费资料和获得收入的主要依据，从而体现了劳动者在生产资料占有上的平等关系，是生产资料公有制的重要表现，并为消灭剥削、消除两极分化、实现共同富裕奠定了制度基础。另一方面，实行按劳分配原则，就是承认个人劳动能力以及不同企业经营管理能力的实际差别和天然权利，承认由此而产生的个人收入差距的必然性和合理性。这不仅有利于充分调动每个劳动者的劳动积极性，而且有利于调动公有制企业或单位经营管理水平的不断提高，从而有利于促进整个社会劳动生产力的不断发展。

二、 多种分配方式

由于我国社会主义初级阶段实行公有制为主体多种所有制经济共同发展的基本经济制度和社会主义市场经济体制，从而在分配上必然实行按劳分配为主多种分配方式并存的分配制度。

（一）社会主义初级阶段的多种分配方式

所谓多种分配方式就是指除按劳分配之外的其他各种分配方式。我国现有的多种分配方式是与我国现有的多种所有制经济形式以及市场经济条件相适应的，具体来说：

在个体经济中，生产资料属于劳动者个人所有，劳动者运用自己的生产资料进行生产，通过产品或商品的销售所得收入，除一定条件下需要缴纳一定的税费之外，剩下的全部归劳动者个人所有。在市场经济条件下，个体劳动者所获得的收入不仅直接受到劳动者支出的劳动量和劳动效率的影响，而且也受到生产资料状况的重要影响。因而，个体劳动者的收入既包含劳动性收入，也包含资产性收益。

在小业主经济中，一方面生产资料归业主所有，另一方面不仅业主自己直接参加劳动，而且所雇佣的劳动者数量有限，因此，业主所得全部收入除缴纳一定的税费之外，包含着自己的劳动性收入、雇员提供的剩余价值两个部分。在小业主经济中从事劳动的劳动者所取得的收入，基本上属于劳动力商品的价值或价格的转化形式。

在雇佣工人人数达到一定规模之上的我国私营经济和外资企业中，生产资料归企业主私人所有，所雇劳动者表现为劳动力商品，企业主主要从事经营管理活动而不是直接生产劳动，因此，私营业主和外资企业主所取得的收入除缴纳一定的税费之外，大部分由雇佣工人创造的剩余价值构成，同时，也包含由私营业主和外资企业主自己的管理劳动所取得的劳动性收入。在私营经济和外资企业中从事劳动的劳动者所取得的收入，则完全属于劳动力商品的价值或价格的转化形式。

在股份制和各种其他形式的混合所有制中，收入分配方式则更为复杂。例如，在国有企业通过改制成立的股份制企业中，如果国有资本占据绝对控股地位，那么其中的个人收入分配部分仍然具有按劳分配的基本性质；如果国有资本占股份资本的比重较小，那么其中劳动者的个人收入分配部分则部分地具有按劳分配性质，而更多地具有劳动力商品价值或价格的转化形式这种性质；如果所有股份都是非公有股份，则其中劳动者的个人收入完全就是劳动力商品的价值或价格的转化形式。

居民个人通过买卖股票、基金、债券、房产以及外汇等所获得的收入属于财产性收入，这种分配既不属于按劳分配，也不属于资本性收入。按劳分配是以劳动为基础和分配尺度的，而资本性收入是以雇佣劳动为基础、以剩余价值为直接来源的，资产性收入则是由资产的市场价格来决定的。

此外，国家通过税收从各经济主体那里取得的收入，一方面用于国家行政、国防、教育、医疗等方面的开支，另一方面用于社会福利和保障的建设以及各种公共建设。国家机构的各种公职人员所获得的个人收入同样遵循按劳分配的原则，而社会成员从国民收入再分配中所获得的转移性支付、福利性收入等则属于调节性收入。调节性收入由国家政策主导，因而是一种政策性收入，并具有一定程度的按需分配的特点。

由此可见，在我国社会主义初级阶段的国民收入初次分配中，存在着除按劳分配之外的多种分配方式。

（二）多种分配方式的历史必然性

我国社会主义初级阶段实行按劳分配为主多种分配方式并存的基本分配制度，这具有历史的必然性和合理性。

从我国社会主义实践发展的角度来看，从 1956 年社会主义改造完成一直到改革开放以前，在生产资料所有制上实行的是国有制和集体所有制这两种公有制形式，从而彻底消灭了一切生产资料私有制。同时，实行全社会的计划生产，不存在严格意义上的商品生产或市场经济。由于生产资料全部归国家或集体所有，每个社会成员只能通过并根据劳动的多少来获取报酬和个人收入，而不可能凭劳动之外的其他因素来获取个人收入。因此，在那个历史时期不仅在理论上认为按劳分配是社会主义经济规律之一，而且在政策上主张实行按劳分配原则。但是由于缺乏准确计量每个劳动者的劳动量的具体方式以及有效的奖罚制度和措施，而且在国有单位实行固定的等级工资制，在农村集体组织中实行只计出工日而不计劳动量的工分制，从而在实际工作中仍然存在着干多干少一个样、出工不出力、同工不同酬等消极现象。另一方面，在国有制劳动者与集体所有制劳动者之间整体上还存在着较大收入差距。因此，虽然在理论上和政策主张上都是坚持按劳分配的，但是事实上并没有真正落实按劳分配原则，从而严重地压抑和挫伤了广大劳动者的积极性。

改革开放以来，为了更好地促进社会生产力的发展，我国逐步形成了以公有制为主体多种经济形式共同发展的基本经济制度和社会主义市场经济体制。与多种经济形式相适应，必然形成多种分配方式。所谓多种经济形式，是指除公有制经济之外的各种经济成分，其中包括个体经济、小业主经济、私营经济、外资经济等私营经济和各种混合所有制经济。我国现有的多种分配方式完全是与多种经济形式相适应的必然产物和现象，因此，要理解多种分配方式的历史必然性和合理性，实质上是需要正确认识我国实行公有制为主体多种经济形式共同发展的基本经济制度的历史必然性和合理性，而改革开放以来我国经济发展所取得的巨大成就表明，这样的基本经济制度和分配制度是适应我国国情和经济社会发展需要的。

（三）坚持劳动价值理论，科学理解多种分配方式

关于我国社会主义初级阶段的收入分配制度，党的十五大报告指出：“把按劳分配和按生产要素分配结合起来……允许和鼓励资本、技术等生产要素参与分配。”党的十六大报告进一步指出：“确立劳动、资本、技术和管理等生产要素按贡献参与分配的原则，完善按劳分配为主体、多种分配方式并存的分配制度。”对于中央文件的提法，有人从西方经济学的要素价值论出发进行解读，认为按要素贡献分配，就是承认各种要素都是创造价值的来源，从而否定了劳动价值理论。对于这种错误观点，必须进行马克思主义的理论分析和批判。

首先，马克思的劳动价值理论认为，商品具有使用价值和价值二因素，生产商品的劳动具有二重性。作为具体劳动，劳动只有与生产资料相结合才能生产出商品的使用价值即物质财富，因而，劳动和生产资料都是物质财富的源泉；作为抽象劳动，劳动是商品的价值实体，因而是商品价值的唯一来源。其次，这就表明，从物质财富生产这个角度来说，无论是劳动还是生产资料（包括劳动资料和劳动对象）都是生产要素，都对物质财富的生产具有作用与贡献，但劳动是价值的唯一来源。其次，依据马克思关于资本的理论，资本在本质上是一种特定的生产方式和生产关系，虽然它本身不是直接的生产要素，但是在一定历史条件下通过资本这种生产方式来组织生产要素进行生产具有历史的必然性。再次，在现代市场经济条件下，社会生产大多数都是社会化大生产，因而，管理在其中具有重要的作用。最后，由于现代生产都建立在新的科学技术基础之上，技术在生产中的作用也越来越重要。因此，在物质财富生产和创造中，劳动、资本、管理、技术、生产资料等都具有一定的作用与贡献。但是，这绝不意味着它

们都是商品价值的来源。对于“资本是利润和利息的来源、劳动是工资的来源、土地是地租的来源”的“三位一体公式”和这种资产阶级庸俗经济学观点，马克思在《资本论》中早已做过系统深刻的批判。因此，把按要素分配理解为各种要素都是创造价值的源泉的要素价值论，在理论上是根本错误的。

同时还必须批判另外一种错误观点，这种观点在坚持劳动是价值的唯一来源的同时，又否定资本、管理、技术等在物质财富创造中的作用，从而不承认按要素分配的合理性。与要素价值论一样，这种观点同样把物质财富的生产与商品价值的生产混为一谈了，同样把按要素分配同马克思的劳动价值理论对立起来了，因而是错误的。

当然，按要素分配是以承认各种要素的所有权为前提的。没有所有权的空气、阳光等自然因素虽然也都对生产有贡献，但不存在参与分配的问题。正是由于存在资本所有权，所以资本所有者能够获得利润或利息；正是因为存在劳动力个人所有权，所以劳动者可以获得劳动力商品的价值或价格；正是因为存在技术和知识产权，所以技术发明和专利拥有者可以获得相应的收益；正是因为存在土地所有权，所以土地所有者可以获得地租或租金。事实上，参与分配的并不是各种生产要素，而是它们的所有者。承认各种要素对于生产的作用与贡献，实际上也就是承认各种不同的所有权和所有者存在的必要性和合理性。因此，按要素分配客观地反映了我国多种所有制经济形式以及多种所有权同时存在的客观现实及其内在要求，其目的是为了充分调动社会各阶层的劳动积极性和生产经营积极性。

还应该看到，承认按要素分配，并不意味着各要素所有者实际所得到的收入与各种要素在生产中的作用与贡献大小是完全对等的。这是因为在社会生产和物质财富的创造过程中，各种要素的作用有多大、贡献是多少，是根本无法精确计量的。事实上，在市场经济条件下，各种要素所有者实际所获得的收入主要受供求关系、竞争关系、价格运动以及国家政策等各种因素的影响。也就是说，承认各种要素的作用与贡献，并不意味着这种作用与贡献是决定各种收入的唯一因素和尺度。

总之，只有坚持马克思的劳动价值理论，才能科学理解我国社会主义初级阶段多种分配方式的实质，才能划清与西方经济学要素价值论的原则界线。在我国社会主义初级阶段，坚持按劳分配为主多种分配方式并存的分配制度，有利于充分调动社会各阶层参与经济建设的积极性，从而有利于更好地促进社会经济发展。同时也要看到，多种分配方式的存在，也是形成和产生我国收入分配格局和收入差距的重要基础。

三、 我国收入分配格局

一般来说，收入分配格局主要是指国家、企业、居民个人等在国民收入分配中各自所占的比重及其相互关系。收入分配格局是收入分配关系的重要方面。收入分配格局的形成受到所有制结构、分配制度、经济发展阶段和状况、国家税收政策等多种因素的影响。同时，收入分配格局反映着国家、企业、居民三者之间的利益关系，对经济发展和社会稳定都具有重要影响。

（一）收入分配格局

收入分配格局是通过国民收入初次分配和再分配两个过程所形成的结果，两者在国民收入分配格局的形成中都具有十分重要的作用。

国民收入初次分配指国家、企业和个人在社会生产进行的过程中所获得的收入。这里的国家收入是指对企业所征收的流转税、行为税和资源税等；企业收入主要指可用于投资的那部分企业利润；个人收入包括劳动报酬和非劳动收入两个部分，其中劳动报酬指劳动者所获得的工资、奖金、津贴等，非劳动收入指个人所获得的利息、红利、知识产权收入和买卖出租房产所取得的收入等。

国民收入再分配指对初次分配结果的重新分配，从而使国家、企业和个人的收入结构发生新的变化。再分配的主体是政府和市场，其中，政府在国民收入再分配中承担着主要的角色和功能。政府一方面可以通过征收个人所得税等税收、行政收费和发行债券等方式增加收入，相应地使企业和个人收入减少；另一方面通过国防行政教育开支、公共建设、政府补贴、转移支付等方式，使企业和个人的收入增加。市场的再分配功能表现在，通过金融市场，使企业和个人的可支配货币收入发生变化；商品和服务价格的变动，则使企业和个人的货币收入或实际收入发生变动。

（二）我国收入分配格局基本状况

改革开放以来，我国经济发展不同阶段的收入分配格局具有不同的特点。其中，1992—2010 年的主要特点是，政府所得和企业所得份额是提高的，而居民所得份额是下降的。1992—2008 年，政府所得份额共上升 4.77 个百分点，企业所得份额上升了 6.73 个百分点，居民所得份额共下降了 11.5 个百分点（其中 2000 年以来下降份额占 94.7%）。[①]

党的十八大以来，党中央高度重视收入分配格局的调整。在一系列政策和因素的影响下，我国国民收入分配格局发生了一些新的变化。具体来说，2008—2014 年初次分配格局情况如下：[②]

初次分配收入（单位：亿元）					初次分配格局（%）		
年份	总收入	政府	企业	居民	政府	企业	居民
2008	318736.7	44959.5	90346	183431.2	14.1	28.3	57.6
2009	345055.3	48010.4	94085.2	202959.7	14.3	27.3	58.8
2010	407137.8	59510.2	109581.5	238046.1	14.6	26.9	58.5
2011	479576.1	72226.4	123600.7	283749	14.1	25.8	59.2
2012	532872.1	82529.8	131858.3	318484	13.9	24.7	59.8
2013	583196.7	88745	140691.8	353759.9	14.6	24.1	60.7
2014	644791.1	98266.4	159051.6	387473.1	15.2	24.7	60.1

① 国家发改委社会发展研究所课题组：《我国国民收入分配格局研究》，《经济研究参考》，2012 年第 21 期。

② 数据来源于《中国统计年鉴》2013—2016 年（2013 年以前的数据来自于2013 年全国普查后更新的数据）。

分级 年份	低收入户（元）	中等偏下户（元）	中等收入户（元）	中等偏上户（元）	高收入户（元）
2000	3132	4623. 5	5897. 9	7487. 4	11299
2001	3319. 7	4946. 6	6366. 2	8164. 2	12662. 6
2002	3032. 1	4932	6656. 8	8864. 2	15459. 5
2003	3295. 4	5377. 3	7278. 8	8869. 5	17471. 8
2004	3642. 2	6024. 1	8166. 5	9763. 4	20101. 6
2005	4017. 3	6710. 6	9190. 1	11050. 9	22902. 3
2006	4567. 1	7554. 2	10269. 7	12603. 4	25410. 8
2007	5364. 3	8900. 5	12042. 2	14049. 2	29478. 9
2008	6074. 9	10195. 6	13984. 2	16385. 8	34667. 8
2009	6725. 2	11243. 6	15399. 9	19254. 1	37433. 9
2010	7605. 2	12702. 1	17224	21018	41158
2011	8788. 9	14498. 3	19544. 9	23189. 9	47021
2012	10353. 8	16761. 4	22419. 1	26420	51456. 4
2013	9895. 9	17628. 1	24172. 9	32613. 8	57762. 1
2014	11219. 3	19650. 5	26650. 6	35631. 2	61615
2015	12230. 9	21446. 2	29105. 2	38572. 4	65082. 2

以上统计数据表明，我国城镇高收入户与低收入户之间的差距是不断扩大的，直接原因是高收入户的收入增长较快，而低收入户的收入增长较慢。

2000—2015 年我国农村居民各级收入分布情况是：

我国国民收入分配格局有了一定的改善，居民收入占比有了一定的提高。但是，城乡居民可支配收入增速低于同期 GDP 增长速度的基本状况并未得到根本的扭转。其次，对比初次分配和再分配的数据可以看出，通过再分配产生的主要结果是政府收入占比进一步提高了，而企业收入占比下降了，居民收入占比变化不大。

从国际比较来看，同一些发达国家相比，我国收入分配格局仍然存在很大的调整空间。例如，我国和美国收入分配格局的基本情况是：①

中国再分配格局（%）							美国再分配格局（%）		
年份	政府 1	企业 1	居民 1	政府 2	企业 2	居民 2	政府	企业	居民
2000	19.54	15.65	64.81	30.37	6.26	63.37	11.07	12.70	76.23
2001	21.08	15.14	63.78	31.89	5.94	62.16	10.29	12.56	77.15
2002	20.49	14.32	65.18	30.69	5.67	63.64	10.44	13.17	76.39
2003	21.85	15.47	62.68	33.47	6.14	60.40	10.91	13.25	75.84
2004	20.38	21.79	57.83	30.20	13.62	56.17	11.41	13.70	74.89
2005	20.55	20.04	59.41	29.55	12.39	58.06	11.98	14.49	73.54
2006	20.03	20.88	59.09	30.46	11.98	57.56	12.32	15.45	72.23
2007	19.59	20.84	59.57	31.54	10.75	57.71	12.03	15.07	72.90
2008	25.57	17.58	56.85	31.88	13.31	54.81	11.37	14.36	74.26

通过比较可以看出，美国的基尼系数虽然也位居世界前列，但是在美国收入分配格局中，居民收入占比一直保持在 70% 以上，而我国居民收入占比一直没有超过 65%。从企业收入占比来看，我国也比美国高。由于我国与美国的社会政治体制不同，我国政府收入占比相对较高是符合我国国情的，但是，政府收入占比究竟多高比较合适，值得认真研究。总体上来看，我国收入分配格局既存在调整的必要性，也存在调整的条件和空间。

① 转引自国家发改委社会发展研究所课题组：我国国民收入分配格局研究，《经济研究参考》，2012 年第 21 期。表中政府 1、企业 1、居民 1 表示初次分配收入，政府 2、企业 2、居民 2 表示再分配收入。

（三）调整国民收入分配格局

针对国民收入分配格局存在的突出问题，党的十八大报告提出了“提高居民收入在国民收入分配中的比重，提高劳动报酬在初次分配中的比重”的收入分配改革目标，《中华人民共和国国民经济和社会发展第十三个五年规划纲要》进一步提出了“规范初次分配，加大再分配调节力度，调整优化国民收入分配格局，努力缩小全社会收入差距的任务”的政策方针。上述资料充分说明，党中央对于我国国民收入分配格局存在的主要问题的认识和判断是完全符合实际和正确的。

同时，我们还必须充分认识到，由于我国统计制度和方法以及社会抽样调查方法都存在一定的局限性，在关于居民收入的统计和调查中，未能反映租金、利息、红利等个人财产性收入。这一方面低估了整体居民收入水平，另一方面也在客观上低估了实际上存在的更高基尼系数。事实上，个人财产占有和财产性收入的差别已经成为影响我国城乡收入差距和个人收入差距的重要因素，虽然从原则上来说广泛增加居民财产性收入是一个大方向，但是必须加大对于财产性收入税收调节的力度，否则，缩小城乡收入和个人收入差距将面临很大的困难。另一方面，在关于企业收入的统计中，未能反映民营经济中企业所得与企业主个人所得之间的界限和区别，这就在客观上低估了企业主个人收入与普通居民收入之间存在的巨大差距。由于非公有制经济在我国国民经济中占有50%以上的比重，因此，必须正视企业主阶层的个人收入与普通居民收入之间客观存在的两极分化事实。如何在进一步鼓励发展非公有制经济的同时又实现共同富裕，这是我国经济社会发展面临的一个严峻挑战和重大课题。

从我国国民收入分配格局存在的问题来看，居民收入占比偏低是一个方面，而劳动者的劳动收入在居民收入和整个国民收入中的占比偏低则是问题的关键。我国是社会主义国家，如何进一步提高劳动者的劳动收入在整个国民收入中的比重，是贯彻落实按劳分配为主分配制度和原则的内在要求，是调整收入分配格局的根本方向。因此，调整国民收入分配格局的主要途径是：

第一，坚持、巩固和发展公有制的主体地位。无论是从理论上还是从实践上来看，公有制经济消除了劳动与资本、工资与利润的对立关系，遵循按劳分配原则，使得劳动者工资水平相对合理，劳动者福利和保障比较健全，劳动者个人收入差距相对较小。公有制经济的发展和壮大，是提高劳动者劳动收入和改善收入分配格局的根本途径之一。

第二，完善初次分配制度。完善保护劳动者的法律法规，加强保护劳动者的合法权益，健全工资决定机制、正常增长机制和支付保障机制，推行企业工资集体协商制度。健全高技能人才薪酬体系，提高技术工人待遇。注重发挥收入分配政策激励作用，扩展知识、技术和管理要素参与分配途径。

第三，健全以税收、社会保障、转移支付为主要手段的再分配调节机制。进一完善国家统计制度和方法，更大程度发挥税收在再分配中的调节作用，特别是要加强对财产性收益的调节，抑制资本收入与劳动收入之间两极分化加剧的趋势。加快覆盖全社会的社会保障制度建设，加大公共建设力度，使政府、企业和居民三者之间的收入分配格局更加合理。

总之，调整收入分配格局的总体目标是：正确处理好政府、企业和个人之间的利益关系，充分调动和发挥政府、企业和劳动者个人三个方面的积极性，重点是提高居民收入占比特别是劳动者收入占比，从而更大限度地调动广大人民群众的劳动积极性。

四、 我国收入差距状况及其理论分析

改革开放以来，一方面我国经济持续高速发展，另一方面又存在收入差距过大的突出问题。在我国社会主义初级阶段，不仅一定的收入差距的

存在是必然的，而且保持一定的收入差距也有利于调动个人的劳动积极性，从而有利于促进社会生产力的发展。但是，过大的收入差距不仅不利于调动最广大人民群众的劳动积极性，而且也不利于保持国民经济持续发展和促进社会公平的健康发展。缩小收入差距并逐步实现共同富裕，是中国特色社会主义的本质要求。科学认识收入差距现状，分析产生收入差距的原因，探寻缩小收入差距、实现共同富裕的道路和途径，是中国特色社会主义政治经济学的重要理论任务。

（一）我国收入差距基本状况

从概念上来说，收入差距不同于收入分配格局，主要是指全体居民中不同收入水平之间的差距。根据不同的考察对象和分类标准，收入差距表现为城乡居民之间、农村居民之间、城市居民之间、全体居民之间以及地区之间、行业之间、不同所有制经济形式之间、不同受教育程度之间、男女性别之间、不同年龄层次之间等各方面的居民收入差距。同时，这些不同类型的收入差距之间互有交叉、互有影响。因此，科学认识现阶段我国收入差距的基本现状，必须抓住我国收入差距方面存在的主要矛盾和最突出的问题，即全体居民中各种不同收入水平之间、城乡居民收入之间的差距以及行业之间、地区之间、不同所有制经济形式之间的居民收入差距。

改革开放以来，我国居民收入水平从总体上来说是提高的，而各类居民收入之间的差距在不同的阶段程度表现不同。关于我国现阶段各种收入差距究竟有多大，因为统计和计量方法以及数据来源的不同，往往具有不同的估计。但是，这并不影响对于我国各类主要的居民收入差距仍然过大的基本判断。

首先，以基尼系数反映的居民收入总体性差距一直居高不下，而且超过国际公认的警戒线（0.40）。具体情况如下：

2003—2015 年中国居民收入基尼系数①

年份	基尼系数
2003	0. 479
2004	0. 473
2005	0. 485
2006	0. 487
2007	0. 484
2008	0. 491
2009	0. 490
2010	0. 481
2011	0. 477
2012	0. 474
2013	0. 473
2014	0. 469
2015	0. 462

从全国居民不同收入等级的分布来看，2013—2015 年的情况是：

年份	平均（元）	低收入户（元）	中等偏下户（元）	中等收入户（元）	中等偏上户（元）	高收入户（元）
2013	18310. 8	4402. 4	9653. 7	15698	24361. 2	47456. 6
2014	20167. 1	4747. 3	10887. 4	17631	26937. 4	50968
2015	21966. 2	5221. 3	11894	19320. 1	29437. 6	54543. 5

以上数据表明，2013—2015 年我国高收入户的收入与低收入户的收入差距仍然在 10 倍左右，高收入户收入增长量远远超过低收入户收入增长量。

从我国社会经济实际情况来看，居民在房产、汽车、股票、债券等财产占有上的差距日益明显，并具有不断扩大的趋势。根据“中国家庭追踪调查”提供的数据，我国最富的 1% 的家庭拥有的财产占全部居民财产的约

① 资料来源于国家统计局网站。

1/3，最穷的25%的家庭拥有的财产仅占全部居民财产的1%。[①] 我国家庭财产基尼系数呈现出不断提高的趋势。因此，考察我国居民物质利益关系，必须把财产占有与收入差距结合起来，充分认识财产占有以及由此形成的财产性收入在扩大收入差距中的巨大作用。

从国际比较角度来看，中国的基尼系数在世界15大经济体中也位居前列。具体情况如下：

世界15大经济体基尼系数比较[②]

数据来源	世界银行数据库（WDI）		世界收入不平等数据库（WIID）	
国家	年份	基尼系数	年份	基尼系数
中国	2010	0.421	2012	0.480
美国	2013	0.411	2013	0.477
日本	2008	0.321	2011	0.311
德国	2011	0.301	2011	0.290
英国	2012	0.326	2011	0.330
法国	2012	0.331	2011	0.308
意大利	2012	0.352	2011	0.319
加拿大	2010	0.337	2011	0.395
澳大利亚	2010	0.349	2011	0.283
俄罗斯	2012	0.416	2010	0.354
西班牙	2012	0.359	2011	0.340
韩国	—	—	2011	0.311
巴西	2013	0.529	2009	0.520
墨西哥	2012	0.481	2012	0.483
印度	2009	0.339	2010	0.371

① 参见李建新等：《中国民生发展报告2015》，北京：北京大学出版社2015年版。

② 年份为具有最新数据的年份。世界收入不平等数据库根据多个数据来源计算得出基尼系数，因此得到的中国基尼系数，与中国国家统计局提供的基尼系数存在差别。

其次，2000 年以来我国城乡居民收入差距的基本情况是：[①]

年份	城镇居民平均可支配收入（元）	农村居民平均可支配收入（元）	城乡居民收入之比
2000	6280	2253.42	1.79
2001	6859.6	2366.4	1.90
2002	7702.8	2475.6	2.11
2003	8472.2	2622.2	2.23
2004	9421.6	2936.4	2.21
2005	10493	3254.93	2.22
2006	11759.5	3587	2.28
2007	13785.8	4140.4	2.33
2008	15780.8	4760.6	2.31
2009	17174.7	5153.2	2.33
2010	19109.4	5919.01	2.23
2011	21809.8	6977.29	2.13
2012	24564.7	7916.58	2.10
2013	26955.1	9429.6	1.86
2014	29381	10488.9	1.80
2015	31790.3	11421.7	1.78

以上统计数据表明，2012 年以来，我国城乡居民收入差距明显缩小。但是，如果考虑到城镇居民除一般货币收入之外，还享有各种补贴、劳保福利和社会保障等实际收入，以及农民尚须从纯收入中扣除用于再生产的部分，那么我国城乡居民收入差距实际上比统计数据反映出来要更大一些。

2000—2015 年我国城镇居民各级收入分布情况是：[②]

① 数据来源于中国国家统计局。

② 数据来源于中国国家统计局数据。有关数字根据国家统计局提供的数据计算所得。

2008—2014 年经过再分配之后形成的收入分配格局情况如下：

可支配收入（单位：亿元）					再分配格局（%）		
年份	总收入	政府	企业	居民	政府	企业	居民
2008	321733.9	58914.5	78817.4	184002	18.3	24.5	57.2
2009	347208.9	60961.3	82492.4	203755.2	17.5	23.8	58.7
2010	409892	73618.8	96888.9	239384.3	18.0	23.6	58.4
2011	481170.7	90410.2	105568.3	285192.2	18.8	21.9	59.3
2012	533088.9	102553.7	109742	320793.2	19.2	20.6	60.2
2013	582657	110376	115167.6	357113.4	18.9	19.8	61.3
2014	644879.3	121574.2	132195.1	391110	18.9	20.5	60.6

经过数据调整之后所得到的 2008—2014 年国民收入分配格局情况如下：①

调整后的可支配收入（单位：亿元）					再分配格局（%）		
年份	总收入	政府	企业	居民	政府	企业	居民
2008	334136.7	81138.0	69217.4	183781.3	24.3	20.7	55.0
2009	362378.5	76351.4	82492.4	203534.6	21.1	22.8	56.2
2010	425897.2	89881.2	96888.9	239127.1	21.1	22.7	56.1
2011	501899.5	111139.0	105568.3	285192.2	22.1	21.0	56.8
2012	550741.6	120206.4	109742.0	320793.2	21.8	19.9	58.2
2013	600905.3	128624.3	115167.6	357113.4	21.4	19.2	59.4
2014	667097.6	143792.5	132195.1	391110.0	21.6	19.8	58.6

首先上述统计资料清楚地表明，自 2008 年以来特别是党的十八大以来，

① 2007 年颁布了《国务院关于加强土地调控有关问题的通知》，2009 年的土地出让收益全部纳入预算内管理。自 2011 年起，财政预算取消预算外收入，农村非税收收入全部纳入预算管理。同时，为了客观反映实际的分配状况，有必要对资金流量表中的各主体可支配收入进行调整。具体来说，就是将制度外收入、地方政府土地出让收入和农村非税收入加到资金流量表的政府可支配收入中，将制度外收入从企业可支配收入中扣除，将农村非税收入从居民可支配收入中扣除。

分级 年份	低收入户（元）	中等偏下户（元）	中等收入户（元）	中等偏上户（元）	高收入户（元）
2000	802	1440	2004	2767	5190
2001	818	1491	2081	2891	5534
2002	857	1548	2164	3031	5903
2003	865.9	1606.5	2273.1	3206	6346.9
2004	1007	1842.2	2578.6	3608	6931
2005	1067.2	2018.3	2851	4003	7747.4
2006	1182.5	2222	3148.5	4446	8474.8
2007	1346.9	2581.8	3658.8	5129	9790.7
2008	1499.8	2935	4203.1	5928.6	11290.2
2009	1549.3	3110.1	4502.1	6467.6	12319.1
2010	1869.8	3621.2	5221.7	7440.6	14049.7
2011	2000.5	4255.7	6207.7	8893.6	16783.1
2012	2316.21	4807.47	7041.03	10142.08	19008.89
2013	2877.9	5965.6	8438.3	11816	21323.7
2014	2768.1	6604.4	9503.9	13449.2	23947.4
2015	3085.6	7220.9	10310.6	14537.3	26013.9

以上统计数据表明，我国农村高收入户与低收入户之间的差距也是不断扩大的，直接原因同样是高收入户的收入增长较快，而低收入户的收入增长较慢。

再次，2013—2015 年我国东、中、西部地区之间的居民收入情况是：

年份	东部地区	中部地区	西部地区
2013	23658.4	15263.9	13919
2014	25954	16867.7	15376.1
2015	28223.3	18442.1	16868.1

以上统计数据表明，2013—2015 年，我国东、中、西部地区人均可支配收入的相对关系变化不大，东部地区是西部地区的 1.6 倍左右。

我国行业之间的居民收入差距也具有不断扩大的趋势。据统计，收入最高行业与最低行业收入之比，1990 年是 1.76 倍，1995 年是 2.23 倍，2000 年是 2.63 倍，2005 年是 4.73 倍，2010 年是 4.20 倍，2014 年是 3.82 倍。目前，金融、电力、保险、电信、水电气供应、烟草等行业职工的平均工资是其他行业职工平均工资的 2—3 倍，如果再加上工资外收入和福利待遇上的差异，实际收入差距应该在 5—10 倍。

从三次产业的居民收入情况来看：

年份	第一产业（元）	第二产业（元）	第三产业（元）	平均（元）
2003	6884	12904	15394	13969
2004	7497	14678	17572	15920
2005	8207	16653	20281	18200
2006	9269	19024	23238	20856
2007	10847	22024	28000	24721
2008	12560	22751	32800	28898
2009	14356	28205	36627	32244
2010	16717	32348	41146	36539
2011	19469	37675	46794	41799
2012	22687	42325	52080	46769
2013	25820	46899	57347	51483
2014	28356	51244	62634	56360
2015	31947	54620	70306	62029

以上数据表明，2003—2015 年我国三次产业的居民收入都是增长的，但是，三次产业之间的居民收入差距始终存在，而且一直是第三产业高于第二产业，第二产业高于第一产业，第三产业与第一产业的差距大部分年份都在一倍以上。

最后，我国不同所有制经济形式之间的居民收入差距也十分明显：①

年份	平均（元）	国有单位（元）	非公、非外企业单位（元）	收入差距比
2000	9333	9441	10079	—0.06
2001	10834	11045	11709	—0.06
2002	12373	12701	11409	0.11
2003	13969	14358	12123	0.18
2004	15929	16445	12581	0.31
2005	18200	18978	14012	0.35
2006	20856	21706	16279	0.33
2007	24721	26100	19273	0.35
2008	28898	30287	22854	0.33
2009	32244	34130	25352	0.35
2010	36539	38359	29274	0.31
2011	41799	43483	34245	0.27
2012	46769	48357	38979	0.24
2013	51483	52657	43942	0.20
2014	56360	57296	47757	0.20
2015	62029	65296	51817	0.26

以上数据表明，自2002年以来，国有单位居民平均工资一直高于非公、非外企业单位（即民营经济）中的居民平均工资，但2012年来它们之间的收入差距比有明显的下降。

以上各类统计资料反映出我国各类居民收入差距具有如下几个基本特点：第一，我国全体居民收入基尼系数一直居高不下；第二，2012年来城乡居民收入差距有所缩小，同时城镇内居民收入差距以及农村内居民收入差距仍然比较突出；第三，三次产业之间的居民收入差距明显，并且行业间的居民收入差距过大；第四，东、中、西部地区居民收入差距变化不大；

① 表中所列“非公、非外企业单位”基本上是指民营经济部分。收入差距比＝（国有单位平均工资－非公、非外企业单位平均工资）/非公、非外企业单位平均工资。

第五，国有单位居民收入明显高于民营经济中的居民收入水平，但2012年来二者的差距明显缩小。综合这些情况可以看出，2012年以来，我国某些方面的居民收入差距有所缩小，但从总体上来看收入差距过大的问题依然十分突出，这是新时期我国改革必须着力解决的重大现实问题。

（二）产生收入差距及其扩大的原因

从理论上来说，产生居民收入差距和财产占有差距的原因和影响因素是多方面的，主要有社会生产力发展总体水平和经济发展的阶段性、城乡二元经济结构、所有制性质以及所有制结构、行业垄断、国家政策等。

首先，从我国经济发展实践上来看，我国实行改革开放政策的一个重要目的，就是为了打破改革开放前分配上存在的平均主义倾向，以更好地调动社会各阶层的劳动积极性。在邓小平同志提出的“让一部分人和一部分地区先富起来”的思想指导下，通过一系列改革，我国不仅逐步形成了以公有制为主体多种经济形式并存发展的基本经济制度和社会主义市场经济体制，同时形成了按劳分配为主多种分配方式并存的分配制度。为了保持国民经济持续高速增长，我国在20世纪90年代进一步贯彻“效率优先、兼顾公平”的原则。同时，通过一系列收入分配体制改革，市场机制在收入分配中的决定作用不断得到强化，政府对于收入分配的管理和调控不断得以弱化。因此，从这个角度来说，我国居民收入差距的逐步形成和不断扩大具有一定的必然性和一定历史阶段的合理性。

其次，从世界经济发展的历史经验来看，在农业国的工业化过程中，由于经济增长与收入差距的扩大具有相互作用，从而产生了经济增长与收入差距不断扩大同时并存的现象。我国经济改革的过程同时也是实现工业化的过程，同时，由于我国农业人口基数大，较大的城乡居民收入差距在整个国民收入基尼系数中所占的权重也相应较大，从而产生了我国居收收入差距伴随经济持续高速增长而不断扩大的现象。

再次，由于我国法律制度不够健全和部分领导干部的腐败，产生了很多非法收入，例如：侵吞公有财产、偷税漏税、内幕交易、造假贩假、贪污受贿等，特别是在股市交易、房地产开发、国有企业改制过程中的非法或违规行为等产生了许多“一夜暴富”现象，进一步加大居民财产占有和收入差距，加剧了国民收入分配的不公平。

最后，由于我国社会福利保障制度的建设相对比较滞后，政府再收入分配政策调节力度不够，一方面低收入居民的生存权和发展权没有得到充分保障，还存在相当规模的贫困人口；另一方面对于部分居民拥有的巨额财产和很高收入又缺乏应有的法律和税收调节，从而产生了最富有群体与最贫穷群体之间的“两极分化”现象。

总之，必须全面科学地理解产生我国居民收入差距及其扩大的原因，既要认识其中的规律性和合理性的一面，更应该充分认识其中的某些不合理性的一面及其危害。

（三）科学认识我国收入差距问题

对于我国现阶段客观上存在的收入差距过大的现象，需要正确理解以下几个方面的问题：

第一，合理与不合理收入差距的界限问题。

对于客观上存在的收入差距问题，不同的人具有不同的看法。一种看法认为，中国是社会主义国家，任何意义上的收入差距与社会主义的概念和本质要求都是矛盾的，因此，要搞社会主义，就必须消除一切收入差距尤其是过大的收入差距现象。另一种看法认为，中国之所以出现收入差距过大的现象，是因为中国政府的权力过大和领导干部的腐败以及国有企业的行政垄断，要消除收入差距过大的现象，必须实行政治上的民主化和经济上的全面私有化。

显然，以上两种看法都未能从中国特色社会主义发展规律的高度出发来认识收入差距问题，未能科学地区分合理的收入差距与不合理的收入差距的界限，因而都是错误的。从中国特色社会主义发展规律的角度来看，一定历史时期存在的收入差距不仅是促进经济发展的动力来源之一，而且也是社会主义初级阶段不可避免的现象。另一方面，不能将一切收入差距尤其是由于非法和违规行为而产生的收入差距现象都理解为一种必然的和合理的现象。依据中国特色社会主义政治济学的原则，划分合理与不合理收入差距界限的标准在于，是否有利于我国社会生产力的进一步发展、人民物质文化生活水平的不断提高、社会主义基本经济政治制度的巩固发展以及国家综合实力的不断增强。

第二，收入差距与经济增长的关系问题。

马克思主义政治经济学基本原理表明，保持合理的收入差距是实现经济持续发展的内在要求，过大的收入差距是不利于经济增长和发展的。这是因为要保持国民经济的持续增长和发展，就必须使积累与消费保持合适的比例关系。过大的收入差距，必然导致生产与消费的矛盾，从而使经济增长和发展遇到困难。从一定意义上来说，2008 年国际金融危机以来，我国经济之所以进入一种新常态，除其他因素外，长期以来我国收入分配格局的不合理和居民收入差距过大这两个方面在其中具有十分重要的作用。因此，在大力推进供给侧结构性改革的同时，如何通过加大收入分配改革力度以进一步扩大内需，是我国新时期经济改革面临的重要任务。

第三，收入差距与社会健康发展的关系问题。

过大的收入差距不仅不利于经济的持续发展，而且也不利于社会稳定和健康发展。过大的收入差距会产生一系列社会问题：一是会形成社会不同阶层的固化和分化加剧公民之间社会权力与社会地位不平等；二是会严重挫伤广大人民群众的劳动积极性和建设社会主义的信心；三是会催生更多刑事犯罪、卖淫、吸毒、民族分裂主义等严重现象的发生等等。而这一切，都是与中国特色社会主义的本质要求相矛盾的。

总之，必须全面正确地认识我国实际存在的收入差距过大现象，正确区分合理与不合理收入差距的界限，深刻认识收入差距对于经济持续发展和社会稳定的不利影响。

五、 共同富裕及其实现途径

通过实现社会主义和共产主义从而实现所有人的共同富裕，是马克思主义的一个理论常识。从科学社会主义史和国际共产主义运动史的角度来看，把“共同富裕”明确地概括为社会主义的本质特征是邓小平以来我党的一个重大理论贡献。共同富裕理论是中国特色社会主义政治经济学的核心内容之一，党的十八大以来党中央提出的共享发展理论则是中国特色社会主义政治经济学的最新发展。

（一）共同富裕的科学含义

从一定意义上来说，马克思主义理论就是关于人类共同富裕的理论。马克思主义理论揭示了人类从贫穷走向共同富裕的最一般基础和前提，即社会物质生产力的不断发展；马克思主义理论从生产力与生产关系和经济基础与上层建筑之间的对立统一关系出发，揭示了人类社会发展的一般规律，从而揭示了共同富裕的历史发展规律；马克思主义理论揭示了不同社会之间的更替过程中所表现出来的共同富裕的历史性；马克思主义理论揭示了人类最终将走向共同富裕的社会主义和共产主义社会的历史必然性和发展趋势；马克思主义理论深刻地揭示了实现共同富裕的历史渐进性，从而揭示了从阶级分化到共同富裕的过渡性；马克思主义理论不仅把实现人类的共同富裕理解为一个历史发展的过程和趋势，而且也把争取工人阶级的物质利益和经济权利理解为工人阶级及其政党进行社会主义革命的目的和内容之一；马克思主义理论全面地揭示了共同富裕的丰富内涵，即建立在社会生产力高度发达和共产主义制度基础之上的全人类在物质生活上的共同富裕、人类与自然之间的关系的和解、建立在消灭了阶级和阶级对立、三大差别（即城乡差别、工农差别、脑力劳动与体力劳动的差别）、男女不平等、旧的社会分工等以及国家消亡基础之上的每一个人的全面自由发展等。只有以马克思主义为指导，才能正确理解共同富裕的科学含义及其实现途径。

从概念上来说，“富裕”是相对于“贫穷”而言的，“共同富裕”则是相对于不同人之间的贫富差距而言的。因此，“富裕”和“共同富裕”都具有一定的相对性。例如，从人类社会历史发展的角度来说，封建社会的农民相对于地主来说是贫穷的，但是相对于奴隶制时代的奴隶而言却是富裕的；资本主义条件下的工人阶级相对于资产阶级而言是贫穷的，但是相对于封建时代的农民而言却又是富裕的。

在承认“富裕”和“共同富裕”的相对性的同时，还必须看到它们的绝对性的一面。“富裕”与“贫穷”的最基本分界线在于劳动力简单再生产的能力。如果从生理意义上的劳动力简单再生产都不能维持，那就是绝对意义的贫穷，也就是马克思所说的“官方认为需要救济的贫民”或“赤贫”。因此，“共同富裕”的最低界限就是必须保证所有的社会成员在物质生活上“脱贫”。从这个角度来看，党中央所实施的“精准脱贫”战略对于实现共同富裕具有极为重要的意义。

如果以消除了所有人的绝对贫困为前提，那么在这个基础上的“共同富裕”又具有不同的程度。第一种，消灭了所有人的绝对贫困但同时又存在较大的贫富差距；第二种，不仅消除了所有人的绝对贫困，而且社会各成员之间的贫富差距也不大甚至很小；第三种，不仅消除了所有人的绝对贫困，而且消除了人与人之间的任何贫富差距（正如马克思所论证的共产主义高级阶段那样）。由此可见，“共同富裕”这一概念包含着各种不同的含义，应该全面认识这些含义，而不应该简单地用其中一个含义代替或否定另外一些含义。

由于我们处在社会主义初级阶段而不是马克思说的共产主义高级阶段，甚至也不是马克思说的共产主义的第一阶段，因而，改革开放以来我党历届领导人所讲的“共同富裕”，首先是指逐步缩小各社会成员之间的贫富差距，而不是指所有个人之间的“均贫富”。因而，不能把马克思讲的共产主义社会所具有的特征直接照搬到中国特色社会主义的各个发展阶段上来，尤其是社会主义初级阶段。由于我国仍将长期处在社会主义初级阶段，因而，在相当长的时期内，我国仍然存在各个方面的一定程度上的贫富差距。另一方面，必须高度重视和解决我国经济生活中实际存在的贫富差距过大的问题。这是因为即使在消灭了所有人的绝对贫困，过大的贫富差距甚至两极分化，与社会主义的本质要求和国民经济持续发展的内在需要都是相矛盾的。因此，逐步缩小贫富差距、实现共同富裕是社会主义初级阶段面临的重大任务。

（二）共同富裕是中国特色社会主义的根本原则

我们党自成立以来，始终把谋求全体劳动人民的彻底解放和实现共产主义作为自己的最高宗旨，同时，在长期的革命和社会主义建设过程中，我们党对于社会主义的目的和根本原则的认识也是不断深化的。邓小平同志在总结以往我国社会主义建设经验教训的基础上，第一次把解放和发展生产力同共同富裕理解为社会主义的本质，从此开辟了建设中国特色社会主义的新道路，开拓了当代中国马克思主义政治经济学的新境界。根据改革开放以来我国经济社会的新情况和新特点，党的十八大报告明确指出：“必须坚持走共同富裕的道路。共同富裕是中国特色社会主义的根本原则。”党的十八届五中全会进一步提出了“创新、协调、绿色、开放、共享”的新发展理念。把“共同富裕”理解为中国特色社会主义的根本原则，把“共享发展”理解为中国特色社会主义建设的根本道路和目的，是社会主义认识和理论的又一次升华，是中国特色社会主义政治经济学的最新成果。

从理论上来说，党的十八大以来党中央提出的共享发展理论既是邓小平共同富裕理论的继承，同时也是邓小平共同富裕理论的进一步发展和创新。具体来说，一方面，共享发展理论和共同富裕理论都强调了发展是为了不断提高劳动人民日益增长的物质文化生活需要这一社会主义生产的根本目的；另一方面，共享发展理论在共同富裕理论基础上，进一步强调了实现共同富裕的党的基本路线，即在经济社会发展和改革过程中，必须充分调动最广大人民群众的积极性，必须充分地依靠人民，必须保障所有公民享有公平的社会权力和发展机会，从而不仅实现物质福利的全社会公平分享，而且实现社会公平正义的发展。不仅如此，共享发展理论还具有鲜明的时代性，即突出地强调了共享发展与创新发展、协调发展、绿色发展、开放发展之间的总体联系和辩证关系，从而深刻地反映了新时期我国经济社会发展的新特点和新要求。

毫无疑问，只有坚持共同富裕的中国特色社会主义根本原则和共享发展理念，只有坚持和进一步大力发扬党的群众路线，把顶层设计和发挥人民群众的首创精神结合起来，才能使我国新时期各方面改革更加充满活力，才能更加有效地解决我国实际生活中存在的贫富差距较大的突出问题，才能更好地彰显社会主义制度的优越性。

（三）实现共同富裕的道路和途径

马克思主义基本原理表明，人类社会生产力的不断发展是不断提高人们物质文化生活水平的根本前提和物质基础，这是人类社会发展的一般规律。对于仍然处于社会主义初级阶段并且经济增长进入新常态的当下中国而言，经济的持续增长和发展仍然是第一要务。保持经济的持续中高速增长，是最终实现跨越“中等收入陷阱”和全面建设小康社会战略目标的根本保证。

马克思主义政治经济学基本原理表明，生产资料公有制和社会主义制度是实现共同富裕的根本制度保障。因此，要缩小贫富差距，就必须坚定不移地不断发展和壮大公有制经济，其中包括国有经济和集体经济。必须理直气壮地做大、做强、做优国有企业，不断增强国有经济活力、控制力、影响力。毫无疑问，不依靠公有制经济的不断发展和壮大，不努力提高公有制经济在整个国民经济中的地位和比重并使之真正成为“主体”，要实现收入差距的逐步缩小和全社会的共同富裕，是不切实际的。目前，我国非公有制经济在GDP总量、资产总量、就业总量等各方面都已占到50%以上，这是实现共同富裕面临的一个非常严峻的挑战。解决这个问题的根本出路在于，在大力发展非公有制经济的同时，不仅要坚持毫不动摇地大力发展公有制经济，而且要坚持更多更快更好地发展公有制经济，从而使公有制经济与非公有制经济的比重达到更为合理的程度。

在强调实现共同富裕的根本途径的同时，还应该注重探索各种有利于改善收入分配状况的具体途径和政策措施。其中包括：

第一，在注重发展质量与提高经济效率的基础上，政府要通过加大公共支出，构建和完善社会保障制度等方式，努力发展和实现基本公共服务的“均等化”。并且在发展的过程中逐步提高基本公共供给的内容和保障水平，为所有社会成员提供基本的发展起点。

第二，要在保持经济持续发展的过程中，继续扩大中等收入阶层的人口规模，从而逐步形成有利于社会和谐稳定发展的“橄榄型”社会结构。

第三，进一步完善市场机制，加快推进垄断行业改革，调整国家与企业、企业与职工的分配关系。建立国有企业工资分类调控制度和优化收入分配激励机制，适当调整国有企业内部分配关系，改革企业工资总额管理。加快完善国有资本经营预算，提高国有企业分红比例，扩大上缴范围，推进国有资本经营预算与公共预算的融合，统筹用于民生支出。

第四，积极稳步推进税制改革。逐步降低间接税比重，提升直接税比重，优化强化税收的再分配功能。调整消费税的征收范围、原则和方法，既维护好居民的正常消费权利，又对奢侈品消费进行有效的调控。继续推进个人所得税改革，减轻低收入群体的纳税负担，进一步改善收入分配机制。在适当时候开征房产税、遗产税和赠予税，对高收入阶层的收入及财产进行有效调节，使整个社会的财产分布差距达到合理的水平。

第五，继续优化和强化转移支付体系，扶助弱势群体和欠发达地区，努力完成精准脱贫战略目标。要充分重视公共教育体系的建设，努力实现教育资源分配的均等化，形成低收入阶层向中高收入阶层的转化机制，防止社会阶层固化现象的产生。

第六，加快全面深化体制改革，进一步转变政府职能，加强民主法治建设，严惩腐败分子与犯罪分子，维护社会公平正义。

总之，不断提高我国社会生产力总水平以及社会财富总量，是实现共同富裕的物质基础，坚持党的群众路线是实现共同富裕的根本道路，大力发展公有制经济是实现共同富裕的根本途径，进一步加大财富占有以及国民收入分配和再分配的法律和政策调节力度，是实现共同富裕的具体途径。在坚持以经济建设为中心的同时，还必须注重生态文明建设、民主法制建设、文化教育事业的健康发展、社会主义核心价值观的贯彻落实等，促进社会平等与人的全面自由发展。

论混合所有制若干原则性问题

党的十八届三中全会通过的《中共中央关于全面深化改革若干重大问题的决定》（以下简称《决定》），第一次明确提出了“积极发展混合所有制经济”的改革新思路。积极发展混合所有制经济，是党中央关于全面深化改革的重大决定之一。换句话说，积极发展混合所有制经济，是党中央确立的新时期经济改革的重大举措之一。可以预见，混合所有制经济的发展状况必将深刻影响未来中国经济和社会的整体形态和走势。因此，如何坚持正确的原则，使混合所有制经济沿着正确的方向和健康的道路发展，就成为一个非常值得研究的重大现实问题。

事实上，自《决定》公布以来，混合所有制经济问题已经成为社会各界关注的热门话题，并出现了各种不同的解读和观点。例如，有的人认为，发展混合所有制经济必然导致国有资产的大量流失以及国有企业的私有化，因此，对发展混合所有制经济持完全否定的态度；也有的人认为，发展混合所有制经济，将导致非国有资本和企业的独立地位的丧失，因此，对发展混合所有制经济心存疑虑并持消极观望的态度；还有的人认为，发展混合所有制经济是新时期国有企业改革的方向，必须贯彻“中央精神”，在国有企业全面发展混合所有制经济，等等。这些似是而非的观点的提出表明，如何将思想认识真正统一到《决定》的精神实质上来，已经成为一个重大问题。毫无疑问，如果各级国有资产管理部门、国有企业，以及非公有制企业，都不能正确理解中央《决定》精神，受一些似是而非甚至是错误观点的支配，那么几乎可以肯定，中央提出的这一重大改革举措必将在实践中出现南辕北辙的严重后果。

笔者认为，全面领会中央《决定》精神，坚持正确的原则和方向，是积极发展混合所有制经济的前提，是使这一重大改革沿着健康的道路发展的前提。

一、我国绝大多数企业的所有制已经具有混合所有制的性质和特点

为了正确贯彻《决定》精神，首先必须正确认识《决定》关于积极发展混合所有制经济的特定含义。

从理论上来说，混合所有制经济一般是指不同的所有权相结合或融合而形成的一种经济形式。所有制以及所有制经济可以从宏观和微观两个方面来理解。

从宏观上来说，所有制指整个社会经济中的所有制性质和结构，例如，资本主义社会经济是以资本主义私有制为主体的经济形态，社会主义和共产主义社会经济是以公有制为主体的经济形态和单一的生产资料公有制为基础的经济形态。我国自改革开放以来，已经形成了公有体为主体多种所有制形式并存和共同发展的基本经济制度。从一定意义上来说，我国经济目前在总体上就是一种混合所有制经济。

从微观上来说，所有制指微观经济组织即企业的所有制性质和结构。从企业所有制的发展史来看，最初出现的是单一的个人或家庭所有制，这是一种纯粹的生产资料私有制。自 19 世纪六七十年代起，欧美主要资本主义国家开始大量出现股份公司。按照马克思的理论概括，股份资本是一种“社会资本”，“股份公司”是一种“社会企业”。由于股份公司的股份可以分别由不同的主体持有，因而，从所有制的角度看，无疑它是一种典型的

混合所有制。但是，我们必须看到，在现实中，几乎所有的股份公司都存在控股权，而几乎不存在股权均分的情况，因而，股份公司实际上是一部分资本控制大量社会资本的途径和方式。马克思在理论上始终把股份公司理解为资本集中的方式之一。因而，不能因为股份公司股权的分散化和多元化的现象而看不到它的本质。正确认识这一点，对于正确认识混合所有制经济的本质具有十分重要的现实意义。

就我国的实际情况来看，在20世纪90年代的国有企业改革中，明确将建立现代企业制度即建立股份公司作为改革的目标。经过20多年的改革和发展，目前我国国有企业绝大多数都采取了股份公司的形式，其中一大批国有企业成为上市公司，同时，我国一大批私营企业也相继成为上市公司。因而从总体上来看，除一些中小企业和全部小微企业（严格来说个体户还不是企业）仍然是典型的私有制企业之外，我国绝大多数企业的所有制已经具有混合所有制的性质和特点。

显然，《决定》提出的“积极发展混合所有制经济”，并不是指发展一般的股份公司这种形式，而是有特定含义的。事实上，《决定》明确提出了通过国有资本、集体资本、非公有资本等交叉持股、相互融合以及实行企业员工持股，形成资本所有者和劳动者利益共同体的混合所有制经济发展方式。强调国有资本、集体资本、非公有资本之间的交叉持股和实行员工持股，是《决定》中所提出的“混合所有制经济”所特有的内涵。

那么，《决定》为什么要提出积极发展国有资本、集体资本、非公有资本之间的交叉持股和员工持股呢？要正确理解这个问题，必须结合当前中国经济的实际状况来进行分析。

首先，从宏观上来看，2008年国际金融危机的爆发，使中国经济发展的外部环境变得更加艰难。无论是国有企业，还是非公有制企业，都面临着新的挑战和困难。2008年以来，我国政府提出了扩大内需的一系列政策，对减缓西方金融危机对我国经济的冲击和影响起到了积极的作用。但是，到目前为止西方发达国家经济从总体上来说也还未能显示出明显复苏的迹象，在这样的背景下，在已经采取了多种扩大内需政策的前提下，又如何能够使中国经济进一步焕发活力和保持较快的增长呢？

众所周知，改革开放30多年来，中国经济的快速增长是靠国有企业与非国有企业的发展共同驱动的，二者缺一不可。但是，有些人不能正确看待这一点，他们认为，中国非公有制经济的发展受到了公有制经济特别是国有企业垄断而形成的挤压，只有通过国有企业私有化进而打破其垄断，中国的非公有制经济才能获得发展。显然，这种观点是错误的，因为它违背了国有企业与非国有企业共同支撑和推动中国经济快速增长的基本事实。我们必须看到，多年来形成的以公有制经济为主体、多种所有制经济并存和共同发展的基本格局，不仅是保持中国经济稳定增长的基石，而且也是保持社会基本稳定的重要基础。完全有理由预言，无论是推行大规模私有化，还是推动大规模公有化，必将导致中国经济与社会的巨幅波动，这也正是中央一再重申和强调“两个毫不动摇”原则的重要原因。

其次，从微观上来看，一方面，国有企业在某些方面仍然还存在不应有的垄断现象，而且大部分国有企业的经营机制仍然不能完全适应市场经济环境的要求，从而有待进一步提高管理效率；另一方面，我国非公有制经济也存在家族化色彩浓、治理结构不科学、持续发展能力弱以及经营领域受限制等各方面的问题。因此，在新的国际经济条件下，如何真正进一步推动公有制经济和非公有制的共同发展，就成为一个全新的改革课题。其中，通过积极发展混合所有制，进一步改善国有企业和非公有制企业的治理结构和提升经营管理能力，是极为重要的一种途径和方式。正是在这样的背景下，《决定》提出了积极发展混合所有制经济的重大决策和改革思路。显然，同以往将公有制经济和非公有制经济分开理解和对待的思路相比，同那种把公有制经济与非公有制经济绝对对立起来的观点相比，这一改革思路无疑具有创新性，是一种改革的“新思路”。同时，在我国近些年的经济实践中，事实上已经存在很多公有制经济特别是国有企业与非公有制企业合作与混合发展的成功案例，《决定》提出的改革新思路正是以此为依据和基础的，旨在使这些成功的经验得到更为广泛的推广与运用。

最后，从劳资关系的角度来看，目前无论是国有企业还是非公有制企业，都存在资本强势而劳动弱势的缺陷。在企业中，劳动方过度弱势，不仅不利于充分调动劳动者的劳动积极性和创造性，而且会在宏观上造成劳动者收入占国民收入比例过低从而直接影响和抑制市场总需求量，进而使宏观经济发展缺乏消费需求的强有力拉动，这正是中国经济20多年存在的严重弊端。因此，如何从微观上提高劳动者的地位和收入增长，就成为改善宏观经济发展条件的重要一环。所以，《决定》在提出积极推动企业之间交叉持股的同时，还提出了“允许混合所有制经济实行员工持股，形成资本所有者和劳动者利益共同体”。大力发展员工持股，应该被理解为中央《决定》关于积极发展混合所有制经济的重要内容，而不应该被淡化或淡忘。

正如《决定》明确指出的那样，积极发展混合所有制经济，其目的和意义在于实现“国有资本放大功能、保值增值、提高竞争力”和“各种所有制资本取长补短、相互促进、共同发展”。具体而言，从国有企业这一方面来说，通过发展混合所有制，可以进一步实现股权多元化，进一步完善国有企业的治理结构，进一步提高市场化程度和提升经营管理效率，进一步增强国有经济活力、控制力和影响力。从非公有制经济这一方面来说，通过与国有企业发展混合所有制，可以实现非公有制企业的股权多元化和治理结构现代化，真正建立现代企业制度。同时，通过发展混合所有制，非公有制企业可以进入过去无力或无法进入的某些经营领域，扩大企业经营和发展空间。一句话，实现公有制经济和非公有制经济的双赢，正是发展混合所有制经济的目的和目标所在。

二、如何使两个“毫不动摇”的原则在发展混合所有制经济的实践中真正得到贯彻和落实，确实是一个必须认真研究的重大问题

党的十八届三中全会《决定》，不仅提出了积极发展混合所有制经济的含义、形式和目的等内容，而且明确地指明了发展混合所有制经济所必须坚持的基本原则，即“两个毫不动摇”。根据这个原则，无论是通过混合所有制的形式导致国有资产流失甚至国有经济的萎缩和名存实亡，还是在发展混合所有制经济的过程中导致非公有制经济的名不副实或者权益受损，都是不符合中央精神和错误的。

当然，我们必须承认，如何使两个“毫不动摇”的原则在发展混合所有制经济的实践中真正得到贯彻和落实，确实是一个必须认真研究的重大问题。因为毕竟公有制经济与非公有制经济是两种性质不同的经济形态，具有不同的目标。具体来说，国有企业不仅追求经济效益，而且要承担更多的社会和政治职能；非公有制企业则以追求经济效益为主。国有企业与非公有制企业的性质、职能、目标上等各方面的天然差别，必然使得彼此合作与股份融合的过程中发生一些矛盾，搞不好，就有可能出现双损的结局。因此，为了使混合所有制经济的发展沿着正确的轨道和方向稳步推进，一方面，各级国资委必须按照中央《决定》精神，提出全面的政策要求和实施规则，使国有企业在发展混合所有制的过程中有章可循、有规可依，而不是各行其是、一哄而上；另一方面，无论是国有企业还是非公有制企业，在发展混合所有制经济的过程中，必须坚持实事求是、一切从实际出发，因地、因企、因行业、因技术等各种条件制宜的原则，避免一哄而起、一哄而散。

三、坚持分类改革原则，使混合所有制得到健康发展

实践表明，根据国有企业的功能定位进行分类改革是十分重要的经验和原则。由于国有企业以及各种行业本身存在巨大的差别，在发展混合所有制的过程中，必须坚持分类改革和实施的原则，不能一哄而上，更不能一刀切和强制推行。

现在，人们往往把国有企业仅仅划分为竞争性国有企业和公益性国有企业两大类，这是远远不够的。事实上，不同的国有企业具有不同的特点和地位。在发展混合所有制的过程中，必须根据行业的不同特点制定不同的改革思路。只有这样，才能保证混合所有制经济的发展不违背“两个毫不动摇”的根本原则。具体来说：

1. 竞争性行业

竞争性行业又可以划分为一般性竞争行业和战略性竞争行业。一般性竞争行业提供的是一般性生活用品和生活服务，例如家电产品、纺织服装、普通商业服务等。一般性竞争产业的波动和市场震荡一般不会对经济和社会产生很大的冲击。发达国家的经济发展史表明，从总体上看，在一般性竞争产业的发展中，非国有企业比国有企业更具有市场竞争的优势。从长期的趋势上看，国有企业应该尽可能减少在一般性竞争行业中的规模。存在于一般性竞争行业中的国有企业可以通过混合所有制的方式，更多地让非国有资本和企业来经营，甚至完全退出这些领域。战略性竞争产业体现着国家的工业技术水平，进入门槛高，规模经济明显，如钢铁、汽车、化工、电子、造船等。这类产业中的企业虽然以营利为主要目标，但也负有发展民族经济和保障国家经济安全的重要任务。对于这类产业必须维持国有资本和企业的支配性地位，同时要大力引导和鼓励非公有经济成分的参与，提高这类产业中的企业参与数量，加强市场竞争，通过产业结构的调

整和升级淘汰落后产能，提高行业整体技术水平和创新能力。分布在战略性竞争行业中的国有企业发展混合所有制的空间巨大，因为即便是这类战略性行业，其生产、研发、营销等业务内容繁多，所以完全可以将核心业务与非核心业务进行分类，以确定哪些必须坚持国有企业控制，而哪些可以通过混合所有制的方式与非公有制企业共营和共享。

2. 战略性资源产业

战略性资源是国民经济的命脉，这类产业主要有石油、天然气、煤炭、有色金属和稀土等。对战略性资源的开发利用必须由国家通过国有企业来主导。但是，在这类行业中，同样存在核心业务与非核心业务的区别。在国家产业政策的规范下，可以充分利用和引导非公有经济成分参与非核心业务的股份合作，通过发展混合所有制，一方面可以大量引进社会各种资本，壮大资本规模；另一方面也可以使非国有企业甚至外资企业在这类产业中获得一定的发展空间。在这类行业中发展混合所有制，同样必须坚持和加强国有经济的控制力，合理进行产业规划和布局。在引入非公有经济成分和企业进入战略性资源产业的过程中，必须防止反客为主、国有企业的核心地位被蚕食的倾向。因为战略性资源行业的国有企业具有垄断性而否定国有企业在这类行业的控制地位，是根本错误的。同时，因为其整体上的战略性而拒绝在非核心业务方面发展混合所有制，是偏狭的。

3. 战略性高技术产业

战略性高技术产业不同于一般性高技术产业，其主要特点是这类产业需要巨额的开发资本，同时其技术与产品往往与国家的经济和军事安全具有密切的联系，例如航天航空工业、核工业、基础电子等。这类产业中的企业一般不以追求利润为主要目标，而是抢占技术制高点，提高国家在战略性领域的国际竞争力。毫无疑问，在战略性高技术产业中，国有企业必须发挥主体和主导作用。同时，这类产业发展也可以通过发展混合所有制股份制的方式，在一些配套和非核心技术环节引进非国有企业参与，以提高整体的经营管理效率。

4. 管制性垄断产业

在我国，这类产业以电信行业最为典型。管制型垄断产业的形成，一般是由于国家管制造成的。管制型垄断的产生主要源于国家安全、公共利益等方面的客观需要。从我国实际来看，在一定时期内实行管制性垄断具有其必要性，但管制性垄断也存在一些弊端，最主要的就是由于垄断而产生的价格高和服务差等方面的问题。这类产业的改革方向应该是，在保持国有资本在关键领域的控制力的前提下，通过发展混合所有制的方式，在一些非核心业务环节允许非公有资本进入，加强市场竞争，提高产业整体效率和服务质量。

5. 自然垄断产业

自然垄断产业的特点在于其业务具有必须严格统一的运营与管理的内在要求，而不可能分而治之、充分竞争，属于这类产业的有邮政、电网、铁路、港口、机场等。由于存在垄断性，所以这类产业缺乏竞争压力，在效率和服务质量方面往往存在一些不尽如人意的地方。但是，在各国历史上以及大多数国家的现实经济中，自然垄断产业中国有企业仍然占有很高的比重。当然，即使是自然垄断产业，在其产业链中许多环节也可以引入多家企业（包括非国有企业）进行竞争，真正必须由国有企业独家垄断的环节也应尽可能减少。正如航空业中机场与航空公司的关系一样，铁路的自然垄断性存在于路轨和车站，而营运列车并不具有自然垄断性；电力系统的自然垄断性存在于电网，而发电、配电并不具有自然垄断性。显然，即使在这些自然垄断行业或产业中，在一些并不具有自然垄断性的业务环节仍然可以大力发展混合所有制，通过市场竞争，提高行业的整体效率和效益。

6. 公用事业

以城市供水、供暖、供气最为典型。公共事业往往也具有自然垄断性，这类行业中的企业不应以营利作为首要目标，而是要更多地承担社会公共义务，公用事业中的企业不能为追求利润而损害公共利益。在我国，目前公共事业也多由国有企业和单位经营，这有其必要性和必然性。但是，在政府管制的条件下，通过发展混合所有制的形式，非国有资本和企业也可以进入公用事业的有关配套环节，以提高行业整体运营效率，同时也使进入该行业的非国有资本和企业获得适度利润。

7. 非营利行业、敏感性产业、高社会风险行业等

非营利行业以医疗、教育最为典型。事实上，目前我国已形成了以国有医疗和教育为主、民办医疗和学校共同发展的格局。非营利行业必须坚持国有为主体和主导的基本原则，不能借发展混合所有制之机，全面市场化和私有化。

敏感性行业以新闻和文化出版业较为典型。经过多年的改革和发展，我国新闻和文化出版业已经形成了国家管制与市场有机结合的发展模式。一些文化出版企业已经成功上市。在敏感性行业的非敏感性业务环节，可以进一步大力发展混合所有制，充分发挥市场机制的作用，提高行业的整体国际竞争力。

高风险行业以金融业最为典型。此类行业不仅关系国家安全和国民经济命脉，而且个别企业的风险会迅速波及蔓延到行业，产生连锁性的社会风险。所以，必须坚持金融国有为主的原则，坚决抵制金融全面私有化的错误观点和主张，同时对这类产业必须实行严格的监管。不能借发展混合所有制之机，使我国国有金融制度和体系被逐步瓦解。

总之，不同产业和行业在我国经济与社会发展中的功能、地位和特点是不同的，因此，必须从各个产业和行业的实际出发，在坚持两个“毫不动摇”的基本原则下，在适合的领域和业务范围内大力发展混合所有制形式，而在不适合的领域、行业和业务范围中，则必须坚持国有为主体和主导的原则。同时，即使是在适合发展混合所有制形式的领域，也必须坚持公平、公正、公开的原则，防止国有资产流失和经济腐败滋生，防止非公有企业的合法权益被侵犯。

不能片面理解、泛化和滥用“新常态”

习近平同志自担任中共中央总书记以来，针对国际和国内各方面问题发表了许多重要讲话。这些讲话不仅直接体现了习总书记本人的执政理念，也体现着党中央对新时期各种重大问题所做出的科学分析和英明决断。因此，正确理解习总书记的各种重要讲话精神，对于统一全党认识，凝聚各种社会正能量，从而有效贯彻落实党的十八大以来党中央的一系列重要方针和政策，积极推进全面深化改革和经济社会健康发展，具有重要意义。相反，如果不能科学理解甚至随意解读，就会造成人们的思想混乱，进而对中国特色社会主义建设事业健康发展造成干扰。自2014年5月习近平总书记考察河南时提出“新常态”一词以来，人们对“新常态”这一概念进行了各种各样的解读和发挥，其中既有对这一概念和理念的正确阐发，也有对这一概念的片面解读、泛化甚至滥用。

就后一个方面来说，一些人没有全面、准确地把握习总书记所提出的“新常态”的科学内涵，片面强调甚至有意夸大中国经济增长面临的一些问题以及增长速度相对变缓的事实，错误地认为中国经济高速增长的时代已经结束，并进入低速增长时期是所谓的“新常态”。事实上，经济学界已有大量的研究成果表明，虽然当下以及未来一定时期，中国经济增长相比过去30多年平均两位数字的速度而言相对变缓了，但是，通过全面深化改革，中国经济完全有条件在未来相当长时期内继续保持一个具有更高质量的中高速发展状态，中国完全有条件、有可能跨越所谓“中等收入陷阱”。那种有意唱衰中国经济增长的论调，不仅缺乏科学的理论依据和事实基础，而且也背离了习总书记提出的“新常态”的本来内涵和深刻意蕴。

其实，习总书记在河南考察提出“新常态”这一概念时，首先突出强调的恰恰是中国发展仍然处于重要战略机遇期，要增强信心，保持战略上的平常心态。

在前不久召开的亚洲博鳌论坛2015年年会上，习总书记进一步全面清晰地阐述了中国经济发展“新常态”的准确内涵：“中国经济发展进入新常态，正从高速增长转向中高速增长，从规模速度型粗放增长转向质量效率型集约增长，从要素投资驱动转向创新驱动。”习总书记还有针对性地指出：“我们看中国经济，不能只看增长率，中国经济体量不断增大，现在增长7%左右的经济增量已相当可观，聚集的动能是过去两位数的增长都达不到的。中国经济体量大、韧性好、潜力足、回旋空间大、政策工具多。中国将主动适应和引领经济发展新常态，坚持以提高经济发展质量和效益为中心，把转方式调结构放到更加重要位置，更加扎实地推进经济发展，更加坚定地深化改革开放，更加充分地激发创造活力，更加有效地维护公平正义，更加有力地保障和改善民生，促进经济社会平稳健康发展。”

我们完全有理由相信，在以习近平同志为核心的党中央领导下，通过全面深化改革，通过实施“一带一路”倡议等重大发展决策，在未来相当长一段时期内，中国经济能够保持中高速的更加高质量的健康发展。

如上所述，就习总书记提出的“新常态”一词的本来含义来说，它是对当前中国经济发展所出现的阶段性新特征的一种理论概括，并不涉及任何其他领域的内容。但是，一些人有意无意地将这一概念进行泛化甚至滥用，把这一概念几乎变成了一个“筐”，什么东西都往里面装，提出了诸如“改革新常态”等所谓“新概念”。其实仔细想来，这些概念是很难站得住脚的。例如，就“改革新常态”这一提法来说，既不符合中央文件的相关提法，也违背了一般的思维和语法逻辑。就中央文件的提法来说，党的十八届三中全会提出的是“全面深化改革”的战略思想，而不是什么“改革新常态”；就一般的思维和语法逻辑来说，改革本身是一种行为和过程，改革本身很难说有什么“常态”或“非常态”，也没有什么“旧常态”，当然也就更没有什么“新常态”了。

需要进一步指出的是，像“政治新常态”“改革新常态”这样一些经不起推敲的所谓“新概念”的提出，不仅不是什么理论上的“创新”，而且偏离了中央文件和习总书记一系列重要讲话的精神实质，从而在客观上有可能会起到误导民众甚至党员干部思想的负面作用。因此，这样的一些似是而非的所谓“新概念”最好还是休矣！

使市场在资源配置中起决定性作用和更好发挥政府作用

——中国特色社会主义经济学的新发展

党的十八届三中全会明确提出全面深化经济体制改革的核心问题是"处理好政府和市场的关系，使市场在资源配置中起决定性作用和更好发挥政府作用"[①]。那么，为什么说全面深化经济体制改革的核心问题是"处理好政府和市场的关系"呢？党中央为什么提出"市场在资源配置中的决定性作用和更好发挥政府作用"的新观点呢？如何科学地正确理解"市场的决定性作用"与"更好发挥政府作用"之间的关系呢？究竟如何实现市场在资源配置中的决定性作用和更好发挥政府作用呢？围绕上述问题，本文首先论述政府与市场的一般关系和不同社会制度下的特殊关系，然后阐述在社会主义市场经济资源配置中市场的决定性作用和更好发挥政府作用及其关系问题，最后探讨如何通过全面深化改革进一步完善社会主义市场经济体制。

一、 市场经济条件下资源配置的两种基本方式

在现代社会经济中，政府和市场作为"看得见的手"和"看不见的

---

①《中共中央关于全面深化改革若干重大问题的决定》，北京：人民出版社2013年版，第5页。

手”，在资源配置中分别具有不同的作用，它们既有相互依存的一面，又有互相矛盾的一面。因此，究竟如何对待和处理政府与市场的关系，既是经济学理论界长期争论的焦点，也是经济实践中面临的重大问题。从理论层面来说，关于市场与计划或政府的关系，不仅有20世纪20—30年代路德维希·冯·米塞斯与奥斯卡·兰格以及凯恩斯与弗里德里希·哈耶克之间的大论战，而且类似这样的论争一直持续到今天。从实践层面来说，政府与市场在资源配置中的地位和作用，就像钟摆一样，始终在左右摇摆。由此可见，究竟如何科学地认识政府与市场的关系并且依据各种现实条件和因素动态地处理好这一关系，从而实现资源的最优配置和经济社会的健康发展，仍然是经济学理论和各国实践面临的重大课题。

从一定意义上来说，资源配置问题一直是经济学研究的核心问题之一。但是，到目前为止，这一领域仍然存在两种不同的研究范式，即西方主流经济学的研究范式和马克思主义经济学的研究范式。当代西方主流经济学以资本主义经济制度为前提，侧重研究在这个前提之下的资源配置效率和公平问题。马克思主义经济学则从历史发展的角度出发，研究各种经济制度本身的演化规律。讨论中国当代经济发展中的政府与市场的关系问题，必须以中国特色社会主义基本经济制度为前提，以马克思主义经济学理论为指导，只有这样，才能正确理解并处理好社会主义市场经济条件下的政府与市场的关系问题。

下面将首先从资源配置的基本含义出发，进而讨论市场与政府的一般关系，再进一步阐明市场和政府在资本主义和社会主义两种不同经济制度条件下的特殊关系。

（一）什么叫资源配置

所谓资源配置就是指社会经济活动中各种资源的组合过程及其形成的分布。一般说来，资源配置可以从微观和宏观两个层次来理解。

从微观上来说，资源配置是指各种经济主体（主要是指企业、家庭和政府等）为了生产、交换或服务而发生的各种生产要素之间的组合和结合。例如，生产型企业用什么样的生产资料进行生产、生产什么以及生产多少；城市家庭所拥有的可支配收入用多少进行各种投资活动，有多少用于家庭消费、教育和旅游等；农民家庭在自己所承包的土地上分别用多少面积种植各种不同的农作物，可支配收入中多少用于投入农业生产和经营，又有多少用于家庭消费等；政府的财政收入有多少用于行政开支，有多少用于国防，有多少用于发展教育文化等事业，有多少用于基础设施建设等。

从宏观上来说，资源配置主要是指在各种微观经济活动主体行为的基础上所形成的各种经济资源在各地区、各部门以及各种社会主体之间的分布状况。例如就我国来说，不仅存在东部、中部和西部地区经济发展水平的差异，而且存在各产业或经济部门之间的发展不平衡，还有收入和财富在各种不同社会阶层之间分配的不均等。

微观的资源配置与宏观的资源配置是相互联系、相互作用的。一般来说，微观的资源配置受到一定的经济体制和机制的制约，并在此基础上形成一定的宏观资源配置状况；反过来说，宏观的资源配置状况又会对微观的资源配置产生影响。

经济学主要研究宏观的资源配置问题，而微观的资源配置问题则是管理学的研究对象。经济学研究资源配置问题，一方面研究资源配置的效率问题，另一方面研究资源配置的公平问题。资源配置的效率直接决定了经济发展的速度和水平，资源配置公平与否则直接决定了经济发展是否健康和是否可持续。从效率与公平这两个方面的关系来看，效率是公平的基础，而公平是效率得以持续的保障。资源配置效率低，经济发展缓慢甚至停滞或萎缩，也就谈不上什么公平。反之，如果资源配置虽然有效率，但同时又产生了严重的社会不公平，那么社会必然会发生动荡甚至战争。在一定的资源约束条件下，效率与公平有时不能同时兼顾，存在着一定的相互矛盾。如何在效率与公平相统一的前提下研究资源配置，这正是当代经济学所面临的重大课题。那种认为经济学只需关注资源配置的效率问题，而把公平问题留给伦理学或政治学等其他学科去研究的看法是片面的、错误的。

经济学研究资源配置的效率与公平问题，主要是研究资源配置的机制或体制问题。就不同制度下的市场经济在资源配置机制或体制方面的共同点来说，都存在政府与市场这两种基本方式，因此，如何理解和处理它们之间的关系，一直是经济学研究和政策实践的重点之一。

（二）资源配置的两种基本方式：市场和政府

当代世界上存在资本主义市场经济和社会主义市场经济，这两种不同制度下的政府与市场的关系，既存在共性的一面，又存在差异性的一面，必须辩证地理解。这里首先分析共性的一面。

从社会经济发展史的角度来看，在资本主义生产方式占统治地位以前的人类历史中，由于社会分工不够发达，自然经济占统治地位，商品生产只是零星现象，因此，从宏观上来看，市场的作用相对较小，政府的经济职能即对宏观经济的调控也不是政府的主要职能。然而，自人类社会进入资本主义时代以来，特别是经过 18 世纪第一次工业革命和技术革命，社会分工和商品生产都获得了快速发展，从而使社会经济从自然经济过渡到市场经济的新阶段。在经过所谓“自由竞争资本主义”的几百年发展之后，1929—1933 年爆发了资本主义经济史上的大危机和大萧条，以凯恩斯的经济学理论为基础，以“罗斯福新政”为标志，发达资本主义国家的经济发展进入到一个新的阶段，即市场经济与国家调控相结合的阶段。一直到今天，尽管西方经济学家在政府与市场的关系问题上始终唇枪舌剑、争论不休，但是从实践上来看，自由竞争加上政府调控却是西方发达资本主义国家的基本常态，差别只是在于在不同的阶段，政府与市场的作用各有强弱。

从世界社会主义的发展历史和实践来看，苏联是世界上第一个社会主义国家。从 20 世纪 30 年代起，苏联建立起了高度集中的社会主义计划经济体制。从资源配置的角度看，这种体制的主要特点就是以中央政府的计划和命令作为资源配置的唯一形式，几乎不存在市场的任何作用。由于苏联在二战时期反法西斯中的杰出表现，受苏联的影响，二战以后建立社会主义制度的所有国家，也都相应地建立了高度集中的计划经济体制。由于受到斯大林关于“两个世界市场”理论的影响，同时又受到发达资本主义国家的经济封锁政策的影响，社会主义阵营的国家与发达资本主义国家几乎断绝了所有经济往来，形成了相对封闭的经济发展状态。

进入20世纪五六十年代之后，由于高度集中的社会主义计划经济体制的各种弊端，尤其是在资源配置方面的低效率以及由此而形成的经济发展缓慢的问题越来越突出，社会主义阵营的国家特别是东欧国家，都尝试进行不同程度的改革。但是，由于在理论上没有找到正确的方向，特别是没有在社会主义与市场经济的关系问题上有根本的突破，这些改革都没有能够解决原有体制的根本问题。经济发展缓慢，人民的生活长期得不到改善和提高，再加上官僚主义盛行，社会的不公平日益突出，民众的不满情绪日益增长。到20世纪90年代初，在以美国为首的西方国家和平演变战略的推动下，东欧剧变、苏联解体。苏联和东欧国家全面实行资本主义市场经济体制。过去二十多年的实践表明，这些国家的“激进式改革”并不成功。

与苏联和东欧社会主义国家不同，我国采取了渐进式的改革开放路线和政策。我国从1978年开始改革开放，经过20世纪80年代的试验和探索，到1992年邓小平南方谈话，到党的十四大明确提出了改革的总目标：建立社会主义市场经济体制。1992年以后，我国所有改革开放的政策和举措都是在建立、巩固和完善社会主义市场经济体制这样一个总的指导思想下来进行的。

从1992年开始，在社会主义市场经济理论的指导下，我国经济获得了举世瞩目的持续高增长奇迹。发达国家曾经用了几百年的时间所达到的经济发展规模和水平，我国只用了短短二三十年的时间。社会主义市场经济体制的优越性得到了充分体现。同时我们也必须承认，中国特色社会主义市场经济制度和体制仍然处于进行时，而不是完成时。这是因为在取得巨大经济成就的同时，我国经济仍然存在各方面的问题，有些问题甚至还比较严重。例如，科技创新能力仍然相对落后，收入和财富分配在各阶层、各地区和各行业等方面的严重不平等，资源和生态环境破坏严重，社会不公平现象普遍存在，民生问题还很突出，等等。因此，如何继续保持中国经济的持续发展并有效解决各方面存在的突出问题，是客观形势对党和政府提出的严峻挑战。其中，究竟如何科学地认识和处理社会主义市场经济条件下的政府与市场的关系问题，已经成为中国经济与社会发展中面临的一个非常突出的现实问题。在我国经济发展中，一方面政府在一些领域权力过大从而影响了市场机制作用的充分发挥，另一方面又存在一些领域过度市场化的问题。因此，必须进一步理顺政府与市场的关系。然而，在这个问题上，人们的认识并不是完全一致的。

在一些人看来，中国经济改革开放和发展所取得的所有成就，都是因为实行市场经济所取得的，而中国目前存在的各种经济社会问题也都是由于中国没有实行“真正的市场经济”而带来的结果。所谓“真正的市场经济”就是以发达资本主义国家为标准的、以生产资料私有制为基础的那种市场经济。在这些人看来，市场经济只有一种，即发达资本主义国家存在的那种市场经济。他们以发达资本主义的“发达”结果为根据，认为只有照搬照抄发达国家的这种经济模式，才是中国实现跻身发达国家行列目标的唯一途径。因此，这些人主张，中国进一步改革的关键是进一步推进私有化；同时，在政治上实行西方发达国家的民主宪政制度。

与上述观点相反，还存在另一种观点。这种观点不承认中国改革开放所取得的巨大成就，并认为现存的所有经济社会问题都是由于实行市场经济所产生的必然结果。因此，要解决中国的问题，必须重新建立社会主义计划经济体制。

那么究竟如何科学地认识社会主义市场经济条件下的政府与市场的关

系呢?

唯物辩证法告诉我们,任何事物都是一般性与特殊性的统一。政府与市场的关系也存在一般性和特殊性两个方面。这里,我们需要阐述政府与市场在资源配置中的最一般关系。所谓政府与市场的一般关系,是指不同经济制度和不同国家中的政府与市场的关系具有共性的那一面。由于在现代市场经济国家,政府与市场是资源配置的两种基本方式,因而,政府与市场的关系是具有一般性或共性的。

无论是资本主义国家还是社会主义国家,由于社会分工的不断发展,绝大多数国家都实行市场经济制度和体制,因而,市场在资源配置中就必然具有基础性的或决定性的作用。所谓市场经济,就是指商品生产的发达形式或高级形态,而价值规律是一切商品生产的基本经济规律。因而,实行市场经济,其本来含义就是必须使价值规律充分发挥作用,就必须使市场在资源配置中起基础性或决定性的作用。否则,就不是真正意义上的市场经济。

要使价值规律充分发挥作用,要使市场在资源配置中起决定性作用,就必须使供求、价格、竞争等市场机制充分发挥作用,就必须使各种经济主体拥有合法权益,并处于一种平等地位,从而能够自由地进行各种经济决策并承担相应后果。因而,在市场中,就各种经济主体之间的关系来说,它们是一种网络结构,而不是一种等级结构。

在市场经济中,正是通过价值规律实现资源的高效配置的。价值规律的基本含义是,商品的价值由社会必要劳动时间来决定,商品的交换或实现必须按照以价值为基础的价格来进行。充分发挥价值规律的作用,有利于实现资源的有效配置,这是因为以下几点原因。第一,价值规律发挥作用的前提是各个经济主体的独立地位的形成。相对于各种不平等的经济结构而言,市场经济中的各个经济主体的独立和平等地位的取得,极大地调动了他们追求自己的经济利益的积极性。第二,价值规律的自发作用,使各个生产者必然要尽可能降低生产商品的个别劳动时间，这就需要不断进行技术创新、管理创新等各种创新以节约各种成本，以提高个别企业的劳动生产率。个别生产者之间的竞争促进了社会劳动生产率的提高。第三，价值规律的作用，还产生了劳动及其他经济资源在不同部门的重新分布或配置，从而有利于提高宏观的资源配置效率。价值规律的作用产生了个别生产者之间的竞争，从而能够有效地淘汰不被社会所需要的产品、技术、生产方法和产能，从而在整体上节约了社会经济资源，并使劳动和其他各种经济资源在不同部门和产品生产上得到新的分布或配置。

在承认价值规律对于资源有效配置的积极作用的同时，我们还必须看到价值规律的自发作用所产生的消极后果。具体来说有以下几点。第一，如前所述，价值规律充分发挥作用的条件是供求、价格、竞争等市场机制的存在。在市场经济中，各经济主体主要是通过价格信号来进行决策的，而价格作为资源稀缺性的表现，往往具有一定的滞后性，这就使经济主体的决策有可能是错误的、失败的，从而必然造成资源的错配和浪费；第二，社会总劳动在各个部门的按比例分配是一切社会生产的共同要求。在市场经济条件下，社会总劳动及其他经济资源在各部门的配置和分布正是通过价值规律的自发作用来实现的。然而，在这个过程中，必然存在阶段性的或间歇性的、局部性的比例失调，这是因为无论是对于个别生产者来说，还是对于所有生产者而言，社会总需求以及各方面具体需求总量永远不是一个完全已知的量。各个生产者的生产供给与社会总需求以及各种具体需求之间，并不存在必然的联系，相反，是一种偶然的联系。因而，市场经济中的供给与需求之间的平衡总是通过各种不平衡得到实现的。而供求之间的不平衡，如果是供给大于需求，就表示部分生产的过剩和资源错配、浪费；如果是供给小于需求，则意味着部分社会需求不能得到满足，或者是一些生产者得到了过高的经济利益。

总之，相对于自然经济和完全的计划经济而言，市场和市场经济是实现资源配置的更有效方式。但是，市场并不是实现资源最优配置的绝对方式，因为市场在配置资源的过程中存在着低效甚至无效的一面。正因为市场在资源配置的效率方面具有二重性，所以，在所有实行市场经济体制的国家，一方面承认市场在资源配置中的基础性或决定性作用，另一方面又承认并发挥国家、政府在资源配置中的积极作用。

从历史上来看，资本主义以前的国家政府虽然也存在微弱的经济职能，但其主要职能是政治的职能，即保护国家领土、主权和维护社会公共秩序并提供一定的公共服务。在资本主义的早期阶段，国家政府的主要职能也仍然是政治性的。但是，自 20 世纪 30 年代以来，现代资本主义国家政府的经济职能越来越突出，通过财政政策和货币政策进行宏观经济调控已成为一种常态。也就是说，政府也成为资源配置的主体之一，从而成为资源配置的另一种方式。

对于社会主义国家而言，政府是资源配置的方式更是不言而喻的事情。从理论上来说，马克思主义理论设想中的社会主义实行无市场的计划经济体制，政府是计划的制定者和组织实施者，从而是主导资源配置的核心主体。从实践上来说，改革前的所有原社会主义国家都实行完全的计划经济体制，政府计划是资源配置的主要手段和方式。

自 20 世纪 90 年代以来，社会主义国家发生了分化，其中，苏联和东欧社会主义国家通过激进式的改革，完全走上了资本主义市场经济道路。朝鲜、古巴等国家则基本保持了原有的社会主义计划经济体制。中国则通过渐进式的改革走上了一条中国特色社会主义市场经济道路。在这些不同的国家，政府在资源配置中的地位和作用以及政府与市场的关系正好呈现出一个色谱：朝鲜、古巴等国家政府的作用依然大大超过市场的作用；由苏联解体而形成的一些国家以及前东欧社会主义国家，政府的主体作用让位于市场；而中国则是在政府的主导下充分发挥市场的作用。

就资本主义和社会主义的最一般的共性来说，政府都是市场之外的另一种资源配置方式，而且财政政策和货币政策都是政府进行资源配置的共同的主要手段。实践表明，政府在资源配置中的作用也具有二重性：一方面，政府具有弥补市场缺陷的积极作用；但是另一方面，政府也存在“失灵”的问题。就资本主义的政府经济职能来看，由于它并不能消除资本主义生产方式或经济制度固有的内在矛盾，因而，它对于宏观经济的调节作用就十分有限，并不能因此而消除资本主义特有的经济萧条和经济危机以及社会财富和收入分配两极分化等现象。就社会主义国家的政府经济职能来看，在传统计划经济体制下，政府以及政府计划是资源配置的主要方式，市场机制几乎不存在，经济效率不高。在社会主义市场经济条件下，国家政府的作用往往存在两个方面的问题，要么是政府该管的没有管或没有管好，即政府在许多方面的作用“缺位”；要么是不该政府管的又管得很多很严，即政府在许多方面的作用“越位”，从而滋生了一些政府官员以权谋私的腐败现象，妨碍了资源配置效率的提高。

总之，无论是从理论上还是实践上来看，市场和政府都是资源配置的两种基本方式，如何处理好市场与政府的关系是社会主义和资本主义共同面临的难题。但是，我们必须认识到，市场和政府在社会主义和资本主义中的地位和作用是不同的。

（三）市场和政府在资本主义和社会主义中的不同作用

社会主义市场经济和资本主义市场经济虽然都是市场经济，因而有共同的一面，但是，由于社会主义经济制度与资本主义经济制度又存在本质的区别，从而市场和政府在资本主义和社会主义中的作用及其相互关系是有所不同的。因此，必须辩证地看待资本主义和社会主义两种不同经济制度下的市场与政府的关系。市场和政府在资本主义和社会主义中的不同作用是由这两种不同社会经济制度和国家的性质决定的。

资本主义经济制度以生产资料私有制为基础和核心。在这种经济制度下，市场经济是必然的经济体制，从而市场在资源配置中不仅起决定性作用，而且起绝对的作用。从一定意义上来说，市场经济和生产资料私有制，是整个资本主义制度的两根支柱。从市场经济与生产资料私有制之间的关系来说，市场经济是生产资料私有制的合乎逻辑的发展形式。从历史实践来看，从来就不存在没有市场经济的资本主义。这正是长期以来西方资产阶级经济学家和一些国家政要把发达资本主义国家称为“市场经济国家”，同时至今不承认中国市场经济地位的根本原因。因而，对于资本主义而言，自由的市场经济是绝对不可动摇的基础。

从实践方面来看，自20世纪30年代以来，虽然发达资本主义国家普遍实行政府对于宏观经济的调控，但是，这种宏观调控始终只是“市场失灵”的一种“补充”。由于发达资本主义国家的宏观经济政策并不触动资本主义生产资料私有制这个产生一切资本主义社会弊端的根基，因而，由资本主义生产资料私有制本身所产生的经济危机以及各种社会矛盾并不会因为宏观经济政策的实施而得到根本的消除。发达资本主义国家的经济发展史充分证明了这一点。发达资本主义国家不仅在20世纪70年代发生了长达十年之久的“滞胀”现象，而且在2008年又爆发了严重的国际金融经济危机。时至今日，从整体上来看，发达资本主义经济体仍然在萧条中蹒跚而行，前景暗淡。

总之，对于资本主义经济制度而言，市场不仅是一种资源配置方式，而且是整个社会制度的基础；在资源配置中，政府的作用只是“市场失灵”的一种“补充”。

社会主义经济制度以生产资料公有制为基础。依据马克思主义关于社会主义的经典理论，社会主义用计划代替市场进行资源配置，从而能够克服资本主义生产无政府状态的弊端，更加有利于促进生产力的快速发展。经典马克思主义理论上的社会主义模式以资本主义的高度发达为前提。然而，实践中的社会主义都是起源于相对落后的国家。世界社会主义国家的实践表明，完全用计划取代市场进行资源配置的办法是行不通的。于是，20

世纪90年代以来，世界上原有的社会主义国家选择了不同的发展道路，其中，中国选择了社会主义市场经济道路和体制。中国特色社会主义市场经济体制既不同于资本主义市场经济，也不同于社会主义计划经济。30多年的经济高速增长表明，中国特色社会主义市场经济道路和体制，相比于完全的资本主义市场经济和完全的社会主义计划经济，是更加符合中国国情的发展道路和体制。

中国特色社会主义市场经济道路和体制之所以能够取得举世瞩目的经济成就，是因为在这种体制中，政府和市场的关系得到了更加科学的理解和处理。具体来说，在这种体制下，一方面，充分发挥了市场在资源配置中的基础性和决定性作用，从而突破和避免了过去高度集中的计划经济体制所存在的弊端。另一方面，中国特色社会主义市场经济是在中国共产党的领导下，通过几十年的自觉改革而逐步建立起来的一种新型经济制度和体制。这种制度和体制并不是以生产资料私有制为基础并且完全是为私有制服务的；相反，它不仅始终以党对整个国家的领导为前提，而且始终以生产资料公有制为主要基础。因而，作为国家代表的政府必然在党的领导下在资源配置中始终发挥十分重要的作用，从而与资本主义市场经济具有本质的区别。

社会主义国家政府与资本主义国家政府在资源配置中的作用上的差别，还表现在它们在资源配置中的具体职能和作用方式上，其中最突出地表现在：社会主义国家政府除了运用一般的财政政策和货币政策进行宏观经济调控之外，还能够充分运用经济计划或规划以及产业政策等多种手段对社会经济进行宏观管理。从一定意义上来说，这正是社会主义制度的优势所在，也是落后国家实现国家战略和赶超目标的必由之路。因而，那种认为市场在我国社会主义市场经济中发挥决定性作用就必然意味着政府的作用就必须处于次要地位，甚至像西方资本主义国家那样只能对“市场失灵”起弥补作用的观点，以及把社会主义国家政府的宏观管理政策和手段完全等同于资本主义国家政府的宏观经济政策和手段的观点，都是错误的。

二、 使市场在资源配置中起决定性作用与更好发挥政府作用

党的十八届三中全会明确提出“使市场在资源配置中起决定性作用和更好发挥政府作用”的新观点以来，社会上存在着各种不同的解读。我们认为，只有从我国现阶段资源配置的基本现状和存在的问题出发，才能得到正确的理解。

（一）我国现阶段资源配置的基本现状和存在的主要问题

从 1992 年党的十四大以来，经过近二十年的探索和发展，我国已经初步建立了社会主义市场经济体制和体系。从总体上来看，我国现阶段在资源配置方面的基本状况以及存在的主要问题，可以概括为如下两个方面：

1. 已经基本确立了市场在资源配置中的基础性作用，但市场机制仍不够完善。衡量市场在资源配置中是否起到基础性的作用，一个非常重要的标志就是整个社会经济的市场化程度。虽然从学术的角度来说，如何衡量一个国家的市场化程度是一个有待不断探索的问题，但是，学术界的一些定量化研究成果表明，到 1998 年，我国经济的市场化程度已经达到 60%，之后，市场化程度进一步提高，进入 21 世纪之后，提高到了 70% 以上（如下页图）。因此，从这个角度来看，我国已经是一个真正的市场经济发展中国家。这就是说，我国经济资源的配置从总体上来说主要是通过市场机制来实现的。同时，我们必须看到，由于我国市场经济体制和体系还不够完善，从而使市场在资源配置中的作用方面仍然存在如下问题：

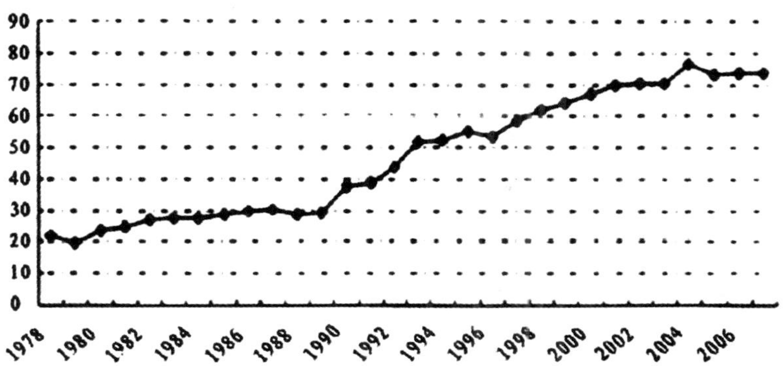

（转引自董晓宇、郝灵燕：《中国市场化进程的定量研究：改革开放30年市场化指数的测度》，《当代经济管理》2010年第6期。）

第一，市场经济的法律和道德基础比较薄弱，从而存在市场无序化的现象和问题。市场经济是一种法制经济和契约经济，市场的有效运行和市场机制的有效发挥作用，需要完善的法律体系的规范和保障，也需要相应的契约道德精神的维护。然而，由于我国建设市场经济的历史和时间不长，一方面法制建设明显落后于市场经济实践的发展；另一方面契约精神和信用伦理比较缺乏，从而导致许多经济主体的行为无序化，这不仅降低了资源配置效率，而且严重损害了社会公平。在我国资本市场发展中、城市化和房地产业发展中、资源开采业发展中等各个领域都还比较突出地存在这方面的问题。由于市场行为的不规范，不仅产生了大量假冒伪劣商品坑害百姓生命和健康以及对生态环境严重破坏的现象，而且滋生了大量权钱交易从而损害社会公平的各种现象。

第二，市场机制的作用还没有得到全面充分地发挥。虽然我国已经初步建立了社会主义市场经济体制，市场在资源配置中发挥了“基础性作用”，但是，还没有起到“决定性作用”。主要表现在：首先，由于政府与市场的关系并没有完全理顺，政府在资源配置中的某些方面的作用和功能仍然过于强大，特别是各级地方政府片面追求GDP增长率，而疏于市场监管和社会服务；其次，我国各地方仍然存在程度不同的地方保护主义，市场分割明显，企业在地区之间的竞争不充分，制约了市场机制在全国范围内充分发挥作用；再次，就资本和企业在行业间的竞争来看，由于依然存在过多的行业准入限制，各类企业的资本并不能完全自由地在应该开放的一些行业间投资和转移，从而使企业和资本在行业间的竞争很不充分，并形成了不合理的行业间的利润率差别和收入差别；最后，由于受我国经济发展水平的制约，我国金融市场化特别是利率市场化以及人民币汇率市场化程度都还有待于进一步提高。

第三，在一些方面仍然存在不应该有的或过度市场化的现象和问题。众所周知，市场主要是存在于经济领域的一种经济机制，它主要应该是在经济资源的配置中发挥决定性作用。但是，在我国现阶段，一方面存在经济领域中的市场作用还不够充分的问题；另一方面又存在市场机制在一些不应该发挥决定性作用的领域被滥用的现象，其中包括在我国教育事业、医疗卫生事业以及政府行政管理事业等各种属于提供“公共物品”的领域，都不同程度地存在这方面的问题。

2. 政府在资源配置中发挥着重要的积极作用，但政府在资源配置中的职能定位还有待进一步规范和科学化，需要通过改革，进一步转变政府职能。如前所述，作为社会主义国家的政府，必然要在资源配置中发挥重要作用。从实践方面来看，自改革开放以来，为了适应社会主义市场经济的新形势和新要求，通过各方面改革，我国政府管理制度和体制已经发生了深刻的变化，基本形成了具有中国特色的宏观经济调控制度和体系，为推动我国经济快速平稳增长发挥了十分重要的积极作用。但是，由于在理论和思想上存在一些模糊认识，在客观上仍然存在着一些传统计划经济体制的惯性，政府在资源配置中的地位、职能和作用并没有得到非常清晰的界定，从而在实践上使政府在资源配置中的作用存在“越位”和“缺位”这两个方面突出的问题：

第一，我国政府在资源配置的某些领域中仍然存在权力过大、管得过多即“越位”的问题，并由此产生了官僚主义、经济腐败和行政低效率等弊端。我国政府在资源配置方面的作用主要是通过国有企业和行政管理权来实现的，在这两个方面都还存在比较突出的“越位”问题。从国有企业（包括国有金融企业）这个角度来看，虽然到目前为止绝大多数国有企业都实行了现代企业制度，相比过去来说，政企关系得到了很大的改善。但是，由于国有企业本身的所有制性质决定了政府与国有企业的关系只能相对分离而不可能是绝对分离的。从理论上来说，国有企业存在一种天然的矛盾：一方面，国有企业的国有性质，决定了国家政府必须保持对于国有企业的控制和管理；但是另一方面，按照市场经济的原则和要求，国有企业作为市场主体又必须具有自己的相对独立性。正是国有企业的这种内在的矛盾，使政府在对国有企业进行必要的控制和管理的同时，往往存在一些不合理的现象，例如，政府对于国有企业仍然存在一定程度的“父爱主义”，这不仅表现在政府让国有企业优先垄断了许多行业，而且表现为国家控制的金融资源对于国有企业存在着明显的“偏爱”。从这个角度来说，国有企业与非国有企业之间确实存在着某种不平等的关系。当然，由于政府有关部门掌握着国有企业的人事任命权、重大投资审批权等多方面权力，这又为一些政府官员进行寻租、国有企业领导人对政府官员进行行贿提供了土壤和条件。党的十八大以来所揭露的一系列重大腐败案例充分说明了这一点。因而，如何通过国有企业管理体制的进一步改革，进一步理顺政府与国有企业之间的关系，是进一步处理好政府与市场的关系的重要内容之一。

管理权限仍然过大，存在大量的政府“越位”的现象。一些本来政府不该再管的事情，一些政府部门仍然不愿意撒手；一些应该而且可以完全交给市场或社会中介去解决的事情仍然由政府掌控。例如，公民在注册和创办企业时，往往受到多个政府有关部门的各种不必要的“审核”“审批”，程序烦琐，效率低下，而且滋生大量寻租和行贿腐败现象；在我国企业的投资过程中，还存在过多的、不合理的“行业准入”门槛，严重地影响了企业的投资积极性和效率，并且同样滋生了大量的官员腐败现象，等等。从某种意义上来说，一些地方政府及其有关部门之所以热衷于"越位"管理，不仅是因为缺乏对政府管理权限的明确法律界定，而且是因为一些政府官员有意利用公共行政权力谋取私利。

第二，我国政府在资源配置方面还存在一些事情该管而没有管和没有管好的问题，即存在政府管理"缺位"和"不到位"的现象。与政府"越位"问题相对应，我国政府在资源配置方面还存在另外一方面突出问题，即许多应该由政府管理的事情，政府要么没有管，要么管得不够好，即存在政府管理"缺位"和"不到位"现象。政府管理"缺位"现象表现在各个方面，例如，在医疗卫生、教育等属于社会公共事业领域，本来应该由政府进行有效管理并承担相关责任和义务，政府却因为"无利可图"而疏于管理，或者只是挑选其中"有利可图"的方面插手管理，从而导致市场机制在这些领域不合理地发挥作用，严重地妨碍了这些公共事业的健康发展；在纯粹的市场经济领域，政府本来应该作为市场秩序和社会公正的维护者发挥重要作用，但是，政府有关部门和一些政府官员往往从本部门甚至个人利益出发，进行"选择性"行政执法，从而使市场秩序被严重扭曲，社会公正得不到有效保证；等等。政府管理"不到位"的现象也表现在各个方面，例如，在"市场外部性"的管理方面，虽然我国已经有严格的食品安全和环境保护等方面的立法，但是由于政府管理不得力和"不到位"，从而使我国食品安全和环境污染问题依然十分严重；在我国资本市场发展过程中，由于政府监管"不到位"，发生了各种损害广大中小股民和资本市场秩序的各种违法违纪案件，使资本市场在促进国民经济发展中的作用大打折扣；等等。

从一定意义上来说，在我国市场经济中存在的市场化不足与过度市场化之间、政府管得过多与管得不够之间，都存在着互为因果的关系。这种客观情况集中反映出来的核心问题是，市场与政府的关系并没有得到完全理顺。因此，必须进一步通过全面深化经济体制改革来加以解决。

（二）使市场在资源配置中起决定性作用和更好发挥政府作用

上述情况表明，在我国的市场与政府关系问题上，存在着各种各样的问题和现象。但是，从总体上来看，市场机制的作用不够充分和政府职能定位不够清晰仍然是主要矛盾和主要问题。正是基于这一判断，党的十八届三中全会提出了“使市场在资源配置中起决定性作用和更好发挥政府作用”的新命题。那么，究竟如何正确理解“使市场在资源配置中起决定性作用和更好发挥政府作用”的含义呢？

1. 我们应该认识到，中央之所以在“市场在资源配置中起基础性作用”的基础上进一步提出“使市场在资源配置中起决定性作用和更好发挥政府作用”的新命题，是基于对目前我国经济发展存在的主要问题和基本状况的科学分析而做出的一个正确的总体判断。目前我国经济发展存在的主要问题和基本状况是什么呢？如上所述，那就是政府与市场的关系仍然没有理顺，政府的职能定位不够清晰，而市场机制的作用仍然没有得到全面充分的发挥。因此，只有从中国经济发展的这种现实出发，才能正确理解中央提出的“使市场在资源配置中起决定性作用和更好发挥政府作用”的现实价值和深远意义。

2. 我们应该认识到，中央提出这一新的重大命题是有一定前提条件的，正像习近平同志在《关于〈中共中央关于全面深化改革若干重大问题的决定〉的说明》指出的那样：“现在，我国社会主义市场经济体制已经初步建立，市场化程度大幅度提高，我们对市场规律的认识和驾驭能力不断提高，宏观调控体系更为健全，主客观条件具备，我们应该在完善社会主义市场经济体制上迈出新步伐。”

3. 我们应该认识到，中央提出的“使市场在资源配置中起决定性作用和更好发挥政府作用”，是将市场与政府这两个方面看作是中国特色社会主义市场经济体制作为一个整体的两个不可分割的方面。如前所述，如果市场在资源配置中起决定作用，而政府只起“补充”作用，那是资本主义市场经济体制；如果政府在资源配置中起决定作用，而市场只起“补充”作用，那是传统社会主义计划经济体制。中国特色社会主义市场经济体制的“特色”，正在于把市场在资源配置中的决定性作用和更好地发挥政府作用这两个方面有机地统一起来的一种经济体制。

4. 我们应该认识到，从“使市场在资源配置中起决定性作用”和“更好发挥政府作用”这两者之间的关系来看，从一定意义上来说，它们不仅是互相联系、互相作用的，而且是互为条件、互为因果的。一方面，如果不能明确市场在资源配置中的决定性作用，那么就必然意味着政府在资源配置中依然要发挥过多的作用；另一方面，如果不能更好地发挥政府作用，政府的职能定位不清晰，那么市场也就不可能在资源配置中有效地发挥决定性的作用。因此，“使市场在资源配置中起决定性作用”与“更好发挥政府作用”必须“双管齐下”，仅仅强调其中任何一个方面都是片面的、不正确的。当然，由于我国实行的是社会主义市场经济体制，政府不仅是改革的主导者，也是市场作用究竟能够发挥到多大程度的主导者，因此，只有通过全面深化改革，特别是通过政府行政管理体制改革以实现政府职能转变，才能最终实现市场在资源配置中起决定性作用和更好发挥政府作用。

三、全面深化改革，处理好市场与政府的关系

党的十八届三中全会《决定》指明了处理好市场和政府的关系的总方向和主要内容：“必须积极稳妥从广度和深度上推进市场化改革，大幅度减少政府对资源的直接配置，推动资源配置依据市场规则、市场价格、市场竞争实现效益最大化和效率最优化。政府的职责和作用主要是保持宏观经济稳定，加强和优化公共服务，保障公平竞争，加强市场监管，维护市场

秩序，推动可持续发展，促进共同富裕，弥补市场失灵。”[①]

因此，围绕处理好政府和市场的关系这个核心问题，必须着力推进两个方面的改革，即加快完善现代市场体系和加快转变政府职能。

（一）加快完善现代市场体系

党的十八届三中全会《决定》指出：“建设统一开放、竞争有序的市场体系，是使市场在资源配置中起决定性作用的基础。”[②] 如前所述，虽然我国已经初步建立了社会主义市场经济体制和市场体系，但是，由于市场与政府的关系还没有完全理顺，特别是在市场体系方面仍然存在诸多方面的问题，从而使资源配置效率和公平性都有待进一步提高。我国市场体系方面存在的主要问题及需要进行改革的主要内容有：

1. 必须建立公平开放透明的市场规则。从我国目前的状况来看，仍然存在市场规则不够开放透明从而不够公平的问题：在市场的准入方面，哪些行业需要政府特许，哪些行业不需要政府审批，哪些行业民营企业可以自由进入，哪些行业外资可以进入等，都缺乏统一的公开透明的规则和制度；在工商企业注册方面，仍然存在过多的政府干预；在市场的监管方面，各地方之间不仅存在宽严程度的不同，而且存在监管标准的巨大差异，严重损害了市场的公平性原则，降低了资源配置的总体效率；在国内贸易流通体制方面，存在比较严重的地方保护主义和市场分割现象，仍然存在许多不合理的垄断和不正当竞争，使资源配置效率和公平性都受到损害。

针对上述问题所要进行的改革，其主要内容有以下几点。实行统一的市场准入制度，在制定负面清单基础上，各类市场主体可依法平等进入清单之外领域，并探索对外商投资实行准入前国民待遇加负面清单的管理模式[③]，从而进一步提高市场的透明度和公平性。推进工商注册制度便利化，

---

①《中共中央关于全面深化改革若干重大问题的决定》，北京：人民出版社2013年版，第6页。

②《中共中央关于全面深化改革若干重大问题的决定》，北京：人民出版社2013年版，第11页。

③《中共中央关于全面深化改革若干重大问题的决定》，北京：人民出版社2013年版，第12页。

消减资质认定项目，由先证后照改为先照后证，把注册资本实缴登记制逐步改为认缴登记制[①]，鼓励更多公民依法积极创办各类企业，更好地焕发公民创业和创新热情，进一步释放市场活力。改革市场监管体系，实行统一的市场监管，清理和废除妨碍全国统一市场和公平竞争的各种规定和做法，严禁和惩处各类违法实行优惠的地方保护主义行为。改进国内贸易流通体制改革，建设法制化营商环境等等。

2. 进一步完善主要由市场决定价格的机制。虽然我国经济的市场化程度已经超过 70%，大部分商品和服务的价格是由市场自由决定的，但是，仍然有相当一部分商品或服务的价格并没有完全实现由市场决定，例如，水、石油、天然气、电力、交通、通信、大宗农产品等商品，仍然主要是由政府定价的。因此，必须进一步推进价格改革，凡是由市场形成价格的都交给市场，政府不再进行不当干预，政府定价范围主要限定在重要公共事业（例如教育收费等）、公益性服务（例如一部分医疗服务等）、网络型自然垄断环节（例如气网、电网等），同时，必须进一步完善农产品价格形成机制，注重发挥市场在形成农产品价格中的作用。

3. 进一步运用市场机制推进城乡统一的建设用地市场建设。长期以来，我国农村建设用地的征用很不规范，农民的合法土地权益被大量侵占。其中一个非常重要的原因，是因为未能建立起规范的城乡统一的建设用地市场，土地出让方即农民与政府间的关系存在天然的不平等，地方政府在土地征用中完全违背市场原则，利用土地征用和出让差价，获取大量收入，以解决地方财政困难，形成了“土地财政”现象。必须通过改革，在符合规划和用途管制前提下，允许农村集体经营性建设用地出让、租赁、入股，实行与国有土地平等入市、同权同价[②]。同时，完善对被征地农民合理、规范、多元保护机制。在这一改革中，如何在保持土地集体所有制的前提下，

---

①《中共中央关于全面深化改革若干重大问题的决定》，北京：人民出版社 2013 年版，第 12 页。

②《中共中央关于全面深化改革若干重大问题的决定》，北京：人民出版社 2013 年版，第 13 页。

赋予农民个人和集体双层市场主体地位是重点和难点，在这个方面，还需要进行大胆试验和探索。

4. 深化金融体制改革，进一步完善金融市场。我国目前的金融体制和体系还存在市场化程度不高的问题，主要表现在：金融行业对外和对内民间开放度不够；资本市场体系不够完备，间接融资的比例仍然过大；利率和人民币汇率的市场化程度以及跨境资本和金融交易可兑换程度有待进一步提高；人民币资本项目仍实行严格管制；缺乏存款保险制度，政府对于所有社会存款仍然承担着无限责任；等等。在所有这些方面都必须深化改革，主要包括：扩大金融业对外和对内民间开放程度，在加强监管的前提下，允许具备条件的民间资本依法设立中小型银行等金融机构；健全多层次资本市场体系，推进股票发行注册制改革，多渠道推动股权融资，发展并规范债券市场，提高直接融资比例；鼓励金融创新，丰富金融市场层次和产品；加快推进利率市场化，完善人民币汇率市场化形成机制；推动资本市场双向开放，有序提高跨境资本和金融交易可兑换程度；加快人民币资本项目可兑换；建立存款保险制度，提高银行市场化程度，完善金融机构市场化退出机制；等等①。

5. 深化科技体制改革，努力实现经济发展由要素驱动向创新驱动的战略性转变。改革开放以来，我国经济发展主要是依靠资本和要素推动的，生产和服务的原创性科技含量不高，在全球产业链和国际分工中处于附加值比较低的一端。这种经济发展方式造成了资源的过度耗费以及生态环境的严重破坏，其不可持续性越来越突出，必须通过深化改革，转变经济发展方式。其中，深化科技体制改革具有战略性意义。

从整体上来看，我国企业之所以技术创新能力不足，除了受基础薄弱这个客观条件制约之外，还与我国经济的整体市场化水平不高从而竞争不够充分以及科技市场不够发达并且不规范有关。由于竞争不够充分，企业

---

①《中共中央关于全面深化改革若干重大问题的决定》，北京：人民出版社2013年版，第14页。

缺乏技术创新的原动力；由于科技市场不发达不规范，特别是知识产权和技术专利得不到有效保护，进一步抑制了企业技术创新的积极性。同时，由于科技市场不发达不规范，也极大地妨碍了科研机构和高等院校科技成果的市场化转换，造成了科研资源的严重浪费。

因此，在我国经济发展方式的转变中，深化科技体制改革，进一步有效推进科技发明和科技成果的市场化转换，是具有战略意义的内容和环节。科技体制改革的主要内容包括：探索建立知识产权法院，加强知识产权和技术专利保护，充分调动和有效激励科研机构、高等院校和企业进行科技创新的积极性；充分发挥市场对技术研发、路线选择、要素价格、各类创新要素配置的导向作用，健全技术创新市场导向机制；在建立产学研协同创新机制的同时，更加强化作为市场主体的各类企业在技术创新中的主体地位，形成各类企业创新的多层次性和整体上的体系性和全面性，提高产品和服务的科技含量和附加值，进一步提高企业经济效率、效益和国际竞争力；在国家政府推进科技创新的过程中，必须打破行政主导和地方分割，建立主要由市场决定技术创新项目和经费分配、评价成果的机制，改善科技性中小企业的融资条件，完善风险投资机制，促进科技成果资本化和产业化；等等①。

6. 深化国有企业改革，积极发展混合所有制经济。公有制经济特别是国有企业和非公有制经济，是我国社会主义市场经济的两根支柱。经过30多年的改革，我国国有企业绝大多数已经建立了现代企业制度，成为真正的市场主体。但是，我国国有企业在治理结构和行业布局上，仍然存在市场化程度不够的问题。从治理结构方面来说，国有企业的股权结构中非公有资本的比例过小，从而使国有企业的管理机制仍然不能完全适应市场经济的需要，管理上的官僚主义现象仍然比较严重，人力资源的配置及相关的收入分配机制的市场化程度不高。从国有企业的行业分布来说，除了一

①《中共中央关于全面深化改革若干重大问题的决定》，北京：人民出版社2013年版，第14—15页。

部分处于完全竞争的市场之外，更多地存在于各种垄断和政府特许的领域和行业，这不仅影响了国有企业创新和管理效率的提高，而且形成了与非公有制经济成分的不平等关系。因此，必须进一步深化国有企业改革，其中，积极发展混合所有制经济，是进一步提高国有企业市场化水平的重要举措。同时，也是新时期我国社会主义基本经济制度的重要实现形式，是进一步毫不动摇发展公有制经济和非公有制经济的重要途径。通过推动国有资本、集体资本、非公有资本等交叉持股、相互融合的混合所有制经济，一方面有利于进一步完善国有企业的治理结构，从而进一步与市场接轨，有利于国有资本放大功能、保值增值，增强国有经济活力、控制力、影响力；另一方面有利于各种所有制资本按市场原则在各种竞争性行业和环节中进行合作，从而有利于各种所有制资本取长补短、相互促进、共同发展，保持我国国民经济的持续快速发展。

通过深化以上各个方面的经济体制改革，我国将进一步建立起更加完备和完善的社会主义市场经济体制和体系，市场在资源配置中的决定性作用将得到更加充分的体现。

（二）切实转变政府职能

党的十八届三中全会《决定》指出：“科学的宏观调控，有效的政府治理，是发挥社会主义市场经济体制优势的内在要求。必须切实转变政府职能，深化行政体制改革，创新行政管理体制，增强政府公信力和执行力，建设法治政府和服务型政府。”①

对于我国社会主义市场经济来说，使市场在资源配置中起决定性作用与更好发挥政府作用是相辅相成的两个方面。由于全面深化改革是在党和政府的领导下来进行的，因而，从一定意义上来说，加快转变政府职能是使市场在资源配置中起决定性作用和更好发挥政府作用的前提。“切实转变

①《中共中央关于全面深化改革若干重大问题的决定》，北京：人民出版社2013年版，第16页。

政府职能”是党在新时期的理论认识上的一个重要创新和发展。

我国从20世纪70年代末开始进行改革开放，在理论认识上的一个重要突破，就是承认商品生产和商品经济是社会生产和社会经济发展不可以逾越的阶段。特别是党的十四大以后的改革，以建立社会主义市场经济体制为目标和核心，使政府与社会即市场的关系发生了极为深刻的变化。党的十四大以来，相比过去而言，虽然国家政府在国防、政治等领域的地位和作用并没有发生实质性的变化，也不应该发生这种变化，但是，政府在资源配置中的地位和作用已经从过去单一的和主要的形式，转变为与市场同时并存的另一种形式。从一定意义上来说，这是一场深刻的变革。然而，政府与市场的关系仍然没有得到彻底的厘清和理顺，从而产生了许多问题。

因而，究竟如何从理论和实践的结合上，科学认识我国社会主义初级阶段的国家政府的性质和职能，是进一步处理好市场与政府的关系的前提和关键。党的十八届三中全会明确提出的“切实转变政府职能”这一命题，正是对这一问题的新的回答。对此，我们有必要做一些理论说明。

自党的十四大以来，虽然我们已经自觉地认识到要搞市场经济，政府在资源配置中的地位和作用就必须进行调整，并且在实践上也是这么做的，但是在理论上，政府在资源配置中的地位和作用究竟是什么，政府与市场各自的边界在哪里，社会主义市场经济条件下的政府与市场究竟应该是一种什么关系等等这样一些问题，并不能说都搞清楚了。正是由于认识上的模糊不清，才产生了实践中的市场化不足与过度市场化并存、政府管理“越位”与“缺位”和“不到位”并存等现象。

从一定意义上来说，即使在认识上充分肯定了市场在资源配置中的“基础性作用”甚至“决定性作用”，但是，如果不能正确认识我国社会主义初级阶段的国家政府的性质和职能，那么，必然会产生两种错误倾向，即要么是使市场在资源配置中的决定性作用得不到真正实现，要么是使改革完全背离社会主义性质和本质要求。显然，如果我们一方面承认市场经济是必然的经济形式，另一方面又不肯放弃政府对于资源配置的全面的控制权，那么，必然会产生一种“半截子”的市场经济。如果我们不能正确认识我国政府的社会主义这一根本性质，把我国政府等同于西方资本主义国家的政府，主动放弃党和国家政府对于政治、国防军事以及整个社会经济的根本上的领导权和控制权，那么，毫无疑问，这必将导致国家性质的彻底改变，这同样是完全错误的。因而，必须辩证地理解我国社会主义国家的性质和具体职能之间的关系。既要坚持我国社会主义国家的性质，又要对我国政府的具体职能进行科学的划分，从而更加有效地行使政府职能。“切实转变政府职能”正是基于这样一种认识而提出的一个完全正确的判断和全新的改革思路。

根据我国政府在资源配置中存在的一些问题，党的十八届三中全会《决定》明确提出了“切实转变政府职能”的如下几个方面的改革内容：

1. 健全宏观调控体系。任何现代市场经济国家在经济上的首要职能，就是通过宏观经济调控体系，保持经济总量平衡，减缓经济周期波动影响，实现经济持续健康发展。但是，即使就这一点而言，社会主义国家也必须与资本主义国家有所不同。其中最重要的是，社会主义国家必须利用制度优势，不仅要避免和克服经济危机或金融危机的发生，而且必须通过各种经济政策实现全社会的共同富裕。因而，社会主义国家必须“健全以国家发展战略和规划为导向、以财政政策和货币政策为主要手段的宏观调控体系”①。这就是说，社会主义国家必须“以国家发展战略和规划为导向”来进行宏观调控。社会主义的“国家发展战略”就是必须巩固和发展社会主义基本经济制度和政治制度，必须保持社会经济持续健康发展，必须实现全社会的共同富裕，必须实现对发达资本主义的赶超，把中国建设成强大的社会主义现代化国家，等等。而为了实现国家发展战略，仅仅依靠市场和西方资本主义国家普遍采用的一般宏观经济调控手段是远远不够的，而

①《中共中央关于全面深化改革若干重大问题的决定》，北京：人民出版社2013年版，第16页。

是必须充分发挥社会主义制度的优越性，必须坚持公有制经济为主体、多种所有制经济共同发展的基本经济制度，充分发挥“发展规划”在实现国家目标中的战略作用，注重综合运用国家产业政策、行政管理和法律等各种管理手段。

2. 全面正确履行政府职能。针对政府职能不清、权限模糊的问题，必须深化政府管理体制改革。其主要内容包括：

从行政管理方面来说，必须进一步简政放权，深化行政审批制度改革，最大限度减少中央政府对微观事物的管理；凡是市场机制能有效调节的经济活动，一律取消审批，对保留的行政审批事项要进一步规范管理；提高效率，更好地服务于社会和大众。

从政府职能的调整方面来说，政府必须把主要精力用于发展战略，规划、政策、标准等的制定和实施，市场活动的监管，各类公共服务的提供，生态环境的保护以及社会管理等方面。在投资管理方面，进一步深化投资体制改革，企业投资项目，除关系国家安全和生态安全、涉及全国重大生产力布局、战略性资源开发和重大公共利益项目外，一律由企业依法依规自主决策，政府不再审批。同时，进一步强化节能节地节水、环境、技术、安全等方面的市场准入标准，更多发挥市场机制的作用。

从中央政府与地方政府的关系方面来说，必须进一步划清中央政府与地方政府的事权，凡直接面向基层、量大面广、由地方管理更方便有效的经济社会事项，一律下放地方和基层管理。加强地方政府在公共服务、市场监管、社会管理和服务、环境保护等方面的职责。

从政府采购方面来说，在一般办公品实行竞标购买的基础上，推广政府购买服务，凡属事务性管理服务，原则上都要引进市场机制和竞争机制，通过合同、委托等方式向社会购买。

从政府对于事业单位的管理方面来说，要加快事业单位分类改革，推动公办事业单位与主管部门理顺关系和去行政化，逐步取消学校、科研院所、医院等单位的行政级别。建立事业单位法人治理结构，推进有条件的事业单位转为企业或社会组织。

为了充分调动各级政府职能转变的积极性，必须完善发展成果考核评价体系，纠正单纯以经济增长速度评定政绩的偏向，加大竭泽而渔消耗、环境损害、生态效应、产能过剩、科技创新、安全生产、新增债务等考核指标的权重，促使各级政府官员更加重视劳动就业、居民收入、社会保障、人民健康状况等。

3. 优化政府组织结构。为了实现转变政府职能的改革目标，必须进行相应的政府机构改革。从实践方面来说，政府职能的错位，往往与机构设置不合理有关。因人设职、机构臃肿、机构重叠、人员过多，必然导致政府效率和公信力损失。因此，必须进行政府机构改革，在推进机构编制管理科学化、规范化、法制化的基础上，进一步精简机构、优化机构设置、职能配置、工作流程，进一步完善决策权、执行权和监督权之间既相互制约又相互协调的行政运行机制，努力提高政府管理效率。

党的十八届四中全会进一步提出了全面依法治国的战略构想。我们认为，在这样一个战略构想指导下，通过以上各个方面的改革，真正实现使市场在资源配置中起决定性作用和更好发挥政府作用，中国特色社会主义市场经济制度的优越性必将得到更加充分的发挥和体现，我国经济和社会也必将得到更加持续和健康的发展。

马克思主义政治经济学对于供给侧结构性改革的现实指导意义

马克思主义政治经济学是中国特色社会主义的理论基础，它不仅科学地揭示了人类社会经济发展的一般规律，而且科学地揭示了资本主义社会经济发展的特殊规律，并且对于社会主义经济发展也提出了科学的预见。自“供给侧结构性改革”概念提出以来，学术界提出了各种不同的解读。正确理解供给侧结构性改革，必须坚持以马克思主义政治经济学为指导；也只有从马克思主义政治经济学的基本理论和方法出发，才能正确理解供给侧结构性改革中的一系列重大问题，避免陷入新自由主义的理论陷阱之中。

一、供给侧结构性改革应坚持生产力与生产关系辩证统一的原理

马克思主义政治经济学认为，在社会生产中，始终存在着生产力与生产关系两个方面及其对立统一关系。从人类社会发展的总过程来看，生产力的不同发展阶段决定着生产关系的不同性质；但是，在一定的社会形态下，生产关系及其具体形式对生产力具有巨大的能动作用甚至决定性作用。因而，片面强调生产力的决定作用是一种庸俗机械的唯物主义观点，片面

强调生产关系的反作用或决定作用则是一种唯意志论和唯心主义观点。所谓供给侧，总是相对于需求侧而言的，它主要是指社会生产这一方面。而任何社会生产都是生产力与生产关系的有机统一。根据马克思主义政治经济学关于生产力与生产关系辩证统一的基本原理，在供给侧结构性改革中，一方面必须从生产力的角度来认识供给侧，另一方面又必须注重从生产关系的角度来认识供给侧。分析当前中国经济所表现出来的供给侧方面存在的问题，不能停留在生产力这个层面上，而是必须深入认识生产关系这个层面存在的问题，应该更多地从完善初级阶段的社会主义生产关系这个角度出发去理解供给侧结构性改革的本质内容。必须高度重视已经形成的社会生产关系体系对于我国社会生产力所产生的巨大能动甚至决定性作用。仅仅从生产力角度来理解供给侧结构性改革是片面的，甚至是错误的。

社会经济发展是一个历史的范畴，其中既存在生产力与生产关系的对立统一运动这样的一般规律，同时，不同性质和阶段的社会条件下的经济发展又具有不同的特殊规律。因而，仅仅从抽象的、一般意义上去谈经济发展是没有意义的；仅仅从经济发展的一般规律出发去解释和解决特殊条件下的经济发展问题则是无效的。因而，在供给侧结构性改革中，一方面必须注重借鉴国外的经验与教训，另一方面又必须从我国现阶段的基本国情出发，反对任何形式的本本主义和教条主义。只有创造性地把马克思主义政治经济学的基本原理运用于对现阶段我国经济发展新常态的科学分析，才能找到正确的方向和原则。

二、供给侧结构性改革应坚持社会主义方向，不能迷信资本主义市场经济

马克思主义政治经济学认为，生产资料公有制是社会主义的本质特征和制度基础。建立在社会化大生产基础上的生产资料公有制为社会生产力

的发展提供了比资本主义私有制更为广阔的空间和前景。同时，建立在生产资料公有制基础之上的社会生产计划，能够避免资本主义生产无政府状态所产生的周期性经济危机和社会经济资源的巨大浪费，从而能够更加有效地保持社会生产的快速和可持续发展。建立在按劳分配原则基础上的收入分配制度，能够避免社会财富占有和收入分配的两极分化，从而不仅能够保证社会公平和正义，极大地焕发劳动者的生产积极性，而且也避免了资本主义条件下的人民群众的消费有效需求不足的情况，从而为社会经济的持续发展奠定了基础。因此，供给侧结构性改革所必须遵循的路线和道路原则是：必须坚持社会主义原则和方向，必须坚持公有制为主体、多种所有制经济共同发展的中国特色社会主义基本经济制度和发展道路。

同时，在马克思主义政治经济学看来，资本主义条件下的经济发展是一种特殊的社会现象，其特殊性在于它以追求无止境的价值增殖或赚钱为目的，因而，剩余价值规律支配着资本主义经济增长的全部过程，剩余价值规律是资本主义经济发展的基本规律。发展生产力是资本获得剩余价值的手段，与此同时，生产力的发展又与资本的内在要求相矛盾。而资本主义生产方式的内在矛盾表现在各个方面。第一，生产力发展的基本含义在于同一劳动时间内生产的商品更多，从而单位商品的劳动量及价值量必然下降，可是资本追求的却是剩余价值，而不是物质财富。这样，资本生产的商品越多，单位商品的价值以及剩余价值就越少，从而平均利润率具有一种下降的内在趋势，这就迫使资本必须加快积累并进一步提高劳动生产率，而劳动生产率的进一步提高，使同一单位的资本获取的剩余价值会更少，平均利润率进一步趋于下降。这就形成一种循环，正是这一循环推动着资本主义的技术创新和经济发展。第二，资本主义条件下的商品的实现以及剩余价值的实现需要一系列严格的前提条件，这些条件最重要的是：必须有足够的市场购买能力来消化或购买大量生产出来的商品。可是，资本主义生产方式和生产关系恰好不能保证这一条件，原因在于资本主义条件下的有支付能力的需求与生产供给相比总是不足的，因为资本积累和劳动生产率的提高以及资本有机构成的提高必然造成财富占有在资本一方和劳动一方的两极分化。除此之外，资本主义生产还表现为一种无政府状态，即使是资本之间的相互需求也具有不确定性和经常的不平衡。因而，生产之间的矛盾以及生产与最终消费之间的矛盾，是一个标准的资本主义经济模型无法解决的问题。于是，这些矛盾总是以周期性的经济危机的方法来进行一种强制性的解决。第三，资本为了获得利润或收益的最大化，在职能资本的基础上又发展出一个庞大的信用制度和信用系统。信用的发展一方面促进了资本的集中和一定阶段的经济增长，但是另一方面它又创造出一套投机和欺诈机制，使现实资本更多地转化为虚拟资本，从而产生了国民经济金融化，并进一步加剧了社会的两极分化，最终必然产生金融危机并进一步引发经济危机。因此，资本主义生产方式自身的矛盾会产生周期性的经济危机，并最终给广大民众带来深重的灾难。因而，供给侧结构性改革绝不能朝着资本主义市场经济的方向去改，绝不能如资本主义社会那样盲目迷信市场的力量，而应既发挥市场在资源配置中的决定性作用又更好发挥政府作用。

三、 解决供给侧问题需要全面深化经济体制改革

马克思主义政治经济学认为，任何社会的经济增长和发展在不同的条件下具有不同的模式，而经济增长和发展模式是由一定的经济制度和经济体制决定的。一定性质的社会生产关系构成了一定社会的基本经济制度，它决定了一定社会的经济增长和发展的根本性质和基本特征。同时，一定经济制度下的不同发展阶段，社会生产关系具有不同的具体形式，从而形成不同的经济体制，而一定的经济体制决定了一定的经济增长和发展模式。

近年来，中国经济发展表现出一系列问题：对外贸易增长乏力、部分

产能严重过剩、产业结构失调、技术创新能力不足、虚拟经济与实体经济脱节、资源生态危机等等。从一定意义上来说，这些问题都具有供给侧的性质。因而，提出供给侧结构性改革是切合实际的。但必须深究的问题是，产生供给侧问题的原因又是什么呢?

对于当前的中国经济问题可以从多种不同的角度去分析，但是，必须抓住中国经济发展的“牛鼻子”，这个“牛鼻子”，就是改革开放以来所形成的特殊经济体制以及由此而产生的特殊经济增长模式。从中国经济体制和经济发展模式的角度来看，其中一个非常重要的特点在于地方政府在实际职能上的企业化。这种经济发展模式一方面造就了中国经济在一定阶段的高速增长，另一方面又是产生一系列问题的根源。

正如党的十八届三中全会决议中指出的那样，全面深化经济体制的核心问题是进一步处理好政府与市场的关系，其中，如何处理好中央政府与地方政府以及地方政府与市场的关系尤为重要。因而，改革经济体制和经济增长模式才是治本之策。经济体制和经济发展模式改革的重要内容之一，就是中央政府与地方政府的关系，特别是地方政府的行为模式。如何通过改革，使地方政府一方面在经济增长中继续发挥积极的推动作用，另一方面又能够贯彻落实中央制定的综合改革和发展目标，这是能否解决供给侧问题以及能否实现全面建成小康社会战略目标的重要环节和关键。

四、供给侧改革既应强调供给又要关注需求，既要着眼当前又要立足长远

马克思主义政治经济学认为，社会经济发展过程表现为生产、分配、流通和消费等四个环节同时存在并且相互转化的过程。这四个环节之间存在着互相联系、互相制约的对立统一关系，但是生产在其中始终起着支配的作用，社会生产过程的性质和特点始终决定着经济发展的性质和特点。

因而，必须始终重视生产在社会经济发展过程中的决定性地位，同时又必须高度重视分配、流通和消费对于生产的巨大反作用。只有从马克思主义政治经济学的这个基本理论出发，才能全面认识供给侧结构性改革与分配、流通和消费方面的改革的辩证关系，也才能认识供给侧结构性改革的丰富内涵和重要意义。仅仅从供给或需求的角度来看待经济发展问题是片面的，把供给和需求两个方面割裂开来更是错误的，必须全面理解供给侧结构性改革。

当前我国经济的突出问题在于经济增长的下行压力加大，而经济增长的下行压力直接来源于企业的活力不足。企业活力不足的根源在于企业生产的商品或服务没有市场，企业生产的商品或服务没有市场是因为它们生产的东西与市场的需求之间存在矛盾。而供求之间的矛盾既来源于供给侧，也来源于需求侧。因而，在强调和注重供给侧改革的同时，必须进一步重视需求侧的作用和需求侧的改革，其中，投资体制的改革和收入分配制度的改革具有十分重要的意义。只有把供给侧的改革与需求侧的改革结合起来，才能真正改善新常态下的经济发展状况。

不仅如此，还必须正确理解和处理好长期经济变量和短期经济变量之间的关系。从一般意义上来说，供给侧更多地具有长期的性质，而需求侧更多地具有短期的性质。但是，我们必须看到，供给侧也存在短期的经济变量，需求侧也具有长期的效应。就供给侧方面来说，不仅存在产业结构、技术创新能力、在价值链中的地位等长期经济变量，也存在产品库存、过剩产能、产品质量等短期经济变量。就需求侧方面来说，出口、消费和投资不仅具有短期经济效应，同时也会产生长期经济效果。因此，在供给侧结构性改革中，一方面必须注重影响长期经济变量的经济体制方面的改革，另一方面又必须采取有关政策措施解决短期经济变量方面存在的问题；既要把这两个方面区别开来，又要对它们进行全面统筹。

资本主义经济发展的实践表明，无论是凯恩斯主义经济学还是新自由主义经济学，都没能科学地认识资本主义社会经济发展规律。因而，发达资本主义国家依据这两种经济学理论所制定的，无论是新自由主义政策还是国家宏观调控政策，由于没有从根本上消除资本主义生产方式或经济制度所固有的内在矛盾，从而也未能消除资本主义所固有的周期性经济危机。因此，我国的供给侧结构性改革必须坚决抵制这两种经济学理论和思潮的干扰，必须坚定不移地依据马克思主义政治经济学的基本理论来制定供给侧结构性改革的各方面具体政策。

中国市场经济体制的独特魅力究竟何来

中国自1978年实行改革开放，经过最初十几年实践与理论的艰苦探索，于1992年党的十四大报告中明确提出了建立社会主义市场经济体制的改革目标，从此之后，中国的改革开放全面展开，中国经济也随之进入持续的高速增长轨道。2010年之后，中国经济总量稳居世界第二。2012年以来，中国经济进入新常态，增长速度有所回落，但是，在党中央的领导下，中国的改革开放继续朝着坚持和完善中国特色社会主义市场经济体制的方向全面推进，中国经济发展依然充满了活力。在整个世界经济持续低迷的背景下，中国不仅继续保持着全世界最快的经济增长速度，增长的质量和效益也不断得到提高。实践已经充分证明，建立和完善中国特色社会主义市场经济体制的发展道路是一个伟大的创举，是实现党所确立的“两个一百年”奋斗目标和实现中华民族伟大复兴的成功之路。

一、 在多种经济制度和体制的比较下， 认识中国特色社会主义市场经济体制的本质特征及其优越性

有比较才有鉴别。要认识中国特色社会主义市场经济体制的本质特征及其优越性，一个比较直观的方法就是进行多种经济制度和体制的比较。在当今世界上，大体存在着四种主要的经济制度和体制：一种是典型的资本主义经济制度和体制，存在于欧美、日本、韩国、俄罗斯等国家和地区；

一种是传统的社会主义经济制度和计划经济体制，存在于古巴、朝鲜等国家；一种是前资本主义经济制度和体制，存在于非洲及中东等一些国家；一种是中国特色社会主义市场经济体制。

从人类历史发展规律的角度来说，存在于一些国家的前资本主义制度和体制，多半是一种封建的甚至是更为陈旧的制度和体制，这些制度和体制从根本上来说是不适应现代社会生产力发展需要的，因此，实行这种制度和体制的国家往往经济社会发展十分缓慢。存在于一些国家的传统社会主义经济制度和计划体制，由于排斥市场经济机制，实行单一的计划管理，从而使经济发展的动力和活力受到严重的束缚；同时由于受到发达国家的封锁，这些国家又不得不实行闭关锁国政策，无法广泛吸收整个世界发展的各方面文明成果。因此，这些国家的经济社会发展也是困难重重甚至是举步维艰。存在于欧美等国家的资本主义制度和体制，曾经是世界上最先进的制度和体制，并且在当今世界上仍然占据着主导地位。但是，由资本主义固有的内在矛盾所决定的这种制度的历史局限性，已经通过周期性的经济危机和金融危机、社会的贫富两极分化日益严重、经济增长乏力、世界发展的日益不平衡、生态危机的不断加深等各个方面得到充分表现。相比于这些制度和体制而言，中国特色社会主义市场经济体制的根本特征是，在中国共产党的领导下实行社会主义基本制度与市场经济的有机融合，从而具有三个方面的优越性：一是坚持党的领导，从而最大限度地发挥出特有的政治优势；二是坚持社会主义基本经济制度，从而最大限度地发挥出社会主义的优越性；三是坚持和发展社会主义市场经济体制，从而最大限度地发挥出市场经济的优越性。这三个方面的优势和优越性的有机统一，使中国特色社会主义市场经济体制成为当今世界上最先进的制度和体制，这正是中国经济社会不断获得稳步发展的制度基础和根本原因。

习近平总书记明确地指出：“中国特色社会主义有很多特点和特征，但最本质的特征是坚持中国共产党的领导。”在坚持党的领导前提下发展社会主义市场经济，这是中国改革开放取得成功的秘籍之一。世界上许多国家之所以发展不顺，一些国家之所以落入“中等收入陷阱”，一个十分重要的原因正在于要么是缺乏先进政党的领导，要么是政治体制混乱，各种党派之间无序竞争，内乱不断，甚至发生内战。从经济与政治的关系来说，从来没有离开经济的政治，也从来没有离开政治的经济，政治与经济是互相联系和互相制约的。在长期的实践中，中国形成了由马克思列宁主义武装起来的中国共产党领导下的多党合作和政治协商制度，它既不同于西方资产阶级的议会民主制度，也不同于一些国家的独裁专制制度，是最适合中国国情的人民民主政治制度。坚持共产党领导下的政治民主制度，是中国特色社会主义市场经济体制的强大政治基础和前提，是中国特色社会主义市场经济体制具有强大生命力的政治制度根源。

二、中国的改革要始终坚持通过经济体制改革，不断完善社会主义经济制度这一总原则

习近平总书记明确指出：“我们是在中国共产党领导和社会主义制度的大前提下发展市场经济，什么时候都不能忘了‘社会主义’这个定语。之所以说是社会主义市场经济，就是要坚持我们的制度优越性，有效防范资本主义市场经济的弊端。”十一届三中全会以来，中国的改革始终坚持通过经济体制改革不断完善社会主义经济制度这一总原则，而不是像苏联和东欧国家那样，把经济体制改革变成了彻底放弃和颠覆社会主义经济制度。在改革开放的过程中，中国逐步形成了以公有制经济为主体，多种所有制经济共同发展的基本经济制度，以这样一个基本经济制度为前提和基础的市场经济，与纯粹以生产资料私有制为基础的资本主义市场经济相比，具有多方面的优势和优越性。

我国现阶段的公有制经济主要包括国有企业和农村集体所有制经济两

种主要形式。

从国有企业方面来看，国有企业在我国经济社会发展中具有多方面的重要地位和作用，具体来说：

第一，国有企业是我们党的执政基础，是实现党对经济工作的领导的重要抓手，是实现党的战略方针的主力军，是实现政府宏观经济管理和调控目标的重要依靠力量。

第二，国有企业是我国社会主义初级阶段公有制经济的主要形式，是我国社会主义经济制度的重要支柱，是初级阶段社会主义生产关系的重要载体，体现着工人阶级和劳动者的主体地位，比任何私有制经济形式都能够更好地发挥劳动者的劳动积极性和创造性，也比任何私有制经济形式都能够更好地体现社会公平和实现共同富裕。

第三，我国国有企业一方面具有企业的一般属性，从而能够按照市场经济规律和社会生产力发展规律参与市场竞争，为社会创造和提供有益产品和服务，满足社会需要，并为国家创造大量利润和税收；同时我国国有企业又是具有特殊性质的企业，承担着多方面的社会职能，在保障就业、劳动安全、公共服务、环境保护、产品安全、知识产权保护、维护国家安全等各方面具有比一般企业更多的优越性和社会效益。

第四，国有企业是我国参与国际竞争的主力军和生力军。从总体上来看，经过改革以后所形成的我国现有国有企业，普遍建立了现代企业制度，企业规模大、管理规范、科研创新能力强，进入世界五百强的中国企业多半都是国有企业，这一事实充分证明了我国国有企业具有日益强大的国际竞争力。

第五，我国国有企业与非公有制企业以及外资企业存在广泛的各种合作，已经有机融入市场经济和世界市场，已经成为真正的市场主体，从而具有强大的生命力和活力。总之，国有企业的大量存在及其不断发展，是中国特色社会主义市场经济体制具有强大生命力的重要经济制度根源。

改革开放以来，我国农村实行土地集体所有制基础上的家庭联产承包责任制，一方面，保持了农业公有制经济的基本性质，在政治上保持了党对农业和农民的领导，在经济上避免了土地私有化必然产生土地兼并以及由此而带来的农民两极分化和大面积贫困化；另一方面，家庭联产承包责任制的实行把亿万潜在的农村富余劳动力解放出来，通过市场机制为城市工业化的快速发展提供了源源不断的劳动力，同时极大地促进了乡镇企业的发展。更为重要的是，我国农村土地集体所有制为我国开展大规模公共建设提供了独有的制度保障，使我国城镇建设、公共基础设施建设、城市房地产业等各方面获得了高速高效的发展，充分体现了社会主义农村集体所有制经济的巨大优越性。党的十八大以来，随着农业经营体制的深化改革，我国农村集体所有制所特有的制度优势将会得到更进一步的发挥。

改革开放近 40 年以来，我国非公有制经济获得了长足发展，在促进经济增长、就业、税收、技术创新等各方面都发挥了重要作用，成为中国特色社会主义基本经济制度以及中国特色社会主义市场经济的重要组成部分。需要指出的是，作为中国特色社会主义市场经济重要组成部分的非公有制经济主要是指民族非公有经济，而不包括外资企业。由于我国非公有制经济是在中国共产党的领导下、在公有制经济为主体的前提下得到发展的，因此，我国非公有制经济具有明显的二重性：一方面，它在一定程度上具有与典型的资本主义经济相似的性质，即主要是以赢利为目的；另一方面，它又受到国家法律和政策的鼓励、引导、调节和约束，从而使其综合作用主要表现为促进社会生产力的发展以及服务于国家和社会需要。党的十八大以来，党中央一再重申“两个毫不动摇”的原则，并且在全面深化改革中，通过积极发展混合所有制和大力推进政府行政体制改革，继续为我国非公有制经济的发展创造各种更为有利的条件。实践证明，进一步促进我国非公有制经济的健康发展，是保持我国市场经济发展活力和进一步促进整个国民经济持续发展的重要途径。

三、 中国实行社会主义市场经济体制是一个伟大的创举

习近平总书记明确指出："在社会主义条件下发展市场经济，是我们党的一个伟大创举。我国经济发展获得巨大成功的一个关键因素，就是我们既发挥了市场经济的长处，又发挥了社会主义制度的优越性。"之所以说中国实行社会主义市场经济体制是一个伟大的创举，是因为这样一种经济体制从实践上来说在全世界都是独一无二的，而且在理论上突破和超越了所有传统的经济学理论。按照西方经济学理论，市场经济必须以生产资料私有制为基础和前提，它与以公有制为基础的社会主义是根本对立的，因此，西方经济学理论同样排斥和否定了社会主义市场经济的可能性和可行性，这正是一些西方发达国家至今不承认我国市场经济地位的理论来源。

受传统社会主义政治经济学理论和西方经济学理论的影响，在我国社会主义市场经济体制已经被实践证明不仅是可行的而且是成功的现实背景下，仍然有许多人对于中国特色社会主义市场经济体制抱着一种怀疑甚至否定的态度。其中一些人认为社会主义最终只能是计划经济，搞市场经济只不过是一种权宜之计，持这种观点的人往往把我国现实经济社会发展中存在的各方面问题简单地完全归罪于市场经济；另外一些人则认为社会主义市场经济不是真正意义上的市场经济，如果中国要搞真正的市场经济，就只能按照西方国家的标准，进一步实行经济上的彻底私有化、政治上的所谓民主宪政。实际上，这两种观点早已被中国特色社会主义市场经济实践的伟大成就超越了、否定了。实践已经并将继续充分证明，中国特色社会主义市场经济体制是超越社会主义计划经济体制和资本主义市场经济制度的最先进的经济制度和体制，其先进性就在于，一方面它充分地发挥了社会主义优越性，另一方面它又充分发挥了市场经济优越性，这两种优越性的有机统一，使中国特色社会主义迸发出巨大的活力，拥有无限美好的发展前景。